Reihe Film 4 · Luchino Visconti

Die Reihe Film stellt das Werk von Regisseuren, bestimmte Genres oder andere übergreifende Themen des internationalen Films in Monografien vor. Dabei werden die einzelnen Bände unter wechselnden Perspektiven und verschiedenen Aspekten erarbeitet. Eine umfangreiche Filmobibliografie gehört zu jedem Band.
Luchino Visconti, 1906 in Mailand geboren in einer großbürgerlich-feudalen Familie, war einer der Mitbegründer des Neorealismus. Als sich die Hoffnung auf eine rasche Änderung der gesellschaftlichen Verhältnisse in Italien nicht erfüllte, richtete der Marxist sein Interesse auf Verfallserscheinungen der bürgerlichen Kultur. Aus der Beobachtung ihrer Dekadenz gewann er zunehmend Bilder der Morbidität, die sich in seinen Filmen mit großer epischer Kraft ausgebreitet finden. Als Inszenator und sein eigener Ausstatter auf der Sprechbühne und im Musiktheater hat Visconti die Erfahrungen der theatralischen und filmischen Medien miteinander verbunden. Hier wie dort gilt er über seinen Tod (März 1976) hinaus als einer der wichtigsten Regisseure Europas.

Die Autoren:
Klaus Geitel (1924, Berlin). Studium: Kunstgeschichte, Archäologie, Musikwissenschaft, Germanistik und Romanistik in Halle/S., Berlin und Paris. Bücher u.a. über Rudolf Nurejew (1967), Hans Werner Henze (1968), Maurice Béjart (1970). Lebt in Berlin.
Hans Helmut Prinzler (1938, Berlin). Studium der Publizistik und Theaterwissenschaft; 1969 bis 1979 Studienleiter an der Deutschen Film- und Fernsehakademie Berlin; seit 1979 Mitarbeiter der »Stiftung Deutsche Kinemathek« Berlin. Bücher: »Film in der Bundesrepublik Deutschland« (mit H.G. Pflaum, 1979), »Lubitsch« (mit Enno Patalas, 1984), »Spielberg« (mit Antje Goldau, 1985).
Martin Schlappner (1919, Olten/Schweiz). Studium: Germanistik, Geschichte, Kunstgeschichte, Promotion über Thomas Mann und die französische Literatur. Publikationen u.a.: »Von Rossellini zu Fellini« (1958), »La strada« (1960), »Bilder des Dichterischen – Themen und Gestalten des Films« (1966), »Filme und ihre Regisseure« (1968). Redakteur der Neuen Zürcher Zeitung (bis 1984). Lebt in Zürich.
Wolfram Schütte (1939, Frankfurt a.M.). Studium: Germanistik, Soziologie und Philosophie in Frankfurt. Seit 1967 Feuilletonredakteur der »Frankfurter Rundschau«. Beiträge in Reihe Film: »Buster Keaton«, »Rainer Werner Fassbinder«, »Herzog/Kluge/Straub«, »Pier Paolo Pasolini«, »Jean-Luc Godard«, »Francesco Rosi«, »Herbert Achternbusch«.

Luchino Visconti

Reihe Film 4

Mit Beiträgen von
Klaus Geitel
Hans Helmut Prinzler
Martin Schlappner
Wolfram Schütte

Carl Hanser Verlag

Die Reihe Film wird herausgegeben
in Zusammenarbeit mit der
Stiftung Deutsche Kinemathek
von Peter W. Jansen und Wolfram Schütte

4., ergänzte Auflage
Redaktionsschluß: 1. August 1985

ISSN 0172-8267
ISBN 3-446-14511-7
4., ergänzte Auflage 1985

Ausstattung: Heinz Edelmann
Reproduktionen: Wartelsteiner, Garching
Gesamtherstellung: Appl, Wemding
Printed in Germany

Inhalt

Linien des Realismus im italienischen Nachkriegsfilm
Von Martin Schlappner 7

Das Welttheater Visconti
Von Klaus Geitel 41

Kommentierte Filmografie
Von Wolfram Schütte 55

Ossessione. *Ossessione . . . von Liebe besessen* 55
La terra trema. *Die Erde bebt* 62
Bellissima. *Bellissima* 68
Siamo donne. *[Wir Frauen]* 72
Senso. *Sehnsucht* 73
Le notti bianche. *Weiße Nächte* 80
Rocco e i suoi fratelli. *Rocco und seine Brüder* 84
Il lavoro. *Der Job* 89
Il Gattopardo. *Der Leopard* 91
Vaghe stelle dell'Orsa . . . *Sandra* 98
La strega bruciata viva. *Hexen verbrennt man lebendig* 102
Lo straniero. *Der Fremde* 104
La caduta degli dei. *Die Verdammten* 109
Morte a Venezia. *Tod in Venedig* 117
Ludwig. *Ludwig II.* 122
Gruppo di famiglia in un interno. *Gewalt und Leidenschaft* 130
L'innocente. *L'Innocente – Die Unschuld* 139

Daten
Von Hans Helmut Prinzler 147

Biografie 147

Arbeiten für Theater und Oper 149

Filmografie 154

Bibliografie 164

Linien des Realismus im italienischen Nachkriegsfilm

Von Martin Schlappner

Anfänge des neuen Films

»Was mich zum Film geführt hat«, schrieb Luchino Visconti am 25. September 1943 in der Zeitschrift *Cinema,* »das ist vor allem das Bedürfnis, Geschichten von lebendigen Menschen zu erzählen, von Menschen, die inmitten der Dinge leben, und nicht von den Dingen selbst. Das Kino, das mich interessiert, ist ein anthropomorphes Kino. Von allen Aufgaben, die ich in meiner Eigenschaft als Realisator zu übernehmen habe, passioniert mich deshalb die Arbeit mit den Schauspielern : menschliches Material, mit dem man neue Menschen schafft, die ihrerseits die neue Wirklichkeit, die sie zu leben berufen sind, erzeugen, die Wirklichkeit der Kunst.«

Der Text war überschrieben mit »Il cinema antropomorfico«. Es ist ein Text, der sowohl den Charakter eines persönlichen ästhetischen Manifests trägt, als auch – historisch gesehen – ein Arbeitspapier genannt werden kann für die Schar junger Regisseure, Schriftsteller und Kritiker, die sich um die Zeitschrift *Cinema* versammelt hatten. Ein Jahr zuvor, 1942, hatte Visconti seinen ersten Film, OSSESSIONE, gedreht. Dieser seinerseits war als künstlerisches Werk ein Manifest und signalisierte den Beginn einer Entwicklung des italienischen Films, die sich den Namen Neorealismus zulegte. Mit einem Schlag befreite OSSESSIONE den Film Italiens aus dem Provinzialismus, in den er sich seit mehr als einem Jahrzehnt eingelullt hatte, und füllte die ideologische Leere auf, die das Pathos des fascistischen Regimes gegraben hatte.

Die Zeitschrift *Cinema,* im Jahre 1936 gegründet und vom Sohn des Diktators, von Vittorio Mussolini geleitet, entwickelte sich während des Kriegs mehr und mehr zu einem Periodikum für die oppositionellen Intellektuellen einer jüngeren Generation. Diesen Jüngeren, unter ihnen Giuseppe De Santis, Gianni Puccini und Mario Alicata, schloß sich der Ältere, Visconti, als

Beiträger zur Zeitschrift an, nachdem er im Spätsommer 1939, nach Ausbruch des Zweiten Weltkriegs, aus Frankreich nach Italien zurückgekehrt war. *Cinema* war freilich nicht die einzige Zeitschrift, deren Autoren die Zensur des Regimes narrten und im Rahmen von Rezensionen über Filme und von filmtheoretischen Aufsätzen Überzeugungen und Meinungen im Widerspruch zum Regime und seinen Filmen, zu seiner gesamten offiziellen Kultur vortrugen. Jedoch war *Cinema,* was Ausstrahlung und Wirkung betrifft, wohl jene Zeitschrift, die für die Ausbreitung eines schöpferischen Klimas am meisten leistete.

Hier forderten De Santis und Alicata, die später unter den Szenaristen von OSSESSIONE auftauchten, eine revolutionäre, von einer leidenden und hoffenden Menschheit inspirierte Kunst. Einem Publikum, das sich sonst, vor allem in der Tagespresse, einer nur mit impressionistischen Beschreibungen und bestätigenden Interpretationen aufwartenden Kritik gegenübergestellt sah, wurden hier filmästhetische Begriffe vorgestellt und – in einem manchmal noch verwirrenden Gemisch von Formalismus und sozialkritischem Engagement – Ästhetik und Ideologie des »reinen« Films empfohlen. Hier las man Forderungen, die essentiell auf jene Werke zielten, die dann der Neorealismus bringen sollte: »Die Bemühung um eine Authentizität« – so schrieb De Santis – »selbst wenn sie eine phantastische ist, der Gebärden, des Klimas, in einem Wort jener Elemente, die dazu geeignet sind, die Totalität der Welt, in welcher die Menschen leben, auszudrücken – diese Bemühung ist genau diejenige des Films, denn mehr als jede andere wendet sich diese Kunst an alle unsere Sinne zur gleichen Zeit.«

Die Kritiker, nicht allein die von *Cinema,* hatten sich ins Gefecht geworfen. Sie traten an sowohl gegen die fascistischen Filme, welche das Pathos des Regimes und seine politischen Leitbilder propagierten, als auch gegen die Filme der zum kleinbürgerlichen Eskapismus verlockenden Unterhaltung. Gianni Puccini, auch er 1942 am Drehbuch zu OSSESSIONE beteiligt, warnte davor, den Film als eine Sache für sich zu betrachten: »Das wäre ein Irrtum, den allerdings alle jene begehen, die fortfahren, vom Film, von der Malerei und von der Literatur als etwas Isoliertem zu sprechen, auf eine aristokratische oder, was noch schlimmer ist, desinteressierte Weise.« Und Carlo Lizzani, auch er später einer der Mitwirkenden am

Luchino Visconti 1975

Neorealismus – als Drehbuchautor (*Riso amaro.* Bitterer Reis. 1949; *Non c'è pace tra gli ulivi.* Vendetta. 1949) und als Regisseur (*Ai margini della metropoli.* Am Rande der Großstadt. 1952) –, beklagte, der von der italienischen Nation bezahlte Preis für Besitz und Bewahrung seiner Genies bestehe in jener »Summe von Advokatenworten, die fünf Jahrhunderte lang in den Kreisen der Gesellschaft herumgeboten worden sind, welche die weitesten Bereiche der Verwaltung überschwemmt und sich schließlich in die Volksmassen, auch diese ansteckend, infiltriert haben. Die Advokatenworte, die einen morbiden Geschmack für alle jene ›Rabatthumanismen‹ propagiert haben, deren Preis vom Desinteressement gegenüber der Politik und der sozialen Aktivität bis zur Gleichgültigkeit gegenüber den Problemen der Technik, von der Exaltation für die äußerliche Geste und das sinnentleerte Wort bis zum beruflichen Dilettan-

tismus, bis zum Jesuitismus als der Methode der Regulierung aller Beziehungen zwischen den Menschen und bis zum possierlichen Cäsarismus der Persönlichkeit reichen.« Nicht nur in *Cinema*, auch in anderen Zeitschriften, insbesondere in *Bianco e Nero*, herausgegeben von Umberto Barbaro, meldeten sich so die Vertreter einer künstlerischen und sich politisch verstehenden Avantgarde zu Wort.
Visconti stand also nicht allein, als er, schon im Juni 1941, in *Cinema* den nachmals historischen und für ihn persönlich auch gefährlich gewordenen Aufsatz »Cadaveri« veröffentlichte: »Wird man jenen erhofften Tag nie erleben, an dem den jungen Kräften unseres Kinos klar und fest zu sagen erlaubt wird: ›Die Leichen gehören auf den Friedhof‹?«

Der Film in der fascistischen Ära

Als Visconti im Jahre 1936 Italien verließ und sich in Frankreich ansiedelte, und bis er 1939 in seine Heimat zurückkehrte, hatte sich das Klima des italienischen Filmschaffens kaum verändert; es war unverwandelt das gleiche seit 1930.
Auf der einen Seite gab es die propagandistischen Filme, die entweder, wie Augusto Geninas *L'assedio dell'Alcazar* (Der Kampf um den Alcazar. 1939), die tatsächliche Politik des Regimes – in diesem Fall das Eingreifen in den spanischen Bürgerkrieg – verherrlichten, oder die, wie Alessandro Blasettis *La corona di ferro* (1941), die historisch-mythologische Glorifizierung des neuen römischen Imperiums betrieben. Auf der anderen Seite standen die Filme der leichten Unterhaltung, die sich in den besten Fällen, wie Mario Camerinis *Gli uomini, che mascalzoni* (1932), im Stil komödiantischer Herzensgeschichten ironisch von der bedrückenden Gegenwart absetzten, meist aber in der Bequemlichkeit der gesellschaftlichen Konformismen verblieben.
Auf der dritten Seite bot sich als Refugium die Literatur an. Wer dort Schutz suchte, waren die Mutlosesten nicht. Mario Camerini ließ sich, beunruhigt, eine Adaptation von Manzonis *I promessi sposi* (1940) einfallen, die immerhin real, historisch und positiv ausfiel. Mario Soldati, selbst Schriftsteller, nahm sich Antonio Fogazarros *Piccolo mondo antico* (1940) an und wich so konstruktiv in die Vergangenheit aus. Auch Renato

Castellani, Alberto Lattuada und Luigi Chiarini suchten die für sie erwünschte Unverfänglichkeit in der nationalen oder in der fremdländischen Literatur. Dieses literarische Refugium freilich bedeutete nicht nur, daß man sich abschirmen konnte. Es bot auch die Plattform zum Gespräch mit den Wortführern der ästhetischen und gesellschaftlich-politischen Opposition. Einen vierten Weg gab es nicht.

Die explosive Kraft von „Ossessione"

Gab es ihn wirklich nicht? In Wahrheit ist es so, daß Visconti ihn mit OSSESSIONE öffnete. Die Zensoren waren, wenigstens auf dem Papier, außerstande, den revolutionären Charakter des Drehbuchs wahrzunehmen. Allerdings geriet der fertige Film in ihre Fänge und wurde in Einzelheiten bis zur Unkenntlichkeit verstümmelt. Dennoch entfaltete OSSESSIONE eine explosive Kraft.

Ossessione

Mit OSSESSIONE sprengte Visconti den kleinbürgerlichen Provinzialismus des zeitgenössischen italienischen Films und gewann internationale Ausstrahlung. Durch die Verbindung eines amerikanischen, wiewohl völlig ins italienische Klima übertragenen Themas mit der filmischen Sprache, die Visconti in Frankreich erlernt hatte, setzte der Film künstlerisch ein Signal des Antikonformismus und des revolutionären Aufstandes. Allerdings erlangte OSSESSIONE, so volkstümlich die Personen des Films wirken und ihre Leidenschaften dargestellt sind, keinen volksbreiten Erfolg. Dagegen wirkte der Film im Sinn einer Schocktherapie auf die Intellektuellen und rüttelte sie auf aus ihrer Anpassung in der kulturellen Provinzödnis. OSSESSIONE hat so Rang als der Film, der tatsächlich und wirksam noch unter dem fascistischen Regime selbst eine antifascistische Haltung einnahm.
Jedenfalls macht der Film deutlich, daß es nicht damit getan ist, die Bewegung des Neorealismus einseitig als geboren aus der Situation des Krieges, der Widerstandsbewegung und des Nachkriegs zu betrachten. Die der Darstellung von Kriegsereignissen und von Dramen des Partisanenkampfes gewidmeten Filme, mit denen der Begriff Neorealismus häufig ausschließlich verknüpft wird, sind alle nach dem Krieg entstanden.Die Situation des Partisanen, die den Neorealismus geschaffen hat, wird man also nicht einschränken auf die *kriegerische* Aktion des Widerstandes, den neorealistischen Film demnach nicht schlechthin gleichsetzen mit dem Partisanenthema, wie es von Roberto Rossellini in *Roma, città aperta* (Rom, offene Stadt. 1945) oder Aldo Vergano in *Il sole sorge ancora* (1946) aufgegriffen wurde.
Die Partisanensituation ist weiter und gründlicher zu fassen. Gerade OSSESSIONE macht das verständlich. Denn hier kam, mitten im Krieg noch und gegen den Druck des sich verhärtenden Regimes, unerwartet eine bisher verleugnete Grundschicht italienischen Lebens herauf. Ein Drama der sexuellen Hörigkeit, aber auch, und das vor allem, der existentiellen Unruhe und Rebellion wurde als Antithese gesetzt gegen die Wirklichkeitsfremdheit des fascistischen Films und gegen das, was hinter diesem Film stand: gegen das Regime mit seiner Ideologie des Lebens in heroischer Gefahr und in pathetischer Schönheit, in der sich die Kleinbürgerlichkeit ein Alibi der Größe zu schaffen versucht hatte. OSSESSIONE war ein Akt des Widerstands.

Das Vorbild Jean Renoir

Entscheidend für die geistige und künstlerische Formation Viscontis war sein Aufenthalt in Frankreich gewesen. Unruhigen Geistes, Emotionen hingegeben und von Gefühlslust umgetrieben, zutiefst ernsthaft jedoch und mit den Problemen der Zeit beschäftigt und entschlossen, jeden Weg, den er einschlagen würde, bis zum Ende zu gehen: in dieser für ihn charakteristischen Stimmung hatte er Italien verlassen. Frankreich prägte den damals Dreißigjährigen nachhaltig. Politisch und kulturell stand das Land in jenen Auseinandersetzungen, die im Jahre 1936 zur Bildung der »Volksfront« führten. Aus Frankreich waren auch jene Filme nach Italien gekommen, denen sich die opponierenden jungen Intellektuellen zuwandten und die sie, mehr oder weniger verschlüsselt, dazu benutzten, ihre Kritik am Regime zu erhärten. Es waren Filme, deren Realismus in der Bemühung um die Richtigkeit der sozialen Typen bestand. Jean Renoir hatte seinen Ehrgeiz angekündigt, in seinen Filmen ein umfassendes Sozialgemälde der Dritten Republik zu entwerfen.

In Paris empfing Visconti als ein bildendes und auch bindendes Erlebnis die Begegnung mit Jean Renoirs *Toni* (1934). Aus Zeitungsberichten rekonstruiert, erzählt *Toni* die Geschichte eines Verbrechens aus Leidenschaft und eines Justizirrtums. In diesem unmittelbaren Zugriff auf die gesellschaftliche Wirklichkeit der Dreißigerjahre war Renoir ein Realist. Literarisch aus der Tradition Flauberts, Maupassants und Zolas kommend und sich stets als einen Überlebenden des neunzehnten Jahrhunderts betrachtend, tat er diesen Griff in die gesellschaftliche Wirklichkeit aus dem Engagement für den Sozialismus heraus, aus dem Bedürfnis nach sozialer Erneuerung der Gesellschaft im Sinn der genossenschaftlichen Anstrengungen. Der Einfluß von *Toni* auf den neorealistischen Film Italiens, insbesondere auch auf OSSESSIONE, ist unverkennbar. Renoir selbst hat zwar – in seinen Lebenserinnerungen *Ma vie et mes films* – Zweifel daran angemeldet, daß sein Film ein Vorbild des italienischen Neorealismus sei. Er meint, daß die neorealistischen Werke dramatische Filme seien, während in *Toni* die Absicht vorherrsche, auf das Drama zu verzichten.

Man wird Renoir widersprechen müssen. Sein Verständnis von Authentizität ist allzu äußerlich, wenn er darauf verweist, daß der Eisenbahnzug in *Toni* bis auf den Lärm, den er beim Einfahren auf dem Bahnhof macht, eben dieser eine Eisenbahnzug gewesen sei, während die Geräusche (und die Dialoge) der italienischen Filme gedoppelt (d.h. nachsynchronisiert) seien. Entscheidend ist vielmehr, daß *Toni* tatsächlich das Stilbewußtsein der frühen Neorealisten beeinflußt hat. Der mit geringen finanziellen Mitteln hergestellte Film, der seinen Stoff einem »fait divers« der Alltagschronik entnahm, ist außerhalb der Ateliers an Ort und Stelle entstanden, in der südfranzösischen Landschaft und in den Häusern armer Bauern. Die Darsteller stammten aus dem Midi, und ihre Sprechweise diente ebenso wie die Landschaft des Dorfes Martigues der authentischen Substanz des Films. Von eben diesen Qualitäten sind die Einflüsse auf die Filme der italienischen Neorealisten ausgegangen. Visconti jedenfalls hat sich für *Toni* begeistert und diese Begeisterung dadurch fruchtbar gemacht, daß er in das Team Renoirs eintrat, das in diesem Sommer 1936 an der Arbeit zu *Une partie de campagne* war und *Les Bas-Fonds* realisierte.

Der lombardische Leser

Entscheidend für die Prägung der künstlerischen wie politischen Persönlichkeit Viscontis war in Paris sein Umgang mit den Intellektuellen der Linken. In diesen Kreisen lernte er auch den späteren Stoff für OSSESSIONE kennen, den Roman *The Postman Always Rings Twice* (1934) von James Cain. Renoir, der die Abschrift seinerseits von Julien Duvivier zugespielt erhalten hatte, überließ Visconti die maschinengeschriebene Übersetzung des amerikanischen Romans, der zuerst von Pierre Chenal, auch er inspiriert vom Aufbruch der Volksfront, verfilmt wurde. Visconti hat *Le dernier tournant* (1939) noch in Paris gesehen.
Fast handgreiflich wird in dieser Episode, daß im Hintergrund zu dem, was im Film (und gleichzeitig in der Literatur Italiens) zum Neorealismus gedeihen sollte, auch die Begeisterung für die zeitgenössische Literatur der Amerikaner stand, durch deren Reflexion sich die Kritik am fascistischen Regime ins eigene Wort fassen lassen konnte. Vermittelt vor allem durch Elio Vittorini und Cesare Pavese, entdeckte man jene amerikanischen

Schriftsteller, die sich über den von den Plagen des Alltags umgetriebenen, gedemütigten und gar nicht heroischen Menschen beugten. Man entdeckte die sozialkritische, politische und rebellische Literatur, das Gesellschaftsdrama von Maxwell Anderson, den Naturalismus von Erskin Caldwell, das Drama der Kollektivität bei John Dos Passos, die realistische Gründlichkeit von Theodore Dreiser. Von William Faulkner nahm man die Beobachtung des sozialen Lebens, und bei Ernest Hemingway ließ man sich von dessen Teilnahme am spanischen Bürgerkrieg bestimmen, aber auch von seiner pessimistischen Virilität und seinem Bekenntnis, die Welt sei ein Ort, wert, für sie zu kämpfen.

Von sich hat Visconti einmal gesagt, daß er ein »lombardischer Leser« sei. Das heißt so viel wie ein unersättlicher Leser. Seine literarische Bildung ist umfassend. In ihrer Mitte steht die Dichtung des eigenen Landes, um diese aber ordnet sich die Kenntnis des amerikanischen und russischen, des französischen und des deutschen Romans. Ein lombardischer Leser sein, heißt auch, daß die erste Liebe Giuseppe Manzoni galt, dann aber auch und vor allem Giovanni Verga, den das fascistische Regime in den Hintergrund gedrängt hatte. Diese epischen Riesenlasten des neunzehnten Jahrhunderts sind Viscontis Lektüre. Es fehlen jedoch nicht – in dieser Zeit des Beginns – die italienischen Zeitgenossen, Moravia, Vittorini, Pratolini, Pavese, Corrado, Levi – Namen, die in Viscontis künstlerischer Nachbarschaft auftauchen. Aus Vergas *I Malavoglia* hat Visconti den Stoff für seinen zweiten Film, LA TERRA TREMA, übernommen. Und in der revolutionären Welt des liberalen Manzoni ist auch Camillo Boïto angesiedelt, der zu SENSO den Vorwurf lieferte. Nicht vergessen wird man den Literaturhistoriker aus dem neunzehnten Jahrhundert, Francesco De Sanctis, dessen Ästhetik des Realismus den Widerstand gegen den Fascismus durch ein lebendig gebliebenes Erbe stützte.

Jeder dieser Namen hat einen Stellenwert, den man nicht unbeachtet lassen kann, wenn man den jungen italienischen Nachkriegsfilm verstehen will. Die Aufzählung will deutlich machen, daß weder die Filme Viscontis noch die anderen Filme des Aufbruchs aus dem Fortwirken der Tradition gerissen werden dürfen. Freilich auch nicht aus dem Zusammenhang der unmittelbar erlebten Gegenwart, für deren Bewältigung die Tradition ihrerseits Argumente bereitstellte. Fruchtbar indessen konnte diese Tradition nur werden, weil durch den Fascismus, den Krieg und die Nachkriegszeit eine Situation entstanden war, die den Mut und die Anstrengung aufriefen, die Überlieferung in die Vision einer neuen Zukunft zu verschmelzen. Die Erschütterungen des Kriegs und des Nachkriegs, der Niederlage und

La terra trema

des Widerstands, des Terrors, des Leids und des Todes, der Ratlosigkeit und der Verzweiflung, aber auch die Entschlossenheit, das Leben der Nation neu zu bauen, Staat und Gesellschaft auf eine demokratische Grundlage zu stellen, die Zuversicht sodann solchen Unternehmens und die Einsichten der kritischen Auseinandersetzung mit der Vergangenheit: das alles ergab eine für die Kunst, auch und gerade für den Film schöpferische Situation.

Der Film erlangte in dieser Situation soziale und politische Realität und Aktualität. Er stellte sich in der sogleich einsetzenden Abrechnung mit der politischen und gesellschaftlichen Vergangenheit als eine Äußerung des Antifascismus dar und deklarierte sich dabei in marxistischen, liberalen oder christlichen Überzeugungen. Er wurde, indem er den Blick auf die allgemeinen Verhältnisse des italienischen Volkes wandte, zu einer Kunst der Zeugnishaftigkeit. Als ein solches Dokument der Zeitgenossenschaft verstand er sich als ein »cinema della denuncia«.

Gruppo di famiglia in un interno

Sein Realismus begriff sich zugleich jedoch als die Erneuerung einer älteren, in den Jahren vor dem Fascismus tastend oder überzeugt gesuchten Wirklichkeitskunst. Es war Umberto Barbaro, damals Leiter des Centro Sperimentale di Cinematografia in Rom, Essayist, Drehbuchautor und Übersetzer von Pudowkins Schriften zum Film, der in diesem film- und geistesgeschichtlichen Zusammenhang den Begriff Neorealismus prägte, in der Zeitschrift *Film,* im Jahre 1942 bereits, und zwar im Bedürfnis, der Erneuerung des italienischen Films mit dem Blick auf die älteren realistischen Strömungen – repräsentiert etwa durch Nino Martoglios *Sperduti nel buio* (1916) – einen historischen Platz von Anfang an zuzuweisen. Auch bei Barbaro schon erschloß sich ein dritter Aspekt des Begriffs. Der Film sollte ein unmittelbarer Eingriff in die Auseinandersetzungen und Bestrebungen, die politischen und sozialen Maßnahmen beim Aufbau des neuen, republikanischen Staates, der neuen, demokratischen, sozial gerecht sich ordnenden Gesellschaft sein.

Was ist Neorealismus?

So ist der Neorealismus in seinen strukturhaften Elementen gegeben: durch den Stoff, der seinen Ursprung in den politischen, sozialen, bürgerlichen Verhältnissen der Zeit hat; durch die Perspektive der Wirklichkeitserfassung, indem dieser Stoff in seiner geschichtlichen und seiner dialektischen Bedeutung für die Gegenwart gesichtet wird; durch den Stil dieser Wirklichkeitserfassung, der nicht einfach abbildet, sondern das Wechselgewebe zwischen Menschen, Dingen und Ereignissen sichtbar macht; durch die Moral der Wirklichkeitserfassung, die in der Zeugnishaftigkeit für die Zeit und im exemplarischen Mut zur nationalen und individuellen Selbstdarstellung zum Ausdruck kommt. Der neorealistische Film wird grundsätzlich bestimmt auch durch ein nüchternes Pathos der Gewissenserforschung und der Wahrhaftigkeit. Für dieses Pathos gilt es als ausgemacht, daß der Film jeder anderen Kunst überlegen sein muß, wenn es gilt, die Kunst zu einem wirksamen Instrument der Gemeinschaftsbildung zu machen.

Kann man deshalb den neorealistischen Film als das Ergebnis eines gesicherten und verpflichtenden Programms interpretieren? Als das Ergebnis einer wegweisend formulierten künstlerischen, gesellschaftlichen und politischen Willensmeinung? In dieser Sicht treten seine Künstler geeint in die Front, deren Ziel bestimmt wird als die gesellschaftliche Umwälzung der sozialistischen Revolution. Der neorealistische Film ist demnach der Film eines kritischen Realismus gegen die sogenannte bürgerliche Gesellschaft, ein Instrument, die Menschen zu der revolutionär vorgestellten neuen Gesellschaft hinzuführen. Diese Interpretation wurzelt zwar in einer begründbaren Analyse, vergewaltigt dann aber die vielschichtigeren Phänomene des Neorealismus. Wohl hat sich der neorealistische Film als eine kollektive Bewegung manifestiert, aber es trifft ebenso zu, daß es, wie Vittorio De Sica einmal feststellte, eine gemeinsame

Front nicht gegeben hat; daß jeder für sich lebte, hoffte und dachte.
Eine allgemeine Stimmung war vorhanden, die sich in der Forderung verdichtete, im Film sei die Alltagswirklichkeit in ihren vielfältigen Erscheinungen zu gestalten und so die im Volk unklar lebendigen Gefühle und Gedanken, Hoffnungen und Erwartungen in den Stand des Bewußtseins zu heben. Der Film hatte, als er sich solcherart aufmachte, Chronik und Analyse der erlebten Gegenwart zu sein, für sich ohne Zweifel jene soziale Aktualität gesichert, die Cesare Zavattini, der größte Fabulierer im neuen Film, als eine Verpflichtung im Künstlerischen wie im Gesellschaftlichen bezeichnete. Er war ästhetisch und moralisch revolutioniert. Aber an dieser Revolutionierung trat zunächst nur ein Gemeinschaftliches hervor: die Kritik am Fascismus. Von dieser Gemeinsamkeit der Kritik aus entfalteten sich künstlerisch und weltanschaulich unterschiedliche Manifestationen.
Der Mensch nicht so sehr als einzelne Persönlichkeit, sondern als Individuum innerhalb der Sozietät war konsequenterweise das Ziel. Wie Zavattini es forderte, sollte der Film ein Aufruf sein zur Sammlung und Erweckung, ein Altar, vor dem das Bekenntnis der sozialen Solidarität abgelegt wird. Das alles war er zumindest in seiner künstlerischen Präsenz und Willensmeinung, aber er war es nicht, oder nur zum Teil, in seiner tatsächlichen Wirkung. Der Versuch, diesen Mangel an Wirksamkeit dennoch in einen Erfolg umzudeuten, ist später nicht unterlassen worden. Der neorealistische Film, heißt es etwa, sei, indem er sich kritisch mit den kollektiven Zuständen auseinandersetze, zwar volksbezogen, also volkstümlich, aber er sei es nicht im Blick auf ein gesellschaftlich vielschichtiges Volk, sondern allein auf eine Elite, die in sich politisches Bewußtsein, das heißt Klassenbewußtsein im Sinn der sozialistischen Revolution ausgebildet habe. Neorealistisch ist dann der Film deshalb, weil er die politische und gesellschaftliche Revolution als das Zukünftige und damit als die Realität überhaupt anerkennt. Das sei es, was den Neorealismus etwa vom poetischen, psychologischen oder humanistischen Realismus grundsätzlich unterscheide.
Ein ausschließlich so interpretierter Begriff des Neorealismus wird allerdings der geschichtlichen Wirklichkeit nicht gerecht. Der Neorealismus besteht nicht allein aus Viscontis Analyse

der Gesellschaft aus dem Geist des historischen Materialismus, nicht allein aus Verganos Sozialaktivismus oder De Santis sozialpolitischer Polemik. Man verkürzt ihn, wenn man seine anderen Erscheinungen beiseite läßt: Vittorio De Sicas Haltung der Caritas (*I bambini ci guardano*. 1943; *Ladri di biciclette*. Fahrraddiebe. 1948; *Miracolo a Milano*. Das Wunder von Mailand. 1950; *Umberto D*. 1951); Roberto Rossellinis christlichen Humanismus (*Roma, città aperta; Païsa*. 1945), der nach dem Bruder im Menschen über alle politischen Parteiungen hinweg suchte; Renato Castellanis poetischen Humor, der eine Hoffnung ist (*Sotto il sole di Roma*. Unter der Sonne Roms. 1948; *Due soldi di speranza*. Zwei Groschen Hoffnung. 1951); oder Pietro Germis (*In nome della legge*. Im Namen des Gesetzes. 1949) Humanität aus dem Geist des Widerstands gegen Gesetz und Konformismen zugunsten des Glücks des einzelnen Menschen.

Von der Chronik zur Erzählung

Formal wandte sich der Neorealismus zunächst der Chronik zu, das heißt der rein beschreibenden, phänomenologischen Erfassung der Wirklichkeit. Die Ereignisse wurden im Vertrauen darauf, daß sie durch sich selbst sprächen, einfach vor Augen gestellt, und sie gaben ihren Sinn, ihre Wahrheit preis, ohne daß sie in kausalen Motivationen begründet werden mußten. Ihre Wahrheit war, daß sie die Ereignisse eines gegenwärtigen, unmittelbar erlebten geschichtlichen, gesellschaftlichen und politischen Umbruchs waren und damit die Erfahrung aller.
Jedes Wachstum vollzieht sich auch in Krisen. Als Krise des Neorealismus trat am stärksten in Erscheinung der Übergang von der Form der Chronik in die Form der Erzählung oder, wenn man will, des dramatischen Schauspiels. Das bedeutet, daß sich der neorealistische Film auf die Grundlage einer neu konzipierten Ästhetik stellen mußte, ohne daß er seine als Stoff, Perspektive, Stil und Moral bezeichneten wesentlichen Positionen aufzugeben brauchte. Die Form der Erzählung sollte einen vertieften Realismus sichern. Diese ästhetische Richtungsänderung wurde notwendig in dem Augenblick, als die Ereignisse des politischen, des sozialen oder des individuell-alltäglichen Lebens ihre Wahrheitsevidenz verloren, die sie aufgrund der

Bellissima

kollektiven und nationalen Erfahrungen in der ersten Zeit des Nachkriegs gehabt hatten.
Der Übergang vollzog sich allmählich. Er kann aber mit Viscontis BELLISSIMA (1951) datiert werden. Die Widersprüche und Versöhnungen der geschichtlich gegebenen Wirklichkeit, der Vergangenheit oder der Gegenwart, bilden die Handlungen in den Filmen von nun an. Sie sind in Handlungen und Personen verkörpert, die, mögen sie zuweilen auch ins Extreme gehen, das Typische der Zeit und ihrer politischen und sozialen Zustände auszudrücken in der Lage sind. Erst aus der Distanz, heißt es jetzt, in welcher durch die Erzählung die Analyse der Wirklichkeit geleistet werden kann, vermag der Künstler die moralisch-gesellschaftliche Wahrheit in den Griff zu bekommen. Im Gang dieser Entwicklung teilte sich der rein phänomenologische Realismus des Anfangs auf in einen Realismus der dramatisch-erzählerischen Verwaltung der Stoffe, in einen Realismus also der geschichtlich-politischen Analyse, und in einen Realismus der psychologischen Ergründung der Lebensvorgänge, mit welcher auch eine lyrische Subjektivierung des Geschehens gleichläuft. Schritt um Schritt begann sich der Realismus zu spiritualisieren – Folge der immer tiefer reichen-

den Durchdringung der Wirklichkeit. Künstler, die als Realisten des Beschreibens begonnen hatten, mußten erkennen, daß die politische und sozial aktuelle Analyse nicht mehr ausreichendes Mittel zu sein vermochte, um den Menschen in seiner Vielschichtigkeit und in der Widersprüchlichkeit seiner Natur zu begreifen.
So stellte sich im Laufe dieser Entwicklung neben den Realismus der sozialen Aktualität ein Realismus, der die Gestaltung des Lebens zu unternehmen sich anschickte im Sinne eines Anrufs an alle Kräfte des Geistes, der Sinne und des Gefühls. In dieser Spiritualisierung wuchs ebenso selbstverständlich das religiöse Erlebnis zur tragenden Kraft der Bewältigung der Wirklichkeit heran. Das ist es, was Federico Fellini gegenüber jenen Künstlern, die den Realismus an das Soziale und Politische gebunden sehen, zur Verteidigung seiner eigenen Kunst als den Realismus des Persönlichen bezeichnet hat. Dieser Realismus verschließt sich keineswegs der sozialen Realität, doch hinter ihr sucht er nach den Mysterien des Menschen.

Der Sozialrealismus Viscontis

Gegenüber dieser Spiritualisierung hält Visconti am Sozialrealismus fest. Die Rettung des Menschen ist auch sein Vorsatz, aber durchaus eine irdische Rettung. Greifen seine Filme Stoffe aus der Gegenwart auf, wie OSSESSIONE, LA TERRA TREMA oder ROCCO E I SUOI FRATELLI, oder wenden sie sich literarisch-historischen Stoffen zu, wie SENSO, IL GATTOPARDO oder MORTE A VENEZIA –: immer geht es Visconti um die Analyse der sozialen Verhältnisse. Jeder dieser Filme ist zugleich von heftiger Poesie in der Schilderung der menschlichen Intimitäten, der Liebe, des Hasses, der schönen Einfachheit oder der gerechten Sehnsucht nach Glück, des hartnäckigen Mutes, die Schläge des Schicksals auszuhalten. Analyse und Kritik, Poesie und Drama, das sind die beiden Begriffspaare, mit welchen sich die Elemente von Viscontis Kunst festhalten lassen. Als drittes Element, strukturbildend in den Zusammenhang der anderen eingreifend, stößt dazu die Dialektik des historischen Materialismus. Dieses Bekenntnis prägt die Kunst Viscontis im Hinblick auf die Gegenwart zu einer Haltung des Pessimismus. Der Arbeiter, von Natur aus gesund und gut, ist Opfer der Ausbeutung des kapi-

Rocco e i suoi fratelli

talistischen Wirtschaftssystems. Aber der Arbeiter ist doch nicht mehr bloß Opfer; er befindet sich schon im Zustand der Revolte: fundamental durchzieht das Werk Viscontis eine marxistische Mythologie, die ihr Wesen und ihren Wert in einem Optimismus der Zukunft hat.
Auf solchem Hintergrund vollzieht sich in den Filmen Viscontis das Scheitern der Helden. Daß diese Helden scheitern, ist notwendig, weil die Zeit für sie abgelaufen ist oder weil sie die Zeit nicht begriffen haben. Es sind Helden, deren Lebensgefühl und Lebenseinsicht nicht mehr mit der Wirklichkeit übereinstimmen. Aber als die Scheiternden stehen sie für Visconti bezeichnenderweise stets in der Mitte, seiner heimlichen Liebe auch, und eben das macht die Ambivalenz seiner Kunst aus. Den Scheiternden entgegen entwirft er das Bild eines Menschen, der sich im Prozeß der sozialen Bewußtwerdung befindet, das Bild eines Menschen, dessen Wahrheit ist, daß er an der Rettung des Menschen in dieser Welt arbeitet, gestützt auf die richtige gesellschaftspolitische Erkenntnis, die ihn mit dem Willen ausstattet, seine eigenen Verhältnisse zu bestellen.

Gesellschaftspolitische Kritik

Man wird aus ROCCO E I SUOI FRATELLI, wo Visconti das Problem der inneritalienischen Migration behandelt hat, ablesen, wie konsequent der gesellschaftspolitische Schritt ist, den der Künstler seit LA TERRA TREMA getan hat, wo er am Beispiel der ausgebeuteten sizilianischen Fischer ein ähnliches Thema dargestellt hatte. Viscontis Weltanschauung, so wie sie in seinen Filmen begreifbar wird, hat ihre Mitte in einer ganz auf die Immanenz festgelegten Humanität. Inhalt seiner Kunst ist der Mensch als Glied der Gesellschaft, als Angehöriger von Klassen; das Verhältnis, das diese Klassen zueinander einnehmen, wird als das Verhältnis des Kampfes dargestellt, bis zur Herstellung der klassenlosen Gesellschaft. Als Inhalte gehören dazu die Analyse der Entfremdung und folgerichtig die Sehnsucht nach einem Menschentum, in dem Gefühl und Gedanke, soziales Dasein und mitmenschliche Haltung sich im Einklang befinden. Diese Menschenbezogenheit fixiert Viscontis Weltbild als ein ausschließliches Gesellschaftsbild.
Geht man von den dramatischen Gehalten in seinen Filmen seit

BELLISSIMA aus, faßt man die Gestalten seiner Werke seit SENSO bis hin zu LUDWIG in einem Blick zusammen, dann erkennt man, daß sich Visconti in solchen Gestalten wie Livia Serpieri (SENSO), Salina (IL GATTOPARDO), Aschenbach (MORTE A VENEZIA) oder Ludwig verwirklicht als ein Ergriffener des Leidenschaftlich-Verzehrenden, des Zerstörerisch-Übermächtigen in der menschlichen Natur. Sie alle sind Scheiternde, Untergehende, und sie erscheinen, bei aller Sympathie, die Visconti ihnen zuwendet, auf dem Hintergrund der gesellschaftspolitischen Analyse als die negativen Helden. Der positive Held etwa in SENSO, dann auch in IL GATTOPARDO hingegen ist das Volk. Es erscheint geprägt vom Optimismus, daß nach dem Willen der Führer des Risorgimento, in dessen Zeit beide Filme spielen, ein Volksstaat errichtet wird.

In SENSO ist das Volk repräsentiert durch die Soldaten der Schlacht von Custozza, die allerdings um ihren Sieg betrogen werden, wie, so lautet die zeitgeschichtliche Konklusion, die Partisanen des Zweiten Weltkriegs ihrerseits um den Erfolg gebracht worden sind. Die Einigkeit über die weltanschaulichen und politischen Parteiungen hinweg, die sich im Widerstand gegen den Fascismus hergestellt hatten, ist im Nachkrieg wieder auseinandergebrochen: Visconti spricht in SENSO durchaus von diesem Zerfall. Und die gleiche soziale und revolutionäre Ikonographie wird später dann greifbar wieder in IL GATTOPARDO, wo das Volk, nachdem es mit den Soldaten Garibaldis zusammen in der Schlacht von Palermo den Sieg errungen hat, gleicherweise um die Früchte seines Einsatzes betrogen wird. IL GATTOPARDO entwirft die Vision dessen, was aus der Revolution Garibaldis hätte entstehen können – etwas anderes jedenfalls als jenes populistische Pathos, das der Fascismus in seinem Selbstverständnis ausgebreitet und das Alessandro Blasetti in seinem Film *1860* (1934) seinerzeit als das vom Fascismus weitergetragene Erbe des Risorgimento propagiert hatte.

Hoffnung in einem metaphysischen oder religiösen Verständnis gibt es in den Filmen Viscontis nicht. Das Prinzip der Hoffnung, das er als Gegenbild zu einer tragisch und schuldhaft verstrickten Klassengesellschaft entwirft, äußert sich in der Vision einer gesellschaftspolitisch veränderten Zukunft. Die Schlüsse der Filme sind dafür bezeichnend. Schon in OSSESSIONE gibt es diesen Schluß, wenn in der Einsamkeit, in welcher Gino zurückbleibt, die Einsicht aufscheint, daß eine individuelle Revolte

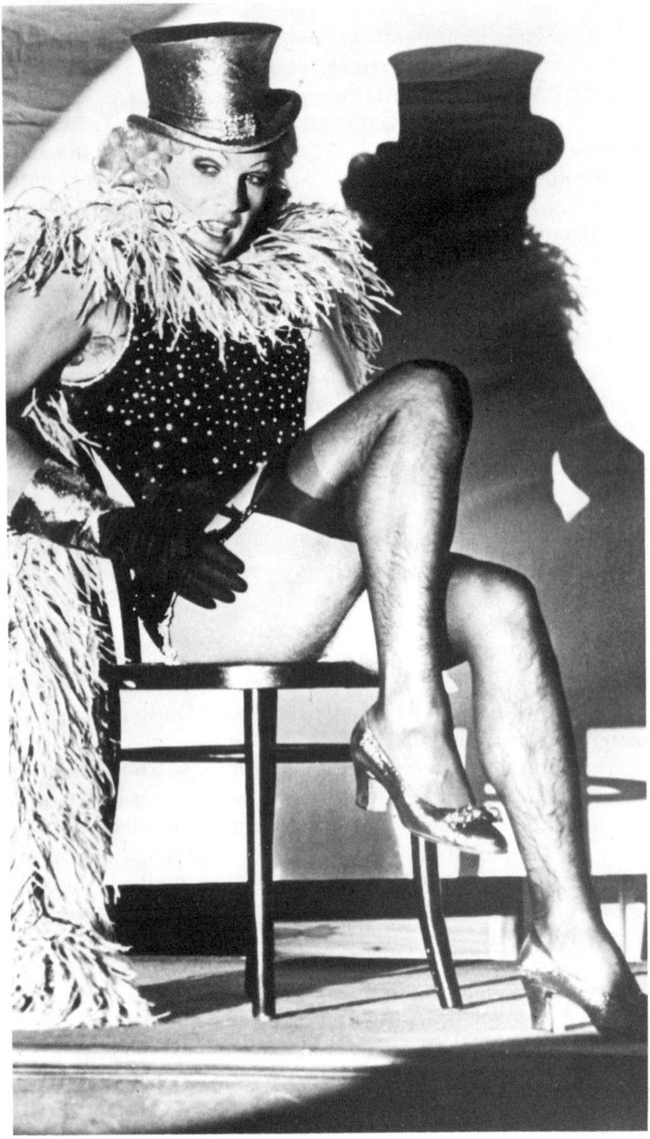

La caduta degli dei

Il lavoro

ohne Sinn ist. Deutlicher greift der Schluß von LA TERRA TREMA die Vision des Neuen auf. Die Rebellion des Fischers, aus individuellem Unmut unternommen, endet zwar in der Niederlage, doch diese wird begleitet von einem Akt der sozialen Bewußtwerdung: damit der Kampf getragen wird von der Solidarität der gesamten Arbeiterklasse, muß diese das Bewußtsein ihrer Macht gewinnen. ROCCO E I SUOI FRATELLI setzt den Akzent noch deutlicher: dem zehnjährigen Lucca gibt Ciro die Botschaft in den Mezzogiorno mit, daß der Mensch Herr seines eigenen Schicksals ist.

Dazwischen steht BELLISSIMA, mit welchem Film Visconti den Schritt von der Chronik zum Erzählkino vollzog und scheinbar auch wegtrat von der »vena corale«, der für den frühen Neorealismus typischen Gemeinschaftswelt und kollektiven Problemstellung. Dennoch eröffnet sich hinter diesem als Einzelschicksal auffaßbaren Porträt einer Frau und ihrer Familie das gesellschaftspolitische Leitbild: die Entmythisierung der Lebensvorstellungen der von den Hohlheiten des gängigen Traumkinos in ihrer Eigenart entfremdeten Frau, also die Polemik gegen eine Gesellschaft, die die Surrogate für die Wirklichkeit hält.

Abschiede als Sinnbilder

Es ist für Visconti kennzeichnend, daß er die Umkehr nicht scheut. So wechselt er die Perspektive, wann es ihm vom Stoff her geboten erscheint: die Vision einer veränderten Welt verschlüsselt er, in seinen letzten Filmen, in die Darstellung von Abschieden. In SENSO geschah das zum erstenmal. In Schönheit und Leidenschaft zeigt er die Gräfin Serpieri als eine Frau, die dem Wahn ihrer Liebe verfallen ist und nicht – im Unterschied dann zum Fürsten Salina in IL GATTOPARDO – nach der epochalen Bedeutung ihres Untergangs fragt. Don Fabrizio dagegen besitzt die Erkenntnis, was sein Abgang in der gesellschaftspolitischen Veränderung bedeutet. Sein Verzicht kommt dem freien Willen gleich, einer neuen Gesellschaft den Platz zu räumen, auch wenn er bezweifelt, ob diese Gesellschaft eine bessere, weil gerechtere wirklich sein wird. Wieder wechselt die Perspektive auf das gleiche Thema in LE VAGHE STELLE DELL' ORSA, dem Drama des geschwisterlichen Inzests: Sandra bleibt nach dem Selbstmord ihres Bruders eingespannt in der Kraft ihres Gefühls und in der Treue sowohl zu ihrer Angst wie zu ihrer Hoffnung auf das Neue, das vielleicht auch sie verändern wird.

Zwei Filme zeichnen das Prinzip der Hoffnung von einem Gegenpol des völlig undurchlässigen Pessimismus aus: LO STRANIERO und LA CADUTA DEGLI DEI. Der Mord an den beiden Arabern in LO STRANIERO und als dessen Konsequenz der Tod des Mörders auf dem Schafott stehen da als die konkretisierten

Senso

Gleichnisse für die Unmöglichkeit, den Sinn des Lebens zu regeln nach den Vorstellungen einer sich als bürgerlich bezeichnenden Gesellschaft, die für das Unerwartete, das Abenteuer, die Gefährdung aus Leidenschaft oder auch nur aus Unlust keinen Raum zur Verfügung hat, statt dessen aber die Vertröstung für eine Zeit nach dem Leben bereithält. Vertröstung, die sich etwa hinter der Geschichte verbärge, verweigert Visconti auch in LA CADUTA DEGLI DEI, wo er, wiederum am Paradigma einer

Familie, die Entwicklung zum Nationalsozialimus in Deutschland und dessen Konsequenz, den Zwang zur totalen Zerstörung, darstellt: die Familie derer von Essenbeck ist eine Gemeinschaft von Monstren, in deren persönlichen Geschichten und Schicksalen sich jene totale Auflösung der Moral symbolisiert, welche den Nationalsozialismus als konstitutionell inhuman charakterisiert. Wäre diese Filmerzählung, die nicht historisch, sondern geschichtsphilosophisch aufzufassen ist, auch nur in einem Punkt durchlässig für Hoffnung, so bedeutete das, es wäre zulässig zu hoffen, diese Monstren kehrten in irgendeiner Form wieder. In diesem Sinn ist LA CADUTA DEGLI DEI das extreme Gegenbild zu allen, die sonst in Viscontis Filmen absteigen.

Die gesellschaftspolitische Vision in der Verschlüsselung des Abschieds von einer Gesellschaft und einer Epoche, die zum Sterben bestimmt ist, so groß auch der Schmerz insbesondere angesichts der ästhetischen Ausbildungen dieser Epoche sein mag, vollendet sich in MORTE A VENEZIA und in LUDWIG. In Aschenbach begibt sich der feierlich begangene Abschied, im

Nachklang der Musik, von der bürgerlich-feudalen Gesellschaft des neunzehnten Jahrhunderts, und Venedig ist für diesen Abschied das Symbol. Thema ist die Schönheit, die Standbild und Spiegelbild der leiblichen Vollendung ist, und Thema ist die Versuchung zur Ausschweifung, zur Enthemmung und zum schwelgerischen Untergang, die alle Schönheit in sich birgt. In der Musik Gustav Mahlers, dieses letzten romantischen Sinfonikers, macht Visconti die Themen hörbar: er beschwört die Klangwelt einer innerlichen Selbstverzehrung herauf, und dadurch immer wieder die Sehnsucht nach dem Volkslied, das bezeichnenderweise die lange Sequenz von Aschenbachs Sterben begleitet und dieses Sterben musikalisch, vom Sinn einer neuen Kunst her, sinnfällig macht. In LUDWIG sodann hat Visconti das Thema der Schönheit noch einmal aufgegriffen, auch dieses Mal, ja deutlicher noch, verschmolzen mit dem Thema von Glanz und Elend einer Klasse, eines Zeitalters: die Niederungen sind greifbar als Ludwigs Kampf um die Macht und als seine Verweigerung gegenüber diesem Kampf.

Die anthropomorphe Kunst

Von der Menschenbezogenheit seines Weltbildes gingen bei Visconti die Impulse aus, sich künstlerisch mit dem Film zu befassen. In der Tat wachsen jede Handlung, alle Figuren aus dem authentischen Milieu und der authentischen Atmosphäre, und das auch dann, wenn Visconti in einzelnen Filmen oder in Teilen von ihnen das künstliche Dekor verwendet. Um die Wirklichkeitsausstrahlung von Natur und Milieu zu steigern, scheut er nicht artistische Eingriffe in örtlich gegebene Wirklichkeit. Atmosphäre atmen seine Personen in der Weise, daß sie nicht beziehungslos zur Umgebung und zum Dekor agieren; sie stehen vielmehr in ständigem Wechselgespräch mit den sie umgebenden Dingen, und die Ausstrahlung der Dinge, eines Zimmers, einer Landschaft, eines Gegenstandes ändert sich je danach, ob Menschen um sie oder ihnen fern sind. Diesem dichten Gewebe entspricht es denn auch, daß die Bildsprache sehr komplex wirkt. Es ist eine Komplexität, die sich ausspricht in der Doppelschichtung von Beschreibung und Schilderung, von Teilnahme und Kritik. Das Bild hat Raumtiefe und optische Vielfalt, eine Klangfülle des Visuellen, und der dramatische Aufbau der Handlungen folgt einer sinfonischen Konzeption, in der psychologische Leitmotive und optische Leitbilder die Struktur bestimmen. Die Musik ist deshalb nicht bloß illustrierend eingesetzt, sondern in bewußter dramatischer Verdeutlichung der Situation und des Gefühls, als Leitmotiv vor allem auch der Personen.

Das Ineinander von kritisch-analytischer Reflexion innerhalb der filmischen Erzählung und von zuweilen theaterhafter Dramatisierung der Sequenzen bestimmt Viscontis Verhältnis auch zum Schauspieler als dem Träger seiner Ideen. Die Auffassung, die er als die des anthropomorphen Kinos umschrieben hat, führte nicht allein Visconti, sondern neben ihm auch andere, so vor allem Roberto Rossellini und Cesare Zavattini dazu, den Schauspieler als das Material zu würdigen, mit welchem der Filmkünstler Menschen erst schafft. Der Darsteller, so meinte Visconti, ist vor allem ein Mensch: das schließt zwar ein, daß auch ein Berufsschauspieler mit der ihm eigenen Sicherheit und Erfahrung entscheidende Voraussetzungen dafür besitzt, in solchem Sinn Material für menschliche Qualitäten zu sein. Oft aber, so folgerte er aus seinem zeitweilig dogmatisierten Konzept des anthropomorphen Kinos, besitzen unbedeutendere Schauspieler, Leute, die keinen Marktwert im Kino haben, ebenfalls diese Qualitäten. Weit mehr aber sind sie dem Laiendarsteller zuzuschreiben. Dieser verfügt über den Charme der Einfachheit, bringt authentische und gesunde Menschlichkeit mit, weil er das Produkt eines Milieus ohne Kompromisse und Verbildung ist. Visconti hat dieses Idealbild des Darstellers im Film nur ein einziges Mal selbst verwirklicht, in LA TERRA TREMA, den er mit den Bewohnern von Aci Trezza an der Ostküste Siziliens inszenierte. Unter seinen Filmen gibt es keinen anderen, sieht man von der Komparserie in den Massenszenen ab, in dem es zu einer solchen Selbstdarstellung gekommen wäre.

Nicht ohne Einfluß auf die Schauspielführung im Film ist bei Visconti auch die Beschäftigung mit Theater und Oper geblieben. Gemäß seiner einmal geäußerten Ansicht, daß Film und Theater, bei aller Unterschiedlichkeit, nicht gegensätzliche Medien des Schauspiels seien, machte er zum erstenmal in SENSO das Theater nicht nur als Ort, wo die Handlung beginnt, sondern auch stilistisch zum Ausgangspunkt der filmischen Gestaltung. In LE NOTTI BIANCHE sodann verabsolutierte er die

Ästhetik in dem Maße, daß der Schauplatz, den bisher die natürlichen Landschaften und Ortschaften abgegeben hatten, durch den künstlichen Dekor der Bühnenkulisse abgelöst wurde. Das allerdings war ein Extremfall, der auch ein Mißgeschick wurde.

Dreharbeit *Il lavoro*

Das Erbe des Neorealismus

Von Neorealismus, wie er in der ersten Stunde des Nachkriegs künstlerisch wie ideologisch bestand, wird man für die Nachfolgezeit nicht mehr sprechen können. Die Wandlung des formal der Chronik vertrauenden Neorealismus in einen Realismus der epischen oder dramatischen Erzählung hat für die Begriffsbestimmung sich dahin ausgewirkt, daß der zeitgeschichtliche Bezug auf das Neue und auf die Erneuerung eines älteren Realismus aus dem Wort weggefallen ist. Das Verhältnis des Films zur Wirklichkeit ist vielfältiger geworden, es wurde auch schwieriger. Was den Neorealismus aber beflügelt hat, ist weitgehend lebendig geblieben: das Ethos nämlich, daß der Film als ein Medium der Massenkommunikation mehr als jede andere Kunst die kollektiven Dramen der Zeit aufzuzeichnen habe; daß für die Darstellung dieses Stoffes die Perspektive der geschichtlichen und gesellschaftspolitischen Kritik, das heißt einer Moral der Zeugenschaft, zu wählen sei.

Diese Gesellschaftsbezogenheit wirkt sich aus als konstante

Ossessione

La terra trema

Kraft im italienischen Film bis heute. Generell läßt sich erkennen, daß der Einfluß Viscontis stark ist, und zwar einerseits im Formalen – das heißt in einem ästhetisch gepflegten Realismus – und andererseits im Ideologischen. Geht man davon aus, daß im Mittelpunkt des – künstlerisch und gesellschaftspolitisch relevanten – italienischen Films der Mensch als Träger und als Ziel eines unbedingten Humanismus steht, so ergibt sich für die meisten der jüngeren Generation der Filmregisseure die marxistische Interpretation der Wirklichkeit als die sicherste Gewähr, wobei der Marxismus einerseits als das Instrument des Klassenkampfes zur Verfügung ist, andererseits aber im Idealbild des klassenlosen Menschen den humanen Menschen überhaupt vorstellen will.

Der marxistische Weg zum Menschen läßt sich im neueren italienischen Film etwa erklären an der Art, wie die Jüngeren das Thema des Krieges aufgreifen. In *Gli sbandati* (Die Verirrten. 1955) von Francesco Maselli oder in *La lunga notte del'43* (Die lange Nacht von 43) von Florestano Vancini wird die Darstellung des Krieges, mit den Helden aus bürgerlichem Milieu im

Vordergrund, dazu verwendet, die Identität von Fascismus und Bürgertum in dem Sinn herauszustellen, daß zwischen beiden zwar ein gradueller, jedoch kein konstitutioneller Unterschied bestehe. In Elio Petris *L'assassino* (Trauen Sie Alfredo einen Mord zu? 1961) andererseits wird die Situation, unter marxistischem Vorzeichen, existentiell erfaßt: der bürgerliche Mensch begegnet sich selbst und erkennt sich als der Opportunist gerade herrschender Verhältnisse.

Petri, der als Drehbuchautor durch De Santis und Zavattini geprägt wurde, ist dann in seiner weiteren Entwicklung einer der Vertreter des sich ebenso radikal wie zum Teil auch spekulativ politischen Themen der Gegenwart zuwendenden italienischen Films (neben Damiano Damiani, Mauro Bolognini, Dino Risi und vielen anderen). Auf die kritische Durchleuchtung eines Bürgertums, das zum Fascismus neigt, und einer korrumpierten Staatsgewalt in Justiz und Polizei (*A ciascuno il suo.* Zwei Särge auf Bestellung. 1966; *Indagine su un cittadino al di sopra di ogni sospetto.* Ermittlungen gegen einen über jeden Verdacht erhabenen Bürger. 1969) folgte bei Petri mit *La classe operaia va in paradiso* [Die Arbeiterklasse geht ins Paradies. 1971] die Bitterkeit im Blick auf die Situation des von seinen Parteien im Stich gelassenen Arbeiters. Andererseits nahm Petri in *La classe operaia* eine neue realistische Beobachtung der Arbeitswelt auf, wie sie gleichzeitig in ganz Westeuropa anhob, etwa bei Marin Karmitz (*Coup pour coup.* Schlag für Schlag. 1971) in Frankreich oder Christian Ziewer (*Liebe Mutter mir geht es gut.* 1971; u. a.) in der Bundesrepublik Deutschland – auch das noch Zeugen einer fernen Nachwirkung des Neorealismus.

Bei den Brüdern Paolo und Vittorio Taviani wird – von *Un uomo da brucciare* [Ein Mann zu verbrennen. 1961] an – der Marxismus zu einer politischen Mythologie, mit dessen Hilfe sie der »neorealistischen Improvisation« ausweichen und auch das »Alibi des Experimentalismus« vermeiden wollen. Die Tendenz ihrer Filme ist die Ausbildung eines proletarischen Klassenbewußtseins, und der Marxismus, verkörpert etwa in Palmiro Togliatti, um dessen Tod und Begräbnis die Handlung von *I sovversivi* (Die Subversiven. 1967) angelegt ist, erscheint als Rettung aus Identitätskrisen, der charismatische Führer als Garant der »Heilung«. Für den aus bürgerlichem Milieu stammenden und seine Filme im Bürgertum Italiens ansiedelnden

Rocco e i suoi fratelli

Marco Bellocchio gibt es – von *I pugni in tasca* (Mit der Faust in der Tasche. 1965) über *La Cina è vicina* (China ist nah. 1967) bis zu *Nel nome del padre* (Im Namen des Vaters. 1972) und *Sbatti il mostro in prima pagina* (Knallt das Monstrum auf die Titelseite! 1973) – kein irgendwie begründbares Vertrauen mehr in das auch die staatstragende Linke umfassende Establishment; seine Filme lehren in satirischer Verschlüsselung und mit ästhetischem Raffinement die Verschrottung des Überkommenen im Schmelzofen der Kulturrevolution. Und Bernardo Bertoluccis Parabeln einer sterbenden bürgerlichen Epoche wenden sich nach *Prima della rivoluzione* (Vor der Revolution. 1964) oder *Il conformista* (Der große Irrtum. 1969) spätestens mit *Novecento* (Neunzehnhundert. 1974–76) einer für realisierbar gehaltenen Utopie des Sozialismus zu.

Man wird allerdings den italienischen Film seit Beginn der sechziger Jahre nicht auf die marxistische Sicht allein fixieren können. Es gibt andere, etwa Ermanno Olmi, der mit *Il posto* (Der Job. 1961), *I fidanzati* (Die Verlobten. 1962) oder in *E venne un uomo* (über Papst Johannes XXIII.) die Schwierigkeiten des Lebens in der Industrie- und Konsumgesellschaft exemplifiziert als die Darstellung eines Akts der inneren Befreiung. Vittorio De Seta in *Banditi a Orgosolo* (Die Banditen von Orgosolo. 1961) und Lina Wertmüller in *I basilischi* (Die Basilisken. 1963) gehen der Trägheit und Unwandelbarkeit des gesellschaftlichen Lebens als einer schicksalshaften Macht nach, die aus dem Innern der Menschen und der Tradition wächst; beide zeigen eine Möglichkeit des Ausbrechens nicht auf.

Als eine solche Möglichkeit stellt sich bei Michelangelo Antonioni in *Zabriskie Point* (1969) die Utopie der schöpferischen Zerstörung dar: ein Film, mit dem der für Italien eher außenseiterische Regisseur eines »cinema intimistico« ideologisch ausgebrochen ist aus dem für ihn früher bezeichnenden konstitutionellen Pessimismus, der seit *Il grido* (Der Schrei. 1957) das Vehikel der Diagnose an der Industriegesellschaft und der Unfähigkeit ihrer Menschen zur Kommunikation war. In der Utopie der schöpferischen Zerstörung, die ihre Wurzel – so lehrt jedenfalls die Märchensequenz in *Il deserto rosso* (Die rote Wüste. 1963) – in der Erinnerung an ein Goldenes Zeitalter hat, löst sich der Konflikt zwischen technischer Entwicklung und Fühlen und Denken des Menschen, der über eine moralische Position verfügt. Von Pessimismus getragen ist dagegen wieder *Professione: Reporter* (Beruf: Reporter. 1975).

Was man als die Moral des neorealistischen Films bezeichnen kann, lebt am stärksten fort wohl in den Filmen von Francesco Rosi, der von einem zum anderen Werk, von *Salvatore Giuliano* (Wer erschoß Salvatore G.? 1961) über *Le mani sulla città* (Hände über der Stadt. 1962/3) zu *Il caso Mattei* (Der Fall Mattei. 1972) und *Lucky Luciano* (1973), Sachverhalte zur Sprache bringt, die in Italien zwar jedermann kennt, die meisten aber verschweigen. Es ist unverkennbar, daß Rosis politisch-gesellschaftliche Gesinnung ihre Wurzeln im Neorealismus hat. Seine Filme kommen aus der Perspektive der historischen und politischen Verantwortlichkeit und werden vorgetragen zur Bewußtseinsbildung des Volkes. Diesem kunstideologischen Grundsatz entspricht es denn auch, daß Rosi für seine bisher kaum als darstellbar erachteten Themen der politischen Korruption sich wieder dem Stil der Chronik zugewandt hat. Freilich arbeitet Rosi mit einem sorgfältig erarbeiteten Drehbuch, dessen Dramaturgie im wesentlichen von Rückblenden bestimmt wird. Das heißt, die Geschichte wird nicht mehr chronologisch erzählt, sondern in bestimmten, zeitlich gegeneinander verschobenen Episoden, deren Kohärenz aus der Kenntnis des Zusammenhangs besteht. Die Chronik ist

Dreharbeit *Gruppo di famiglia in un interno*

demnach nicht mehr ein Ergebnis des zeitgenössischen Miterlebens, sondern das Ergebnis eines Dokumentierens im Nachhinein, einer Rekonstruktion. Auch wenn Rosi mit *Cadaveri eccellenti* (Die Macht und ihr Preis. 1976) die Struktur der Chronik zu verlassen scheint, so lebt der Film aus der (polizeilichen) Rekonstruktion (Recherche) von Attentaten.

Diese Beispiele, aber auch die ersten Filme von Pier Paolo Pasolini – *Accattone* (1961), *Mamma Roma* (1962) und *Il vangelo secondo Matteo* (Das 1. Evangelium – Matthäus. 1964) also – bestätigen, daß die Ästhetik der Chronik in den sechziger Jahren, nachdem man sie mit dem Neorealismus des Anfangs für abgelebt erklärt hatte, wieder lebensstark hervorgetreten ist. Auch bei Visconti, in ROCCO E I SUOI FRATELLI war sie, verändert indessen durch die gestalterischen Mittel der Montage, in dieser Zeit noch einmal anzutreffen. Setzt man nach Inhalt und Gesinnung die Filme des frühen Pasolini, des Altersgenossen von Rosi, hinzu, den kleinen Zuhälter in *Acattone,* der in seiner Verderbnis eine Sehnsucht nach Reinheit bewahrt hat, oder den Jesus in *Il vangelo secondo Matteo,* der als ein sozial-religiös gesehener Christus wie ein Orkan in die Gesellschaft fährt, so wird man als den Kern des neorealistischen Films – gerade in seiner »Renaissance«, als welche die Gegenwart begriffen werden kann – die Darstellung der Entfremdung des Menschen in der modernen Industriegesellschaft definieren. In unterschiedlichen Weisen erfolgen Darstellung und Begründung dieser Selbstentfremdung. Bei den einen erfolgen sie aus gesellschaftlich-politisch rationalistischem Denken heraus; bei anderen aus einem aktiven Willen zum Nihilismus, der die Absurdität der Welt sichtbar machen soll; bei dritten aus einem Denken, das die Fremdheit gegenüber der Gesellschaft aufgehoben weiß im Erlebnis eines mystischen Vertrauens ins Leben; bei wieder anderen aus einem Denken, das die Angst in der Welt umkreist und zu wissen glaubt, daß diese Angst nicht gesellschaftlich, sondern existentiell begründet ist und daß sie im Bannkreis der Moral und vor allem des Glaubens überwunden werden kann. Wie immer nun die Haltung gegenüber der Erkenntnis dieser Selbstentfremdung, gegenüber dieser Einsicht in den Verlust der eigenen Identität ausfällt – ob als eine Haltung der Verzweiflung oder der Polemik und der Sozialkritik oder der Hoffnung und des Glaubens –, immer wird darin der Reichtum des neorealistischen Films erkennbar.

Das Welttheater Visconti

Von Klaus Geitel

Von Luchino Visconti sprechen, heißt, über viel mehr reden zu müssen als über Film. Zu den Schäbigkeiten Franz Mahlers, des österreichischen Leutnants (in SENSO), klingen die wehmütig-romantischen Hornrufe des anderen Österreichers auf, der Anton Bruckner hieß und Glaubenslandschaften in Tönen aufriß: ein Kommentar Viscontis, wie er bitterer nicht gefunden werden konnte. Die Frage bleibt nur, wer wen in diesem Fall kommentiert: Bruckner diesen Franz Mahler oder umgekehrt. Eins aber steht fest: wie in den wenigen Ausbrüchen von Optimismus in Viscontis Werk, bewahrt sich auch der ihm eingeborene Pessimismus schillernde Doppeldeutigkeit.

Musik als psychologisches Moment, als geistesgeschichtliches Ereignis. Zum Einzug des Fürsten Salina und seiner Familie in die Kirche der Sommerresidenz (IL GATTOPARDO) intoniert der Landgeistliche auf der Orgel eine Sequenz aus *La Traviata,* jener Oper, die Visconti wiederholt inszenierte – zunächst (1955) an der Mailänder Scala für die Callas, eine Aufführung, die zur Unvergeßlichkeit wurde, später (1963) noch einmal, in Spoleto, beim »Festival zweier Welten«, das auch seine Inszenierungen des *Macbeth* von Verdi, des *Duca d'Alba* von Donizetti, der *Salome* von Richard Strauß, der *Manon Lescaut* von Puccini sah. Nur ein einziges Schauspiel – und dies gewissermaßen als Zuwage innerhalb einer einzigen Woche produziert – zeigte Visconti in Spoleto: André Gides *Der dreizehnte Baum,* gespielt aus dem Manuskript – wie auch jener Verdi-Walzer, der den GATTOPARDO durchklingt. Viscontis Beziehungen zur bildenden Kunst waren nicht weniger stark als die zur Musik. Maria Schell wird (in LE NOTTI BIANCHE) in ein Tableau gesetzt, das von Vermeer van Delft stammen könnte. In seiner Inszenierung der *Salome* (1961) läßt Visconti die Szene nach Vorlagen von Gustave Moreau entwerfen. Zum ersten Mal wölkt sich (Viscontis Antwort auf das Neue Bayreuth) die Bühne wieder ein mit Erinnerungen an französisches Fin de Siècle (Oskar Wilde schrieb schließlich den Text der *Salome* in französischer

Sprache nieder und überließ die Übersetzung ins Englische seinem Freund Lord Alfred Douglas).

Wildes *Salome* war ursprünglich Sarah Bernhardt zugedacht (die sie nie spielte). Aber ihre Interpretation der *Kameliendame* ging ein in Viscontis Inszenierung der *Traviata* für die Callas. Den zweiten Akt der Oper durchziehen die im Gedächtnis der Menschheit (oder zumindest ihres gebildeteren Teils) fixierten Gesten der französischen Diva, der es gelungen war, ein Jahrhundertereignis zu sein. Den ersten Akt dagegen entwirft Visconti für die Callas, als habe sie nicht Violetta, sondern Eleonora Duse darzustellen, wie sie die Kameliendame spielt. Er streut ein System der Bezugspunkte über seine Inszenierungen. Mehr noch: er fängt mit dem Netz, zu dem er alle Bezugspunkte verknüpft, jene befremdende, herausfordernde Größe ein, vor der sich der Betrachter klein fühlt – im Kino wie im Theater. Denn das ist das Entscheidende, und es unterscheidet Visconti von allen anderen Filmregisseuren: selbst wer nie einen Film von ihm sah, kann aus seinen Inszenierungen für Oper und Sprechbühne die volle Skala seiner Kunst und seine Weltsicht erschließen.

Visconti war der Regisseur, der, ähnlich wie Horowitz, auf dem Weltkulturklavier zu spielen vermochte. Er hatte dabei – kein Wunder bei der wachsenden Unkultur der Epoche – sein Werk vor aller Augen durchzuschmuggeln: als sublime Ausstattungsstücke, die ihre wahre Fracht, ihre kulturhistorische und sozialgeschichtliche Ausstattung wie Konterbande durch den Zoll einer Filmkritik bringen mußten, der die geistesgeschichtliche Dimension des Werkes von Visconti längst nicht in aller Deutlichkeit aufgegangen war. Das Doppelbödige der Kunst Viscontis mit ihren vielfachen Verklammerungen, Anspielungen, Evokationen ist aber auch kaum auseinanderzurechnen und auszuschöpfen. Sein Werk bildet ein Quiz höchster Eleganz, brillierenden Wissens – und Trauer. Diese Trauer resultiert aus der anhaltenden Suche nach einer verlorenen Zeit, ihrer Beschwörung. Das Heraufbeschwören von Realität aber hat bei Visconti fast immer halluzinatorischen Charakter: in der Oper, im Film, auf dem Theater.

Visconti inszeniert in der Tat Halluzinationen der Realität (LA CADUTA DEGLI DEI). Geschult wie kein anderer an Europas Vergangenheit, hat er entwickelt, was Musil seinem *Mann ohne Eigenschaften* als Charakteristikum zuordnete: einen höchstentwickelten Möglichkeitssinn – Widerspiel jenes Wirklichkeitssinns, mit dem sich der Neorealismus Bahn brach durch die pathetischen Vernebelungen des Kulturfaschismus der dreißiger und vierziger Jahre. Dieser »Möglichkeitssinn« bewirkt, daß Viscontis Visionen der Realität (ob es sich nun um

Salome. Spoleto 1961

LUDWIG handelt, um Donizettis *Duca d'Alba,* um Goldonis *Impresario von Smyrna* oder um ROCCO E I SUOI FRATELLI) zu Kulturbildern gerinnen, an denen man später vielleicht historische Studien treiben wird (eine Idee, auf die man bei Hollywood-Produktionen selten kommt) – und nicht nur filmhistorische Studien allein. Viscontis Filme sind durch die Kraft ihrer kulturhistorischen Imagination zitierbar geworden.

Viscontis Arbeit greift nicht nur tief ins zwanzigste Jahrhundert hinein; es schließt das neunzehnte immer zugleich ein und seine künstlerischen Überlieferungen. Nicht umsonst hat Visconti gerade in Aci Trezza LA TERRA TREMA gedreht – an diesem Ort, an dem Giovanni Verga in seinem klassischen Roman die Ge-

schicke der *Malavoglia* ansiedelte. Und wenn im GATTOPARDO Concetta auf der Straße dem Grafen Cavriaghi begegnet, sie unter dem Sonnenschirm, er kauernd auf einer Wegbalustrade, dann scheint diese Einstellung einem Foto nachempfunden, das einst Giovanni Verga selbst schoß. Er war ein begeisterter Fotograf und liebte es, seine Romane durch fotografische Schnappschüsse vorzubereiten und dokumentarisch zu untermauern. Jeder Film, jede Inszenierung, jede Szene von Visconti setzt ein Karussell der Beziehungen ins Kreisen. Ein Schütteln der Hand: ein kulturhistorisches Kaleidoskop rüttelt sich zu einem neuen Bild zurecht, das befragt werden will, dessen Reiz, Geheimnis und Schönheit dazu auffordern, seinen Ursprüngen nachzugraben. Visconti verklausuliert nichts. Er war – und sein Werk ist es noch immer – zur Offenlegung jeden Bezugspunktes freundlich und mit Freuden bereit. Er war kein Geheimniskrämer. Er liebte es nicht, sich interessant zu machen. Er zog es vor, anderen seine Arbeitsmethode als interessant erscheinen zu lassen. Denn natürlich handelt es sich um eine Methode, die sich freilich nicht lehren läßt (dabei hat Visconti – neben Brecht und Peter Brook – die meisten Schüler gefunden).
Zu sagen, Visconti sei mit Vorrang ein Mann des Films gewesen, scheint verfehlt. Von Anfang war er ein Mann des Theaters – obwohl OSSESSIONE seinen Theatererfolgen vorauslief. Sieht man jedoch die Liste der Theaterinszenierungen Viscontis in den ersten Nachkriegsjahren durch, so stellt man schnell fest, daß ihm alle Stücke zufielen, die auf dem Nachkriegsmarkt als gut und wichtig galten: *Die schrecklichen Eltern* und *Die Schreibmaschine* von Cocteau, *Antigone* und *Eurydice* von Anouilh, *Geschlossene Gesellschaft* von Sartre, von Tennessee Williams *Die Glasmenagerie* und *Endstation Sehnsucht*, von Arthur Miller *Der Tod des Handlungsreisenden* und später *Blick von der Brücke* und *Nach dem Sündenfall.*
Es fällt auf, daß italienische Gegenwartsdramatik, aber auch die Klassiker der italienischen Theaterliteratur ganz fehlen. Erst als sich Visconti Giovanni Testoris *Il ponte della Ghisolfa* zur Vorlage für ROCCO E I SUOI FRATELLI wählt, inszeniert er auch Testoris Theaterstück *L'Arialda.* Ein Akt der Freundschaft. Aber Freundschaft bildet im verzweigten Werk Viscontis ein besonderes Kapitel.
Ein anderes Kapitel sind russische Erinnerungen. Schon 1946 inszeniert Visconti Dostojewskijs *Schuld und Sühne* (in der

Fassung Gaston Batys). Später greift er auf Dostojewskij zurück, wenn er LE NOTTI BIANCHE dreht, und Rocco ist im Grunde kein anderer als ein neuer Fürst Myschkin: Dostojewskijs *Idiot.* Zuvor aber inszeniert er Tschechows *Onkel Wanja* und *Drei Schwestern.* Dann wieder, wenn es im MORTE A VENEZIA an Aschenbachs Sterben geht, läßt er ein langanhaltendes russisches Lied anstimmen, als sei dieser Aschenbach kein anderer als der erste notorische Homosexuelle der europäischen Kunstszene, der (anders als Oscar Wilde) ungestraft in den Tod gleiten durfte: Serge de Diaghilew, wegen seiner im schwarzgefärbten Haar weiß zurückgelassenen Strähne »Chinchilla« genannt, der »Ballettzar«, der 1929 in eben diesem Grand Hotel des Bains starb, in dem Visconti MORTE A VENEZIA drehte.
Erinnerungen: sie führen in den Filmen Viscontis Regie. Er hat sie ererbt. »Zu erben muß man auch verstehen. Erben – das ist am Ende Kultur«, sagt Thomas Mann. Kein Wunder, daß Visconti sich vor dem *Tod in Venedig* mit dem Gedanken trug, *Tonio Kröger* zu verfilmen (man kennt den Entscheid der deutschen Filmindustrie), dann den *Zauberberg.* Aber ein anderes Thomas Mann-Projekt Viscontis wurde immerhin Realität: er schrieb das Buch zu einem Ballett *Mario und der Zauberer,* das, von Franco Mannino komponiert, von Visconti an der Mailänder Scala (1956) inszeniert wurde.
Es blieb nicht das einzige Ballett Viscontis. In der Berliner Städtischen Oper kommt 1957 *Maratona di danza* zur Uraufführung, ein Stück Viscontis, zu dem Hans Werner Henze die Musik geschrieben hatte, und Visconti selbst setzt es in Berlin in Szene. Seine Assistenten bei dieser Arbeit: Danilo Donati, der später als der Kostümbildner für Zeffirellis *Romeo und Julia, Der Widerspenstigen Zähmung, Brother Sun – Sister Moon* hervortreten wird – und Mario Girotti, ein junger italienischer Schauspieler, der alsbald in mehreren Filmen Viscontis auftritt (er ist Graf Cavriaghi im GATTOPARDO), bis er sich unter dem Pseudonym Terence Hill in den heiteren Versionen der populären Italo-Western Welterfolg erspielt.
Es ist wahrscheinlich aufschlußreicher, diesen künstlerischen Kreuz- und Querverbindungen im Detail nachzugehen, als sich Hals über Kopf in Interpretationen der künstlerischen Ergebnisse zu stürzen. Diese Verbindungen schaffen ein Bild der Theaterarbeit im Europa der fünfziger Jahre, wie es belustigender, frappierender, aber auch bestürzender kaum denkbar ist.

1954 hatte Henze seine Oper *Boulevard Solitude* in der Römischen Oper anläßlich eines Festivals der Musik des 20. Jahrhunderts inszeniert. Die Aufführung entartet zum Skandal. Strawinsky wird beim Betreten der Oper von einem aufsässigen Logenschließer geohrfeigt. Die Übertragung der Premiere wird – angeblich wegen technischer Schwierigkeiten – vom italienischen Rundfunk nach wenigen Minuten abgebrochen. Die Sänger hören kaum einen Ton vom Orchester: die schrillen Pfiffe sind lauter, die vom Parkett und den Rängen zur Bühne hinauffahren. Hauptbläser unter vielen sind die Rossellinis, Renzo an der Spitze, der sich selbst für einen Komponisten hält, gleichzeitig aber als Kritiker gegen alle anderen Komponisten anschreibt. Die Aufführung wird zum Skandal, zu einer Katastrophe für den jungen Komponisten. Wenige Tage später aber erhält er einen trostreichen Brief von Visconti. Ihm habe das Werk sehr gefallen. Ein Jahr später, während Viscontis Proben in Mailand zur *Traviata*, lernen sie sich kennen. Visconti verweist Henze auf Kleists *Prinz von Homburg* als Opernsujet. Die Arbeit an *Maratona di danza* wird beschlossen. Henze erhofft

Salome. Spoleto 1961

Le notti bianche

sich auch die Mitarbeit Viscontis bei der Hamburger Uraufführung des *Prinz von Homburg.* Aber die Dreharbeiten zu ROCCO verzögern sich durch Eingriffe der Staatsanwaltschaft so, daß die Inszenierung der Opern-Uraufführung schließlich an Helmut Käutner fällt. Erst *Maratona di danza* bringt Henze und Visconti wieder zusammen. Die Choreografie stammt von dem Holländer Dick Sanders, der bereits für Visconti Maria Schells Tanz in LE NOTTI BIANCHE einstudiert hat. Die Hauptrolle hält Jean Babilée, der Nurejew der fünfziger Jahre – er, für den Jean Cocteau verschiedene Ballette geschrieben hat: das berühmteste *Le jeune homme et la mort.*

Maratona di danza ist die Geschichte eines jungen Mannes, der sich in einem Tanzmarathon, bei dem als Preise Motorräder, Waschmaschinen, Fernsehapparate zu gewinnen sind, siegend zu Tode tanzt – in einem Vorstadthangar des Amüsierbetriebs, begafft von Filmstars und armen Leuten, von Neugierigen, Bummlern, Neidern und Hochnäsigen. Es ist ein Tanzstück, beileibe kein Ballett: für ein knappes Dutzend Tanzpaare und

La Traviata. Spoleto 1963

eine Hundertschaft an Statisterie, die an Sekttischen die Tanzfläche umsitzt. Der Tanz ist nichts in diesem Tanzstück, die Inszenierung alles. Rund zehn Tage genügten Visconti, die Turbulenz und den Schauer des Stückes in Szene zu setzen: das »einzige Musikwerk des sozialistischen Realismus«, wie es ein polnischer Kritiker formulierte, »welches das Musiktheater bisher hervorgebracht hat«.
Ein Werk typisch römischer Provenienz. Doch nur bis zum Probenbeginn. In wenigen Tagen wuchsen ihm durch Viscontis Beobachtungsgabe Berlinismen in Fülle zu. Das Werk wurde buchstäblich von ihm, dem Italiener, aus dem Italienischen ins Deutsche übersetzt. Nacht für Nacht hockte Visconti in Berlins Kaschemmen, geistesabwesend, ungesprächig, gewissermaßen mit geschlossenen Lidern. Aber von Stunde zu Stunde schien sich in ihm das Sujet zu verwandeln, Lokalkolorit anzunehmen, sich zu artikulieren in fremdem Dialekt. Es wurde mit Requisiten überschwemmt. Die Weisung an die Statisten, im Anblick des Todes von Entsetzen gepackt hinauszustürzen und für mindestens zweitausend Mark pro Abend Gläser und Geschirr zu zerschlagen, rief bei der vom Rechnungshof kontrollierten Intendanz eine Gänsehaut hervor. Doch war dieser Hinweis

Il Gattopardo

nichts anderes als ein bescheidenes Vorspiel zu den Freßorgien bei den Proben zur Ballszene des GATTOPARDO. Es versteht sich von selbst, daß der Berliner *Maratona*-Premiere ein Skandal zuteil wurde. Bemerkenswert ist vielleicht nur, daß bereits in Henzes *Maratona* auf Wunsch Viscontis der Realismus musikalisch gehöht wurde wie später in Pasolinis *Accattone.* Schon in *Maratona* klingt Bachs Orchestervorspiel »Kommt, ihr Töchter, helft mir klagen« aus der Matthäus-Passion auf.
Es stellt sich die Frage, wie Visconti zu diesem musikalischen wie außermusikalischen Spielmaterial kam, das seine Filme zwar nicht allein trägt, sie aber auf einzigartige und unverwechselbare Weise bereichert. Es kommt nicht von ungefähr, daß César Francks Präludium, Choral und Fuge die Begleitmusik zu VAGHE STELLE DELL'ORSA bildet oder ein Walzer von Verdi den Ball im GATTOPARDO durchklingt. Visconti ist gewissermaßen in der Loge Vier der Mailänder Scala aufgewachsen, der Familienloge der Visconti, und wie andere gutbürgerliche Jungen das Klavier, so hatte er Cello zu spielen gelernt (wie Toscanini). Aber es war nicht musikalische Kenntnis allein, die ihn immer wieder dazu brachte, der Musik einen Stellenwert in seinen Filmen einzuräumen wie kein anderer Regisseur neben

ihm. Es war seine Erkenntnis des Stellenwerts, den die Musik im Leben Italiens einnimmt. Immer wieder hat er auf Opernszenen zurückgegriffen – und zwar in entscheidenden Augenblicken der filmischen Dramaturgie.

Das ist im Grunde noch entscheidender und aufschlußreicher, als einem Film César Franck oder Bruckner beizumischen. Schon in OSSESSIONE geschieht die entscheidende Verabredung zum Mord in einer Gaststätte, in der gerade ein Wettsingen im Gange ist: ein Opernwettbewerb der kleinen Leute und der kleinen Stimmen, die versuchen, gebieterisch Leidenschaften aus sich herauszustemmen, über die sie nicht verfügen. Die Liebenden aber, am Caféhaustisch, verfügen über sie und werden sie in Wirklichkeit umsetzen – anders als die törichten Sänger es sich erträumen, die an ihre einfältigen Wunschträume verloren sind. In SENSO ist es Verdis *Troubadour*, der – fettleibig und opernschwülstig – das Geschehen in Gang bringt. Während einer Aufführung des Werks beginnt, flugblattwerfend, der Aufstand Jung-Italiens gegen die österreichische Unterdrükkung – getreu der Devise, die in dem Namen VERDI nichts anderes als V.E.R.D.I. las: Victor Emmanuele Re D'Italia. Visconti verschränkt die historischen Determinationen zu einem unverlierbaren Bild. Daß man SENSO, die grandioseste Oper unter allen Filmen, noch nicht als Oper komponiert hat, beweist allenfalls die Fantasielosigkeit der jungen Komponistengeneration.

Schlüsselwerke: man kann darüber streiten, ob sie Visconti der Leinwand, der Sprech- oder der Opernbühne anvertraute. Manchmal meint man, seine Filme wären nichts anderes als die luxuriösesten Profanierungen, die sich das Welttheater bisher leistete. Denn Verdis *La Traviata* in Lila De Nobilis Ausstattung oder die Pariser Aufführung von John Fords *Schade, daß sie eine Hure ist* (mit Romy Schneider und Alain Delon), Bellinis *La Sonnambula* (in Tosis Kostümen und wiederum mit der Callas) in Mailand, Verdis *Macbeth* (in den Dekors der Nobili) in Spoleto und dort auch Donizettis *Duca d'Alba* (in der Ausstattung Filippo Sanjusts) sind nicht weniger aussagekräftig für den Kunstwillen Viscontis als seine Filme. Manchen, die den *Don Carlos* Verdis in London sahen oder die *Salome* von Strauß in Spoleto, mögen sogar Viscontis Filme als opulente Verwässerungen einer Idee erscheinen, die sich am konsequentesten und knappsten auf dem Theater realisierte. Viscontis

Filme erscheinen danach oft weniger als Film, denn als Theater für Millionen in aller Welt – ohne daß dies Ergebnis mit unfilmischen Mitteln erzielt wäre. Im Gegenteil: es ist das Opernhafte, die Überhöhung der Realität, die sich in Viscontis Filmen – und gerade in ihren grandiosen Augenblicken – kennzeichnend Bahn bricht.
Ein Beispiel. Wenn in Viscontis *Traviata*-Inszenierung von 1963 Violetta die äußerste Erniedrigung erfährt in jenem Augenblick, in dem ihr im dritten Akt Alfredo buchstäblich den Todesstoß versetzt – er wirft ihr vor den Augen der betreten zu Boden blickenden Gäste Banknoten ins Gesicht –, dann breitet diese Violetta Viscontis beide Arme weit aus. Sie steht da in der »heiligen Haltung« der Russen, sie formt das Kreuz, eine Stellung, die auch Nadia einnimmt, wenn sie in ROCCO von Simone (Renato Salvatori) den realen Todesstoß erwartet: den Zustich des Messers. Nadia wie Violetta fällt die Stellung Jesu Christi zu: die Haltung des Lamms, das geopfert wird.
Man kann diese Stellung als einen Topos ansprechen, der Viscontis Werk durchdringt. Vor allem bestimmt das Pathos, mit dem der Bezug willentlich und wissentlich gesetzt wird, immer wieder den Anspruch der künstlerischen Arbeit Viscontis. Es geht in ihr um Bezüge, die über Soziales hinaus tief ins Religiöse reichen – wenn dieses Religiöse auch eine Religiosität des Ästhetischen sein mag oder das Ästhetische eine Bemäntelung schamhaft zurückgehaltener Religiosität. Das Werk Viscontis – darin besteht seine Faszination und seine Unausschöpflichkeit – läßt sich nicht auseinanderrechnen.
So ist auch Viscontis bedeutendste Inszenierung außerhalb des Films zum Teil unter das Kapitel Freundschaft zu verbuchen, das in seinem Leben (und Werk) einen außerordentlichen Raum einnimmt. Wenn man bedenkt, daß Zeffirelli, Francesco Rosi, Sanjust, Donati, Roger Fritz (um nur einige zu nennen) mit ihm arbeiteten und von ihm lernten, um dann eigene künstlerische Wege zu gehen, dann zeigt sich deutlich, wie stark die Bindungen sind, die Visconti seit je gern einging, um aufstrebendem Individualismus auf den Weg zu verhelfen.
Das Hauptwerk seiner Freundschaft floß Romy Schneider und Alain Delon zu. Für sie, die Anfänger auf dem Theater, inszenierte Visconti 1961 in Paris John Fords *Schade, daß sie eine Hure ist* und wagte es, den Novizen ohne Schaden Valentine Tessier (die Käthe Dorsch Frankreichs), Sylvia Monfort (die

Ingrid Andree Frankreichs) und Daniel Sorano (den Martin Benrath Frankreichs) an die Seite zu stellen. Mit einem Wort: er umgab seine beiden jungen Hauptdarsteller nicht nur mit Luxus, sondern mit Rivalen: mit schauspielerisch lang erprobter Vorzüglichkeit. Und er lehrte sie, die Herausforderung mit

Manon Lescaut. Spoleto 1973

Glanz zu bestehen. Damals, 1961, sagte Visconti, er habe in Jahrzehnten keine Begabung wie die Romy Schneiders gesehen, mit keiner vergleichbar unerschöpflichen Begabung gearbeitet. Als kein Mensch auch nur ahnte, welche künstlerischen Energien in ihr steckten, lockte Visconti sie voll hervor. Seine Inszenierung des vierstündigen Historienschinkens aus Shakespeares Zeit, dieses Blutbad in Versen, richtete er aus, daß am Ende die Schneider wie Delon unangreifbar aus ihm hervorstiegen: zwei Jungstars, gezeichnet von Genie.
Akte der Freundschaft: das waren sicherlich auch die Inszenierungen von *Zwei auf der Wippe* von Gibson in Paris für Annie

Girardot und Jean Marais; das war die Einstudierung von Arthur Millers *Nach dem Sündenfall,* gleichfalls für die Girardot, die Renato Salvatori, ihren Mörder aus ROCCO geheiratet hatte. Seine anderen Inszenierungen hatte Visconti meist der Compagnia Stoppa-Morelli anvertraut: der großartigen Rina Morelli

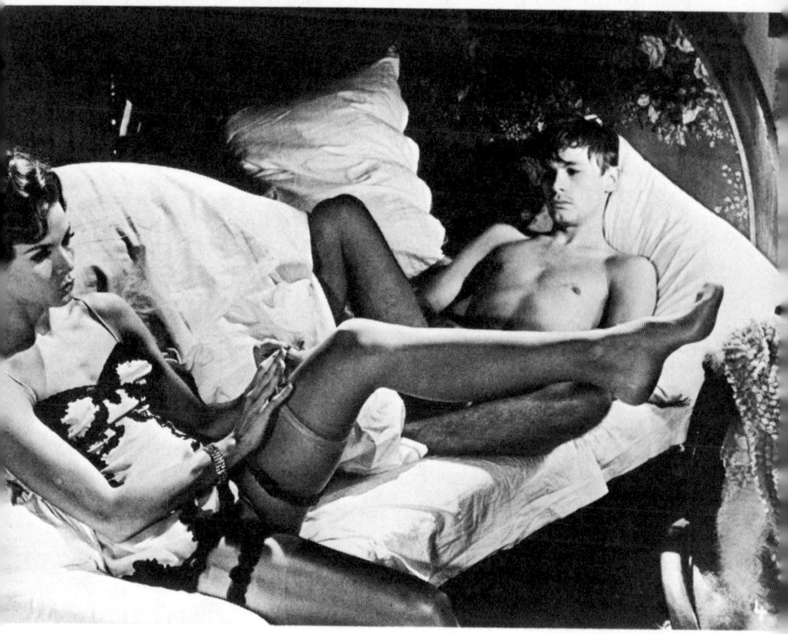

La caduta degli dei

(sie spielt im GATTOPARDO die Frau Burt Lancasters) und dem grandios wandlungsfähigen Paolo Stoppa (er ist in ROCCO der Box-Trainer). Die Compagnia Stoppa-Morelli wurde das Vehikel, mit dem Visconti sich seine bedeutenden Theatererfolge errang. Das Nicht-Vorhersehbare des Erfolgs der Theaterproduktionen in Rom allerdings schmälerte mit der Zeit wohl Viscontis Lust, sich weiterhin auf der Bühne zu exhibieren. Es ist von Aufführungen die Rede, die von der Kritik hoch gelobt wurden und dennoch beim Publikum keinen Anklang fanden, so daß der ergrimmte Regisseur sie auf eigene Kosten vom Spielplan zurückzog, das Ensemble auszahlte und in die

Ferien schickte. Auf diese Art freilich vermögen nur Millionäre Theater zu machen.
In den letzten Jahren zog es Visconti vor, unabhängig von Produktionskosten und Serienerfolgen zu arbeiten: im winzigen Spoleto, als Gast von Gian-Carlo Menotti, unter Freunden. Viscontis Inszenierungen in Spoleto glichen denn auch Aufführungen, wie man sie macht, der Kunst zu gefallen. Zunächst: sie wurden erarbeitet ohne Stars und in kürzester Zeit; dazu ohne viel Geld. Dennoch machten Verdis *Macbeth,* Donizettis *Duca d' Alba,* Verdis *Traviata, Salome* von Strauß und Puccinis *Manon Lescaut* international Furore – meist deshalb, weil Visconti nachwies, wie man mit geringen Mitteln große Wirkungen und zugleich werkgerechte zu erzielen vermag.
Im *Duca d'Alba,* den er beleuchtete wie eine Aufführung zur Donizetti-Zeit, so daß nur die Beinkleider der spanischen Offiziere mit ihrem grellen Weiß volles Licht von der Rampe empfingen, sah man seidenüberströmte, bebänderte Pagen herumstreichen, Luxusgeschöpfe, herzlich überflüssig in der Haupt- und Staatsaktion, aber bildschön, die mit ihren unschuldigen Knabenaugen regungslos auf Ketzerverbrennungen hinabschauten, auf grausamste Folterungen, die ihnen indessen kaum Röte ins zarte Gesicht flammen ließen. Viscontis Grausamkeiten stecken kaum weniger voll Heimtücke als seine offensichtlichen Zärtlichkeiten. In der *Salome* inszenierte er nichts als die Unterwürfigkeit eines fatal falschen Begehrens nach Liebe – aber vor flammendem Hintergrund. Der Page kriecht in irriger Leidenschaft vor Narraboth, Narraboth verfällt in dieselbe Haltung vor Salome, Salome nimmt sie vor Jochanaan ein und Herodes wiederum vor ihr: die Austauschbarkeit aller Gesten der Leidenschaft wurde nie zuvor plausibel wie in Viscontis Auslegung. Unter allen Regisseuren, die sich zur grandiosen Feier der Hoffnungslosigkeit finden, war er der Größte. Ein Lustspiel dagegen hat er nie zustande gebracht.

Kommentierte Filmografie

Von Wolfram Schütte

Die Filme Luchino Viscontis teilen sehr oft ein Schicksal, das auch das Werk von Regisseuren wie Murnau, von Stroheim und Losey zeichnet: durch Eingriffe politischer oder kommerzieller Zensur sind sie teilweise bis zur Unkenntlichkeit verstümmelt worden, manche gar nicht mehr in ihrer ursprünglichen Gestalt restlos rekonstruierbar. Das Werk ist bis auf wenige Ausnahmen eine Sammlung von Torsi – besonders in seiner deutsch-synchronisierten (was dann meist auch heißt: haarsträubend gekürzten) Fassung. Wo möglich, bin ich von der vollständigsten mir erreichbaren Fassung ausgegangen. Ergänzend herangezogen werden konnte eine Vielzahl von Materialien, worunter die Visconti-Monografie von Geoffrey Nowell-Smith besonders hervorzuheben wäre, weil ich in ihr die ermutigende Bestätigung vieler, den notwendigen Widerspruch und die Ergänzung mancher eigener Gedanken gefunden habe.

Ossessione. 1942

Der Landstreicher Gino (Massimo Girotti) lernt in einer Benzinstation und Trattoria, am Rande einer Landstraße inmitten des flachen Po-Deltas, Giovanna (Clara Calamai), die junge Frau des älteren Besitzers Giuseppe Bragana (Juan De Landa) kennen. Sie verlieben sich leidenschaftlich ineinander. Gino bittet Giovanna mehrmals, ihren Mann und das Haus zu verlassen. Sie widersetzt sich seinem Wunsch, stimmt am Ende zu, kehrt aber um, noch bevor Giuseppe ihre Flucht bemerken konnte, während Gino sie verläßt. In der Bahn lernt Gino den »Spanier« (Elio Marcuzzo) kennen, der ihm die Fahrkarte bezahlt. Gino und der »Spanier« ziehen als Wanderdarsteller über die Jahrmärkte der Umgebung. Dort treffen ihn die Braganas eines Tages wieder. Gino bekennt Giovanna erneut seine Leidenschaft, Giuseppe bittet ihn, zurückzukommen. Auf der Heimfahrt fingieren die Liebenden einen Unfall, um Giuseppe zu ermorden. Nach dem Mord wird ihr Verhältnis durch Ginos Skrupel und Giovannas beharrlicher Weigerung, die Trattoria zu verlassen, gestört. Sie streiten sich, Gino beginnt zu trinken. Während eines Besuchs in Ferrara erfährt Gino, daß die Lebensversicherung Giuseppes sehr hoch ist; er glaubt, Giovanna habe ihn nur zum Mörder gemacht, um an die Versicherungssumme heranzukommen. Er verläßt sie und besucht die Prostituierte Anita (Dhia Cristiani). Dort bemerkt er, daß ihm die Kriminalpolizei auf der Spur ist. Zurück zu Giovanna geflohen, versucht Gino mit ihr der Polizei zu entkommen. Das von Gino gelenkte Auto gerät von der Straße ab, Giovanna wird getötet, Gino von der Polizei festgenommen.

Viscontis Erstlingsfilm galt lange Zeit als ein chef d'oeuvre des »Neorealismus«. Heute erscheint einem die Klassifizierung zu ungenau. Zwar mag es stimmen, daß der Begriff *Neorealismo* von Viscontis Cutter Mario Serandrei während der Arbeiten an OSSESSIONE »erfunden« wurde; aber seine Erfüllung und spezifische politische und ästhetische Reife fand der Neorealismus in den ersten Nachkriegsfilmen Rossellinis, de Sicas u. v. a. (auch Viscontis LA TERRA TREMA), die aus der Erfahrung der Resistenza, des antifaschistischen Widerstandskampfes und der unentschiedenen politischen Nachkriegssituation Italiens entstanden sind. Viscontis furioses Debüt von 1942 präludierte, noch während des Faschismus, diese spätere Hinwendung zu einer ungeschminkten, wahrhaftigen Darstellung der aktuellen gesellschaftlichen Wirklichkeit, blieb aber durchaus ein Werk eigenständiger Qualität und Ästhetik. Es steht am Anfang jener vielen Geschichten von Leidenschaften, welche die Menschen in den Untergang treiben, die Visconti immer wieder zu zentralen Motiven seiner Filme gemacht hat: SENSO, ROCCO E I SUOI FRATELLI, VAGHE STELLE DELL'ORSA, LA CADUTA DEGLI DEI, MORTE A VENEZIA und LUDWIG. Der fatalistische Pessimismus Viscontis, der in seinen späteren Filmen, beginnend mit SENSO, immer öfter zum Belcanto einer opulent und raffiniert ausstaffierten Ästhetik des Verfalls wird, ist in OSSESSIONE in seiner »reinen«, in seiner »veristischen« Form zu erkennen.
Auf Wahl und Gestaltung von OSSESSIONE wirkten verschiedene Tendenzen ein: Viscontis Erfahrung als Assistent bei Jean Renoir, dem größten Realisten des französischen Films, in dessen Werk die Spuren eines naturalistischen Pessimismus (*La*

bête humaine) nicht verdeckt sind; die ihn tief beeindruckende Atmosphäre der »Volksfront« während der Arbeit mit Renoir; der melodramatisch krude Stoff des amerikanischen Kriminalromans *The Postman Always Rings Twice,* den Visconti von Renoir in einem französischen Typoskript erhalten hatte und den er mit den Augen eines »Veristen« las und umgestaltete, geschult am *Verismo* Giovanni Vergas (1840–1922), der italienischen Variante des europäischen Naturalismus. Nur so konnte aus der (amerikanischen) Kriminalhandlung eine (italienische) filmische Erzählung werden, die ganz in die Landschaft Oberitaliens gesenkt war, deren triebhafte und verlorene Personen ganz aus dem Ambiente der Landstraßen, Trattorien, Volksfeste, den verschwitzten Schlafzimmern und Gasträumen hervorgingen. »OSSESSIONE öffnete zum erstenmal den Blick für die zeitgenössische Wirklichkeit eines Italiens, das sich unverstellt, unrhetorisch, fern aller offiziellen Klischees, in geradezu trübseliger Beschränktheit offenbarte. Im Jahre 1942 bedeutete das eine Revolution.«[1]
Die undurchdringliche Dichte von OSSESSIONE entsteht aus der idealen Kongruenz von Kameraarbeit und einem bis in kleinste motivische Einheiten durchgebildeten Drehbuch. Die langen und komplizierten Kamerafahrten und -schwenks, mit denen Visconti nicht nur, wie Ulrich Gregor schreibt, »diese (norditalienische) Landschaft entfaltet«[2], sondern viel öfter noch Innenräume (Trattoria) ausfährt, suggestive Sogwirkungen durch eine subjektive Kamera (Gino, von Giovanna angelockt) erreicht und dramatische Höhepunkte aus lyrischen Anfängen entwickelt – so etwa, wenn er Gino und Anitas Gang zum Einkaufen, das lauernde Abwarten der eifersüchtigen Giovanna, ihr Hinzueilen und Ginos Auseinandersetzung mit ihr auf offener Straße in einer Einstellung filmt –, sind nur einige Beispiele für die Vielzahl von schöpferischen Fortsetzungen Renoirscher Techniken der Beschreibung und Interpretation durch die innere Montage. Die innere Montage ruft den äußersten Eindruck einer naturalistischen Unmittelbarkeit durch den schwebenden Fluß der langen, nicht durch Blickwechsel unterbrochenen Kamerafahrten hervor; sie trennt die Personen und den Raum nicht, die sie umgibt, sondern zeigt beide in ihrer natürlichen Verbindung.
Die »Duette« und »Terzette« – wie man charakteristische Einstellungen Viscontis genannt und seiner Opernregisseurspraxis

ITALA
PILSEN

zugeschrieben hat – formalisieren den Darstellungsablauf nur unmerklich, ohne den Erzählfluß nachhaltig oder äußerlich zu stauen. Diese Eigenart, zwei oder drei Personen in einer Einstellung zusammenzuführen, wobei nicht selten eine, wenn nicht gar zwei Personen mit dem Rücken zur Kamera stehen oder von ihrem Blickwinkel aus angeschnitten werden, hebt sie für Augenblicke aus ihrer Umgebung heraus und lenkt Beschreibung und Interpretation allein auf sie, ihr Tun und ihre Beziehungen. Zu Recht hat man von Viscontis »Anthropomorphismus«[3] gesprochen, dessen Zeugnisse hier sichtbar werden. Keinen Augenblick verläßt der Film seine realistische Beschreibungshaltung, aber in keinem Augenblick ist ihm auch nichts ferner als eine bloß naturalistische Beschreibung. Im Gegenteil: jede Einstellung, jede Fahrt und jeder Schwenk, jede Montage – sei es eine innere oder äußere – bildet das Material durch, funktionalisiert es und bietet die Möglichkeit zur Interpretation, die aus der Beschreibung unmittelbar und nicht von ihr getrennt hervorgeht.

Wenn Gino zum erstenmal mit Giovanna schläft, wird die Sequenz durch ein Schlagerlied Giovannas eingeleitet, das Gino in der Garage hört. Er tritt vor das Haus, aus dem Giovannas Singen kommt. Dann fährt die Kamera auf die Trattoria zu, hält vor dem Eingang; Gino betritt den Wirtsraum, blickt noch einmal nach draußen, schließt darauf Tür und Läden. Dann beginnt die Kamera wieder ihre Fahrt durch den dunklen Raum, an Stühlen und Tischen vorbei, in Richtung auf jenen hellen Durchlaß, der in die Küche und das dahinterliegende Schlafzimmer Giovannas führt. Hier wird gleichzeitig die ängstliche Heimlichkeit des beginnenden Verhältnisses und Ginos Umsicht, nicht gesehen zu werden, beschrieben, wie auch die lokkende Versuchung der Frau interpretiert, in deren Sog Gino gerät. Oder ein anderes Beispiel, auf das Gregor hinweist: »jene ... Episode, in der Giovanna ... in ihrer unaufgeräumten Küche zwischen Bergen von Geschirr sitzt, einen Teller Suppe löffelt und über den Tellerrand hinweg Zeitung liest. Mit einemmal entfernt sich die Kamera von ihr, und blitzartig offenbart diese Kamerabewegung, indem sie mehr Hintergrund und Umgebung ins Bild bringt, Schalheit und Misere einer Existenz, die nur das Besitzstreben kennt.«[4]

Durch solche kleinen Veränderungen in der Perspektive auf die sichtbare Welt wird die Situation von Personen neu, umfassen-

der, objektiver beleuchtet und interpretiert. Der realistische Reichtum von Beschreibung, Darstellung und Interpretation hat seinen Grund in den wechselnden Hervorhebungen und Sichtbarkeiten, in der Plastizität der Dinge, der Dekors, der Landschaften, aber auch der Handlungen und Geschehnisse, die z.T. synchron (und auch optisch) hintereinander gestaffelt sind (Gesangswettbewerb, Giuseppes *La Traviata*-Arie, das entscheidende zweite Gespräch der Liebenden). Die Mehrdeutbarkeit der Geschehnisse, in jedem Augenblick des Films, läßt jedoch keine Ambiguität zu; immer brechen sich die durchgängigen Themen – erotische Besessenheit, gegenseitiger Betrug, unstete Freiheitsliebe des Mannes und seßhafte Besitzgeilheit der Frau – prismatisch ineinander, erscheinen sie in seitenverkehrten, verzerrten und entzerrten Spiegelungen, die sich ergänzen.
Im Mittelpunkt des Filmes steht die Beziehung Ginos und Giovannas. Giovanna ist mit einem starken Willen versehen, der das Sexualobjekt Mann wie das Geld, den Besitz erotisch umfaßt und dessen skrupellose Zielstrebigkeit durch ihre Vorgeschichte als Prostituierte und die unbefriedigende Ehe mit Giuseppe gesellschaftlich vermittelt ist; demgegenüber erscheint Ginos weicher Charakter gesellschaftlich unbestimmt. Der Film erklärt nicht, ob seinem Wunsch nach Flucht, Bewegung und Isolation eine private oder politische Erfahrung zugrunde liegt, wie das z.B. ursprünglich für die Figur des »Spaniers« zutraf, von dem Mario Alicata behauptet, er sei als positive Kontrastfigur zu Gino gedacht gewesen. Er habe auf antifaschistischer Seite am Spanischen Bürgerkrieg teilgenommen, sei zurückgekehrt und verbreite nun als Landstreicher die Ideen des Sozialismus. Allerdings sei dieses Moment des Films von der faschistischen Zensur getilgt und nie mehr richtig rekontruiert worden.[5] Dadurch wurden die einzigen direkten Ansätze zu einer möglicherweise politischen Interpretation von OSSESSIONE eliminiert. (Die Überlegung, Gino sei die allegorische Figur eines Proletariers, der in der bürgerlichen Gesellschaft keine Heimat finden könne und zugrunde gehe, weil er die Klassensolidarität mit dem »Spanier« aufkündige und sich dem seßhaften, besitzgierigen Kleinbürgertum Giovannas anheimgebe, das ihn zur Komplizität und zum Verrat verlocke –: diese allegorische Interpretation würde die realistische Breite und das große Interesse, das der Film an den verschiede-

nen Formen von Beziehungen und Verhältnissen der Personen untereinander nimmt, auf eine allzu abstrakte Botschaft reduzieren; obgleich allegorische Momente vornehmlich im Spätwerk Viscontis immer öfter erkennbar werden, zum Beispiel in ROCCO, VAGHE STELLE, LA CADUTA DEGLI DEI.)
Die Wehrlosigkeit Ginos, der keine konkrete Utopie seines Lebens entwickeln kann, es sei denn, sich jeder Form menschlicher oder gesellschaftlicher Integration entziehen zu wollen, macht ihn umso leichter zum Opfer der Frau, weil seine triebhafte Bindung seinen Fluchtwillen, das Zentrum seines einzig möglichen Widerstands, lähmt. Das Glück einer von erotischen Zwängen, von Leidenschaft freien menschlichen Beziehung wird nur momentweise in Ginos Verhältnissen zu Giuseppe, zu dem homosexuellen »Spanier« und zu Anita angedeutet. Es sind kontrastierende Alternativen. Aber jede dieser Möglichkeiten, auszubrechen und eine bindungslose Freiheit wiederzuerlangen, wird von Giovanna zerstört. Ihr erotischer Besitzanspruch triumphiert noch im Untergang: ihr Tod überantwortet Gino nicht der Freiheit, sondern dem Gefängnis.

La terra trema. 1947/48

Die Familie Valastro gehört zu den vielen Menschen, die in dem Fischerdorf Aci Trezza auf Sizilien ausschließlich vom Fischfang leben. Ntoni, der älteste Sohn der Familie und nach dem Seemannstod des Vaters das Familienoberhaupt, rebelliert zusammen mit seinem jüngeren Bruder Cola gegen die Ausbeutung durch die Großhändler, von denen die Fischer abhängig sind. Die Rebellion wird anfangs von seinen Kollegen unterstützt, Ntoni aber als Rädelsführer verhaftet. Die Großhändler erheben jedoch keine Klage gegen ihn, um eine Ausbreitung der Revolte und eine Solidarisierung zu verhindern. Als Ntoni triumphierend ins Dorf zurückkehrt, muß er bemerken, daß sich die Fischer schon längst wieder in die Abhängigkeit der Großhändler begeben haben. Er und Cola beschließen, sich auf eigene Faust unabhängig zu machen. Sie belasten ihr Haus mit einer Hypothek, um das nötige Betriebs-Kapital zu erhalten. Der soziale Status der Valastros im Dorf steigt, der Neid unter den Kollegen wächst. Um die hohen Kreditzinsen zahlen zu können, sind die Valastros allerdings gezwungen, bei jedem Wetter hinaus aufs Meer zu fahren. Auf einer dieser lebensge-

La terra trema

fährlichen Fahrten wird ihr Boot vom Sturm zerstört, sie können sich mühsam in den Hafen retten. Das Geld zum Neukauf eines Bootes fehlt ihnen. Nach der Zerstörung ihres einzigen Produktionsmittels beginnt der Abstieg der Valastros, den ihre Kollegen und die Großhändler mit unverhohlener Freude begleiten. Sie müssen ihre eingesalzenen Fische zu Schleuderpreisen verkaufen, das Haus wird gepfändet, sie müssen ausziehen. Ntoni kann Cola nicht zurückhalten, als der das Dorf verläßt. Zuletzt tritt Ntoni den entwürdigenden Bittgang zu den Großhändlern an, um als einfacher Tagelöhner auf einem ihrer Schiffe zu arbeiten.

Ursprünglich wollte Visconti in Sizilien einen kurzen Dokumentarfilm drehen. Daraus ging, je länger er sich dort aufhielt, ein Großprojekt hervor, das in drei Episoden den Kampf der Fischer, der Bauern und der Arbeiter in den Salpeter-Minen darstellen und mit dem Sieg der vereinten Kräfte des Proletariats enden sollte. Gedreht wurde allerdings nur dessen erste Episode (EPISODIO DEL MARE), die heute den gemeinsamen

Obertitel des Projekts LA TERRA TREMA trägt. Das Interesse für das in der gesamten italienischen Geschichte vom Norden vernachlässigte Mezzogiorno und insbesondere Sizilien war in dem Norditaliener Visconti durch die Lektüre der Romane und Erzählungen Giovanni Vergas geweckt worden. Vergas Roman *I Malavoglia* ist wie LA TERRA TREMA, dem er zugrunde liegt, das in sich geschlossene Fragment eines ebenfalls dreiteilig geplanten und nicht ausgeführten Romanvorhabens. Visconti war, neben Pietro Germi, der erste (nord-)italienische Regisseur, der die besondere Situation des italienischen Südens thematisierte. Weitere Zeugnisse für diese Beschäftigung sind ROCCO E I SUOI FRATELLI – eine indirekte Fortsetzung der Geschichte Colas, des Landsflüchtigen, und IL GATTOPARDO, in dem, trotz aller materialistischen Korrekturen an Lampedusas Romanvorlage und trotz einer dialektischen Darstellung geschichtlicher Entwicklungen, das »Problem Sizilien« zu einem monumentalen Abgesang auf eine verfallende aristokratische Periode wurde.

In LA TERRA TREMA durchkreuzen sich verschiedene Tendenzen, die aus der Entstehungsgeschichte, der Romanvorlage und den Absichten herrühren. Visconti hat ausschließlich mit Laiendarstellern gearbeitet, die ihre Dialoge weitgehend selbst improvisierten. Der Dialekt, in dem sie sprechen – und mittels dessen Visconti versucht hat, eine Authentizität zu erreichen, die dem aus Hochitalienisch und sizilianischem Dialekt geformten Italienisch Vergas nahekommen sollte –, ist schon in Sizilien schwer, außerhalb der Insel gar nicht mehr verständlich. Eine spätere, mit einem Kommentar versehene Fassung, die als die einzige dem Original nahekommende kursiert, weist erzählerische Widersprüchlichkeiten auf, weil sie teils Handlungsgruppen nachträglich zusammenfaßt, teils sie vorweg beschreibt. G. Nowell-Smith macht auf einen dadurch – gewollt oder ungewollt – entstandenen ästhetischen Nebeneffekt aufmerksam: die unverständliche Sprache, untermischt mit Geräuschen (Schreie, Glockenläuten, Meeresrauschen) wird, wie in der Oper (der Zeit seines Lebens Viscontis große Liebe gehört), musikalisiert. G. Nowell-Smith sieht in LA TERRA TREMA »die perfekte Umsetzung einer Opern-Produktion in das Medium des Films«[6]. Die pessimistische Tendenz Vergas, der die soziale Auflehnung des Menschen nur als Teil seiner Auflehnung gegen die Elemente der Natur (hier des Meeres) interpre-

tiert – eine Auflehnung, welche mit der Niederlage des Menschen endet, der seine Würde dadurch gewinnt, daß er standhält –, hat Visconti weitgehend zurückgedrängt.
Bezeichnend für Viscontis Weg »Von Verga zu Gramsci« ist der Beginn des Films: nicht mit einer Totalen auf das Meer, von dem die Existenz dieser Menschen grundlegend abhängt, setzt der Film ein, sondern mit einem Panoramaschwenk über den Marktplatz, den gesellschaftlichen Entscheidungsraum, wo über die Verteilung der erarbeiteten Güter entschieden wird, wo Glück oder Unglück durch gesellschaftliche Organisation gemacht werden, also auch veränderbar sind. Nur einmal verläßt der Film die soziale Welt, auf die er sich konsequent beschränkt. Als die Frauen der Valastros auf ihre im Sturm vermißten Brüder warten und wie dunkle Statuen stundenlang an der umbrandeten Felsküste ausharren, dringt für einige

Augenblicke durch eine überwältigend eindrucksvolle Montage die ins Mythische gesteigerte Bedrohung des Meeres für die Menschen in den Film. Aber diese Archaismen trüben keineswegs die anthropozentrische Weltsicht Viscontis, und sie transponieren auch nicht gesellschaftlich begründete Handlungen (die Ausfahrt trotz Sturm, das »nutzlose« Hinausblicken aufs Meer) in einen mythischen Zusammenhang. Indem er Ntoni, der bei Verga eine Nebenfigur ist, ins Zentrum seines

Films stellte und ihn einen Erkenntnisprozeß durchlaufen läßt, der sich zu der Erfahrung verdichtet, daß sich keiner dem Klassenschicksal entziehen kann (wie es Ntoni zuerst durch seine Einzelaktion und später Maddalena in BELLISSIMA erfolglos versuchen), sondern die Befreiung des Einzelnen nur das solidarische Werk aller seiner Klassengenossen sein kann, hat Visconti die vagen Erkenntnisansätze Vergas, entgegen dessen naturalistischer Resignation, sozialistisch verschärft.
Dennoch bleibt Ntonis Einsicht, für die er und seine Familienangehörigen mit der Zerstörung ihres Familienverbands und sozialem Verfall bezahlen müssen, die Erkenntnis eines Einzelnen – und sie vereinzelt ihn. Die Fischer des Dorfes, selbst seine Schwestern und die Mutter haben den Untergang der Valastros hingenommen wie ein über sie verhängtes Schicksal. Zu tief sind sie alle noch befangen in jahrhundertealten sozialen und geistigen Traditionen, die zum Beispiel verhindern, daß eine Schwester Ntonis einen armen Maurer heiratet: Zuerst sind die Valastros, auf dem Höhepunkt ihres Erfolgs, zu reich für ihn geworden; später, als sie völlig verarmt sind, lehnt das Mädchen die Heirat ab, weil sie dem Maurer nun sozial unterlegen ist.
Die tragische Würde, zwar die ideologischen Verblendungen der eigenen Klasse gesprengt und die Bewegungsgesetze der Gesellschaft durchschaut zu haben, aber historisch zur Isolation

verdammt zu sein, teilt der sizilianische Fischer Ntoni mit dem sizilianischen Aristokraten, dem »Leoparden« des späteren Films. Während der Fürst von Salina seinem Neffen Tancredi nur raten kann, im aufsteigenden Bürgertum unterzukriechen, um – wenn auch prosaischer als in der Vergangenheit – den aristokratischen Lebensstil noch für eine kurze Zeit zu erhalten, zeigen die Epiloge von LA TERRA TREMA und ROCCO, wie weit der frühe Visconti von dieser Resignation des GATTOPARDO entfernt war. In den früheren Filmen wird die Hoffnung, den individuell verlorenen Kampf dereinst in einem kollektiven Sieg aufgehoben zu wissen, an Kinder delegiert. Ihnen offenbart sich Ntoni, der dem Mädchen Rosa sagt: »Wir müssen lernen, uns gegenseitig zu lieben und alle gemeinsam handeln«, und Ciro – einer der Brüder Roccos – tröstet seinen jüngsten Bruder, Luca, mit der Aussicht, daß er einmal in seine veränderte Heimat im Süden zurückkehren wird.

André Bazin hat LA TERRA TREMA eine »Synthese von Realismus und Ästhetik« genannt. Er wollte damit die volle Entfaltung des viscontischen Stils charakterisieren, wie er schon in OSSESSIONE vorhanden ist. Die sorgfältige Komposition der Bilder, die Visconti »auf den Ereignissen aufzubauen scheint«, die komplizierten, langen, schwebenden Kamerabewegungen der inneren Montage, die absolute epische Ruhe und Übersicht der Erzählung, welche das naturalistisch vorhandene Material (Laiendarsteller, deren Dialekt, die Interieurs, Straßen, Häuser, die Landschaft, das Meer, die vielfältigen Geräusche) ohne polemische oder äußerlich (symbolisch) verkürzende Absicht realistisch formt –: dieses Ensemble von ästhetischen Mitteln erreicht in LA TERRA TREMA einen so hohen Grad der Vollkommenheit, Stabilität und Selbstverständlichkeit, daß die Kunst Viscontis im stetigen Fluß der Bilder verschwindet und mit ihnen eins wird. Hinzukommt die Verwendung der Tiefenschärfe und des Originallichts, wodurch Visconti erreichte, daß »zum erstenmal ein ganzer Film im Stil, in der Dramaturgie, im Spiel der Darsteller und im fotografischen Ergebnis ›drinnen‹ und ›draußen‹ gleich ist. Trotz der Armut oder vielleicht sogar wegen der Banalität dieses Fischerhaushaltes entwickelt sich aus den Bildern eine außerordentliche, zugleich intime und gesellschaftliche Poesie«.[8]

La terra trema

Bellissima. 1951

Die Arbeiterfrau Maddalena Cecconi (Anna Magnani), die sich ein kleines Zubrot zum schmalen Lohn ihres Mannes Spartaco (Gastone Renzelli) verdient, indem sie als Krankenpflegerin hypochondrischen Dauerkunden Spritzen und Tabletten verpaßt, sieht ihre kleine Tochter Maria (Tina Apicella) schon als großen Filmstar. Im Radio hat sie gehört, daß der berühmte Regisseur Alessandro Blasetti *la bellissima di Roma,* das schönste Kind Roms, für einen Film sucht; selbstverständlich kann das nur Maria sein. Zusammen mit anderen bourgeoisen Müttern und Kindern ist die Proletarierin nach Cinecittà geeilt und drängt sich nun lautstark nach vorne. Alberto Annovazzi (Walter Chiari), ein untergeordneter Mitarbeiter Blasettis, verspricht Maddalena seine Protektion, wenn sie ihm das notwendige Bestechungsgeld gebe, das er allerdings in die eigene Tasche zu stecken gedenkt. Maddalena, die ihre widerspenstige Tochter zum Fotografen und Friseur schickt und ihr Tanz- und Schauspielunterricht geben läßt (mit wenig Erfolg), durchschaut zwar Albertos Betrug; aber sie gibt ihm dennoch die Ersparnisse, die ihr Mann als erste Rate für eine Neubauwohnung vorgesehen hatte, um die Chance zu nutzen. Gleichzeitig versteht sie durch hinhaltendes Taktieren, Albertos erotisches Interesse an ihr wachzuhalten. Maddalena hat erreicht, daß sie vom Vorführraum aus beobachten kann, wie Blasetti und seine Mitarbeiter sich die Probeaufnahmen mit Maria ansehen. Sie muß erleben, daß die Mitarbeiter Blasettis auf das ungelenke Kind, das am Ende der Aufnahmen in Tränen ausgebrochen war, mit schallendem Lachen reagieren. Nur Blasetti beteiligt sich nicht daran. Maddalena stürzt hinzu, beschimpft die Crew und den Regisseur und verläßt mit ihrer Tochter Cinecittà. Weinend irrt sie durch das abendliche Rom. Blasetti sieht sich die Aufnahmen noch einmal an und entscheidet sich für Maria. Als Maddalena spät in der Nacht mit dem schlafenden Kind auf ihren Armen nach Hause kommt, trifft sie dort Alberto und den Produzenten des Films, die gemeinsam versucht haben, den unwissenden Spartaco zur Unterschrift unter den lukrativen Vorvertrag zu bewegen. Maddalena weist die Filmleute aus ihrer Wohnung: »Ich habe meine Tochter nicht geboren, damit sich andere über sie lustig machen. Sie wird niemals beim Film arbeiten.«

BELLISSIMA ist Viscontis einziger langer Film, in dem komische und satirische Momente dominieren. Von einer »reinen Komödie« unterscheiden ihn jedoch die Bitternis und der Ernst, die am Ende des Erfahrungsprozesses, den Maddalena durchlaufen muß, auf sie warten. BELLISSIMA entstand nach einem Drehbuch von Cesare Zavattini, der viele Vorlagen zu Filmen Vittorio De Sicas (u.a. *Ladri di biciclette.* Fahrraddiebe; *Umberto D.*) geschrieben hat. Aus Viscontis erster Zusammenarbeit[9] mit dem »Ideologen des Neorealismus« entstand auch das unübersehbare Zeugnis seiner Distanz und Kritik am Neorealismus als Kunstpraxis. »Zavattinis Vorlage... erzählte von einer römischen Mutter, die ihre kleine Tochter zum Film bringen will, um selbst auf diese Weise ihr Glück zu machen. Sie verfolgt ihren Plan unter Aufbietung all ihrer Kräfte, erreicht aber damit nichts, als daß sie sich selbst und ihr Töchterchen in den Augen der Filmleute lächerlich macht. Das Ende der Vorlage ähnelte dem der *Fahrraddiebe:* wie dort Bruno Ricci seinen Vater, so sollte hier die kleine Cecconi ihre Mutter tröstend bei der Hand nehmen.»[10] Visconti, Suso Cecchi D'Amico und Francesco Rosi haben das Drehbuch von solchen kleinbürgerlichen, sentimentalen Tendenzen – die vor allem in der Spätphase des Neorealismus von Zavattini/De Sica überdeutlich und penetrant hervortraten – freigehalten. Ihre Maddalena ist eine Proletarierin, die dem kollektiven Klassenschicksal durch die Verfolgung eines kleinbürgerlichen Wunschtraums individuell entkommen will und deren spontane mütterliche Liebe zu ihrem Kind über die greifbar nahe Verwirklichung ihrer Wünsche siegt. Ihre Entscheidung, Maria nicht ins Filmgeschäft zu bringen, ist ein bewußter Akt des Entzugs; des Rückzugs nicht allein aus ihrem Traum, sondern mehr noch: sie will an dieser Welt des Films, »in der sich Menschen lustig machen über die Gefühle anderer« (Maddalena), nicht teilhaben.

BELLISSIMA fasziniert wie kein anderer Film Viscontis durch seine Fülle humoristischer Details und durch die Unbestechlichkeit seines satirischen Blicks, der die grotesken Verrenkungen bloßstellt, zu denen publizitätssüchtige Mütter ihre Kinder treiben, angelockt und hochgekitzelt von einer vulgär-verkommenen Filmbranche. Das eruptive, leidenschaftliche, in ihrem Verhältnis zu Alberto auch ironische Spiel der Magnani, einer der letzten großen proletarischen Volksschauspielerinnen, die hier ihre vielleicht bedeutendste Rolle (vor Pasolinis *Mamma*

Bellissima

Roma) fand, überspielt nicht selten gewisse didaktische Momente des Drehbuchs.

Das Zentrum, in dem sich die kritische Masse von BELLISSIMA explosiv zusammendrängt und entlädt, ist jene Sequenz, in der die Filmleute über das weinende Kind auf der Leinwand lachen[11], der Regisseur schweigt und Maddalena, beschämt und wütend, etwas Wichtiges begreift. Das Lachen der Filmleute über ein wahres, nicht-gespieltes Gefühl der Angst und des Alleinseins kündigt eine Solidarität des Mitleidens und -empfindens auf, von der einmal der (frühe) Neorealismus glaubte, darin seine wirkliche Erfüllung zu finden. Geblieben ist davon in seiner kommerzialisierten Spätphase nur noch Zynismus. Visconti ist boshaft genug, auch Blasetti, der sich erst durch sein Schweigen von den Lachenden distanziert und die erregte Mutter mit den Worten: »Es ist doch nur Film!« zu beruhigen sucht, am Ende zum Komplicen des Systems zu machen. Denn was kann Blasetti bei seiner zweiten Beurteilung der Probeaufnahme anderes bemerkt haben als die Möglichkeit, dieses unverstellte Kind besser für seinen Film ausbeuten zu können, weil es glaubwürdiger und lebensechter ist als die gezierten Puppen, die er sonst gesehen hat?

Bellissima

Maddalena ist nicht damit zu trösten, daß man nur über einen Film gelacht hat; für sie hat man über ihr weinendes Kind gelacht. Weit davon entfernt, ihr ein naives, zwischen Film und Leben nicht unterscheidendes Mißverständnis vorzuwerfen, richtet sich Viscontis Kritik gegen jene Tendenzen im (späten) Neorealismus, die auf eine sensationalistische Weise Kunst und Leben vermischen. Sarkastisch kann man seine Methode nur nennen, wenn er, um Maddalenas intuitive Zurückweisung noch zu vertiefen, eben jene naturalistischen Mittel selbst benutzt, um sie als Kronzeugen seiner Anklage vorzuführen: Blasetti spielt einen Filmregisseur (sich selbst?) und die Cutterin, mit der Maddalena vor ihrer bittersten, sie bekehrenden Erfahrung zusammentrifft, ist ein Mädchen, »das man einmal, zweimal (für einen Film) genommen hat, weil ich ein bestimmter Typ bin, den man brauchte. Offen gesagt«, erklärt sie Maddalena weiter, »ich hatte mir auch allerhand eingebildet... Aber was soll ich Ihnen sagen: entweder man ist wirklich, berufsmäßig Schauspieler, oder aber man bildet sich nichts ein und behält seine gewöhnliche Arbeit...«

Daß hier ein »Opfer« gewisser zentraler neorealistischer Methoden (Laiendarsteller) diese kritisiert, ist jedoch nur ein

Aspekt von Viscontis Einspruch; ein anderer: daß Maddalenas naive, proletarische Rezeption des Films sie unfähig macht, die Welt der Produktion von scheinhaftem Leben (Schauspielerberuf) zu verstehen oder an ihr teilzuhaben. Die strenge Trennung von Kunst (insbesondere, wenn sie wie in Blasettis Filmvorhaben nur noch deren kommerzialisierte Karikatur ist) und die Unmittelbarkeit des Lebens, das Maddalena führt, akzentuiert Viscontis Ästhetik: ihre Ziele sind absolute Perfektion aufgrund vollkommener Professionalität. Zumindest gilt das für seine Filme seit BELLISSIMA. Außer in LA TERRA TREMA hat er – gewiß auch bedingt durch die Produktionsmethoden während seiner Arbeit als Theater- und Opernregisseur – immer nur mit schauspielerischen Professionals gearbeitet (oder er hat Anfänger zu Professionals gemacht: Romy Schneider, Alain Delon, Helmut Berger). Die satirischen Momente von BELLISSIMA haben in dieser aristokratischen Trennung von Kunst und Leben ihren Ursprung. Maddalenas Versuch, die bourgeoisen Aufschminkereien der Kinder zu imitieren, karikiert diese nachhaltig. Ihre Weigerung am Schluß, weiterhin an diesem dilettantischen, unkünstlerischen, sie ihrem Leben entfremdenden Konkurrenzkampf teilzunehmen, befreit sie von ihren kleinbürgerlichen Illusionen; sie kehrt endgültig ernüchtert zur Eigenart ihres Lebens und ihrer Klasse zurück.

Siamo donne. 1953

Gewöhnlich läßt sich Anna Magnani vor ihrem Auftritt in einem römischen Varieté von einem Taxi zu einem Park fahren, wo sie mit ihrem Dackel spazierengeht. Eines Tages verlangt ein Taxifahrer einen Zuschlag für den Hund, kostenlos könnten nur Schoßhunde mitfahren, ein Dackel sei kein Schoßhund, so stehe es in den Beförderungsbedingungen. Die Magnani ist empört, da will sie einer übers Ohr hauen, kommt nicht in Frage, nie hat sie einen Zuschlag für ihren Dackel bezahlen müssen. Sie läßt sich von dem Taxichauffeur zu einem Polizisten fahren, von dem sie Hilfe erwartet. Der möchte aber erst einmal die Hundemarke sehen. Weil Anna sie nicht dabei hat, muß sie Strafe bezahlen. Nun will sie es aber genau wissen. Ihre nächste Station ist das Hauptquartier der Carabinieri, das sie völlig auf den Kopf stellt. Erst als durch ein herbeigeschafftes Lexikon geklärt wird, daß ihr Dackel als Schoßhund gelten kann, und der Taxifahrer den Rückzug antritt, gibt sie sich zufrieden. Triumphierend, vom Applaus der begeisterten Carabinieri begleitet, zieht sie ab. In letzter Minute erreicht sie ihre Garderobe und stürzt auf die Bühne.

Von Zavattini stammte der Einfall, berühmte Schauspielerinnen eine Episode aus ihrem Leben noch einmal unter der Regie verschiedener Regisseure spielen zu lassen. Visconti arbeitete mit der Magnani zusammen, die er schon für die Rolle der Giovanna (OSSESSIONE) vorgesehen hatte. Erst in BELLISSIMA konnte er sie verpflichten. Seine Episode in SIAMO DONNE ist zu einer einzigen Huldigung für die *donna del popolo* geworden. Er hat sich ganz der überwältigenden Selbstdarstellung der großen Schauspielerin untergeordnet. Die Verve dieser kleinen filmischen Erzählung, in der die Kamera eher beobachtet, als selbst erzählerische Funktionen zu übernehmen, kommt direkt aus dem mitreißenden Temperament der Magnani – wie schon in den schönsten Sequenzen von BELLISSIMA. Beide Filme sind die besten Zeugnisse dafür, daß die Misogynie, welche einige Kritiker in Viscontis Filmen entdeckt zu haben glauben, in ihnen zumindest nicht durchgängig vorhanden ist. Es bleibt ohnehin zweifelhaft, ob ein solcher Vorwurf angesichts eines Werkes haltbar ist, das so vielfältige Frauendarstellungen enthält: von der Giovanna in OSSESSIONE bis zur Elisabeth in LUDWIG.

Senso. 1953/54

Venedig im Frühjahr 1866. Der italienische Befreiungskrieg steht unmittelbar bevor. Während einer Opernaufführung von Verdis *Il Trovatore* werfen Nationalisten Flugblätter von der Galerie ins Parkett, in dem das österreichische Offizierscorps sitzt. Die Contessa Livia Serpieri (Alida Valli), deren Mann (Heinz Moog) mit den Österreichern kollaboriert, bekennt sich zum Widerstand, an dem auch ihr Vetter, der Marchese Roberto Ussoni (Massimo Girotti), teilnimmt. Roberto beleidigt den österreichischen Offizier Franz Mahler (Farley Granger). Ein Duell zwischen den beiden versucht Livia zu verhindern. Franz lehnt ihr Ansinnen erst ab; als sie ihn erneut besucht, verspricht er ihr, einzulenken. Er begleitet sie nach Hause, sie gestehen sich ihre Liebe, treffen sich öfter in einer Pension, bis eines Tages Franz ausbleibt und Livia, die ihn in seiner Unterkunft aufsucht, erfahren muß, daß er ein Weiberheld ist. – Als der Krieg ausbricht, ziehen sich die Serpieris auf ihr Landgut in der Nähe Veronas zurück. Kurz vor ihrem Aufbruch erhält Livia eine geheime Botschaft. In der Annahme, Franz erwarte sie, geht sie zu einem Treff; aber es ist nur Roberto, der die Verwirrte bittet, das von den Untergrundkämpfern gesammelte Geld aus Venedig herauszuschmuggeln. – Auf ihrem Landgut hört Livia eines Nachts Hundegebell. Ein Österreicher wurde gesehen. Es ist Franz, der zu Livia geflüchtet ist. Sie versteckt ihn. Er gesteht ihr, er wolle in diesem sinnlosen Krieg, den die Österreicher verlieren würden, nicht sterben; für ein hohes Bestechungsgeld schreibe ihn ein Regimentsarzt wehruntauglich. Livia übergibt ihm das Geld der Untergrundkämpfer, Franz flieht. Livias Verrat an den Untergrundkämpfern verhindert deren Eingreifen in die Schlacht von Custozza, welche die regulären italienischen Truppen verlieren. – Livia hat erfahren, daß sich Franz in Verona aufhält. Sie fährt zu ihm und findet ihn betrunken zusammen mit einer Prostituierten. Franz ist desertiert, erklärt, er habe Livia nie geliebt, er ekele sich vor ihr, und außerdem habe er Roberto verraten. Livia verläßt den zynischen Franz und denunziert ihn bei den Österreichern. Wahnsinnig geworden, irrt sie durch die nächtlichen Straßen Veronas, wo betrunkene Österreicher ihren letzten Pyrrhussieg feiern. Immer wieder ruft sie den Namen ihres Geliebten, der von einem Peloton erschossen wurde.

Die politischen und historischen Konsequenzen von Livias Verrat und die Bedeutung Ussonis als Gegenfigur zu Mahler sind in der italienischen Kinofassung von der Zensur getilgt worden. Weitere Schnitte wurden auf Wunsch des Verteidigungsministeriums an der Schlachtdarstellung vorgenommen. Visconti erwähnt (in einem Interview), daß der Film ursprünglich sogar »Custozza« heißen und die Schlacht in seinem Mittelpunkt stehen sollte. Am Ende wendet sich der Film nach diesem Drehbuch von Franz ab, er verschwindet, seine Füsilierung unterbleibt, und Livia irrt durch Gruppen betrunkener Soldaten; ein junger österreichischer Soldat lehnt an einer Mauer und

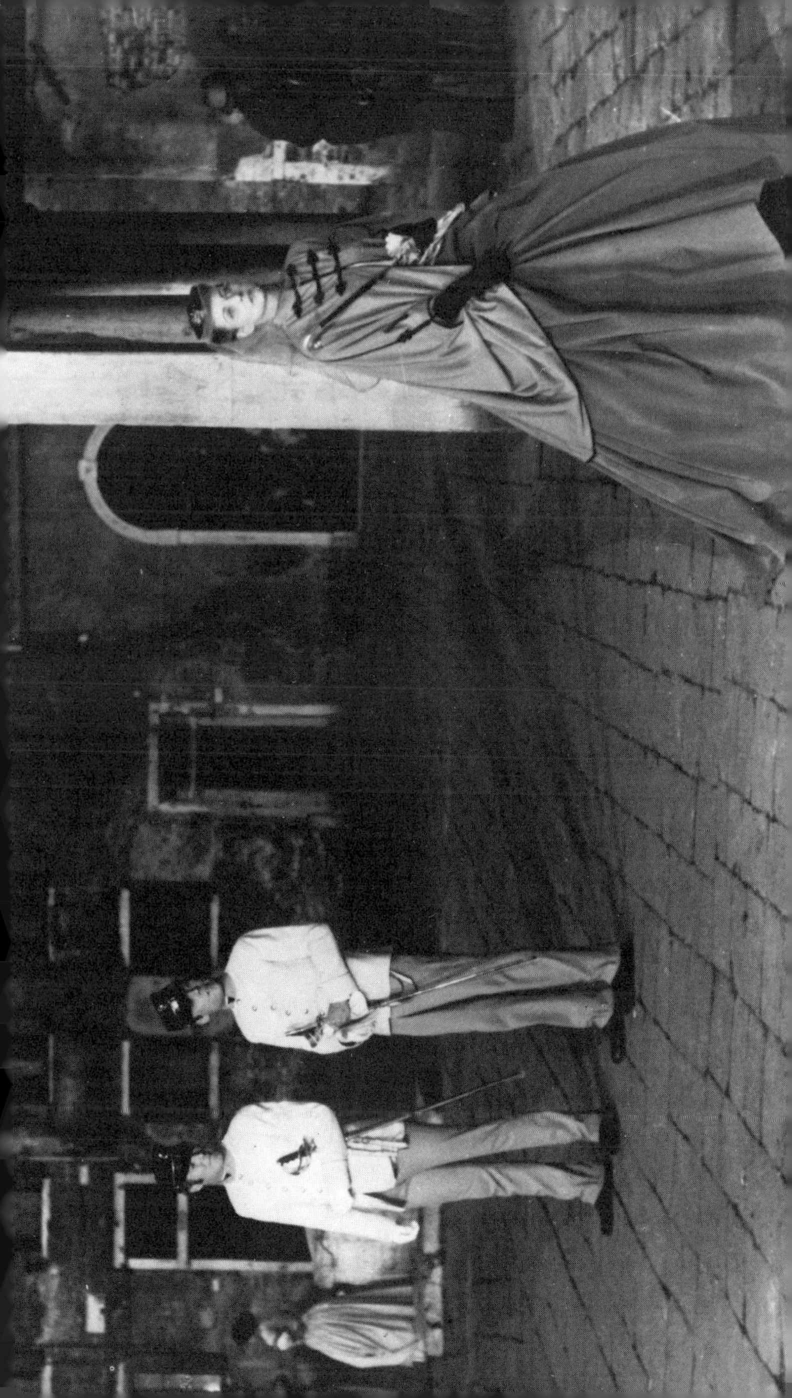

betrunken singt er Siegeslieder: »Dann hört er auf zu singen; er weinte, weinte, weinte und schrie: ›Es lebe Österreich‹.«[12] Das hätte die Perspektive von SENSO gegen seine jetzige melodramatische Schlußpointe ins Politische verändert.

Nach BELLISSIMA arbeitete Visconti an dem Projekt »Marcia nuziale« (Hochzeitsmarsch), der Geschichte einer Ehe. Sein Drehbuch, in dem das brisante Thema der Ehescheidung zur Sprache kam, wurde abgelehnt. Die Filmgesellschaft gab ihm jedoch den Auftrag zu einem Film, der »spektakulär und zugleich artistisch« sein sollte. Visconti wählte die 1884 erschienene gleichnamige Erzählung von Camillo Boito (1836–1914), der in der italienischen Geistesgeschichte des 19. Jahrhunderts vor allem als Architekt und Kunstschriftsteller einen Namen hat. Wie in allen seinen Filmen, denen literarische Stoffe zugrunde liegen, gestaltete Visconti die Vorlage gründlich um. Er hat die Geschichte einer (selbst)zerstörerischen Leidenschaft, die in vielem an OSSESSIONE erinnert, vor den breit aufgefächerten historischen Hintergrund des *Risorgimento,* der italienischen Befreiungs- und Einigungskriege gestellt und die Psychologie der Personen mit ihren sozialen Positionen verknüpft. Nur in diesem sozial-psychologischen Korrespondenzennetz sind die Charaktere und ihre Handlungsweisen verständlich.

Der allmähliche Verfall Franz Mahlers ist in Viscontis Werk, das sich immer wieder der Darstellung solcher Verfallsphänomene gewidmet hat, die beklemmendste, genaueste und unsentimentalste Studie eines Charakters. Dieser Romantiker und Libertin teilt mit seinem Lieblingsdichter Heine das Bewußtsein, ein Spätgeborener zu sein. Franz weiß überdeutlich, daß seine Zeit, die seiner Klasse und der österreichischen Monarchie abgelaufen ist. Das nationale Bürgertum meldet seinen Herrschaftsanspruch an, und über kurz oder lang wird es die Armee der Okkupanten aus Norditalien vertrieben haben. Franz ist zur Armee gegangen, weil er dort den höchsten Grad gesellschaftlicher Unverbindlichkeit mit individueller Freiheit im Korsett eines äußerlichen Ehrenkodexes verbinden kann. Die Armee besitzt keine verbindende Idee oder imperiale Zielsetzung mehr; sie kämpft ohne Hoffnung, erdrückt von der Last einer längst abgestorbenen und versteinerten Vergangenheit, gegen eine Zukunft, die stärker sein wird. Der Ausbruch des Krieges verschärft die Krise von Franz Mahlers labiler Existenz, der nun nichts geblieben ist als die Angst um ein leichtsinnig hingebrachtes Leben, das von einem sinnlosen Tod auf dem »Feld der Ehre«, das keines mehr ist, bedroht wird. So sucht er die Flucht quer durch die Linien, wobei sich sein ironischer, kindlicher Charakter immer mehr verhärtet zum Gespenst eines zynischen Decadent. Durch Verrat, Denunziation und Zuhälterei versucht er bis zuletzt das einzige festzuhalten, was den schmalen Sinn seines verfehlten Lebens ausmacht: hemmungslosen Genuß.

Dabei steht ihm in der älteren, reiferen Livia eine Frau entgegen, die dem Jüngling die Erfahrung einer erfüllten erotischen Leidenschaft verdankt und die ihn tiefer zu binden trachtet, nachdem sie sich ihm ganz anvertraut hat. Es gehört zu den erstaunlichsten erzählerischen Subtilitäten von SENSO, daß Visconti es versteht, Livias Liebesverhältnis mit Franz organisch mit ihrem politischen Verrat zu verschränken. Als stolze Adelige bekennt sie im Theater: »Sono una vera Italiana«; zuletzt, als sie nach Verona zu Franz fährt, ist davon nur noch geblieben: »sono Veneta«: ihr politisches Bewußtsein ist getilgt, aufgesaugt von ihrer Liebe zu Franz. Ihre politische Leidenschaft, die Sympathie für die Rebellen, war schon anfangs erotisch grundiert. An der Seite eines älteren Mannes lebend, der mit den Österreichern kollaboriert, begeistert sie sich leicht für den geheimnisumwitterten romantischen Wagemut ihres Vetters Robert. Um ihn zu schützen, lernt sie Mahler kennen, dessen Charme sie trotz enttäuschender Erfahrungen bezaubert. Endgültig und unaufhebbar wird ihre Bildung an Franz jedoch erst mit ihrem Verrat an Roberto und den Freischärlern. Ihr Entschluß, ihn zu vernichten, indem sie ihn denunziert, wird nicht nur dadurch motiviert, daß er sie als liebende Frau zutiefst verletzt hat; sein Geständnis, Roberto verraten zu haben, gibt den letzten Anstoß. So hatte er auch noch die einzige patriotische Tat, die für sie hätte sprechen können, zunichte gemacht.

Die Farbdramaturgie von SENSO – es war Viscontis erster Farbfilm – gehört zu den hervorstechendsten Qualitäten des Films. Obgleich mehrere Kameraleute an dem Film gearbeitet haben und durchaus verschiedene Stilhaltungen zu erkennen sind, treten doch keine Brüche auf, die nicht von der Handlung selbst erfordert wären. Schon die Eingangssequenz im Theater setzt ein dunkel getöntes Braun der Bühne gegen das blendende Beige und Gelb der österreichischen Uniformen, unter die sich die

ganz in Schwarz gekleideten Verschwörer mischen. Die rot, grün und weiß herabflatternden Bänder sprenkeln den Theaterraum mit den Farben der italienischen Trikolore. Ebenso erscheint Venedig bei Tag und Nacht in verschiedenen Farben und zwischen grüner und blauer Transparenz wechselnd. Das große Schlachtgemälde, das Visconti in SENSO (und später noch einmal im GATTOPARDO) entfaltet, beginnt in den frisch blinkenden Farben einer neuen Palette, die sich dann im Laufe des blutigen Gemetzels immer mehr verschlieren und eindunkeln mit dem Rot des Bluts, dem Braun des Drecks und dem Weiß der Binden der Verwundeten. Die farbenprächtige Aussicht von dem Serpierischen Landgut atmet ganz die idyllische Ruhe romantischer Landschaftsmalerei des 19. Jahrhunderts, wie überhaupt zeitgenössische Gemälde die Farbdramaturgie von SENSO inspiriert haben. Bei allem Genuß Viscontis an einer opulenten, farbintensiven Darstellung, verschönern die Farben, die einen realistischen, interpretierenden Charakter besitzen, keinen Augenblick die Geschichte.
Ganz ähnlich funktioniert die Musikmontage, für die Visconti sich an Bruckners 7. Sinfonie hielt, die Bruckner Richard Wagner widmete, der in Venedig gestorben ist, wobei das Adagio angeblich in Vorahnung von Wagners Tod komponiert wurde: als dessen Grabgesang. Passagen aus dem Adagio und dem Scherzo der Sinfonie – mit deren Verwendung Viscontis Beschäftigung mit deutscher Kultur einsetzt, wovon weitere Zeugnisse vor allem in seinem Spätwerk offenliegen (LA CADUTA DEGLI DEI; MORTE A VENEZIA; LUDWIG) – haben in SENSO leitmotivische Funktion. Sie tauchen die Begegnung der beiden Liebenden emotional in ein wechselndes Licht, grundieren den melancholisch-melodramatischen Zug der Liebesgeschichte, den sie trotz Livias Bemerkung im Theater, man solle die Oper nicht außerhalb des Opernhauses fortsetzen, im weiteren Verlauf erhält. Aber gegen ein selbstgenießerisches Versinken in solchen melodramatischen Momenten setzt Visconti immer wieder Sequenzen, die das individuelle Geschehen in historischen Konfliktfeldern verankern.
Die Überlegung, welche Visconti in SENSO anstellt und die er im GATTOPARDO dann noch einmal aufnehmen wird, zielt darauf ab, den Mythos des *Risorgimento* auf seinen Wahrheitsgehalt im Lichte unserer späteren geschichtlichen Erfahrungen zu überprüfen. Danach scheint das *Risorgimento* – was IL

GATTOPARDO noch deutlicher aussprechen wird – nichts anderes gewesen zu sein als eine feudalistische Revolution von oben, deren Ansätze zu einer Volkserhebung vom Militär unterdrückt wurden. Die Bourgeoisie hat sich, im Gegensatz zu gewissen citoyenhaften Tendenzen, die im Volksfrontpathos Ussonis kenntlich sind, mit der heimischen Monarchie arrangiert.

Es waren Parallelen zur italienischen Nachkriegszeit, welche Visconti in seinem historischen Stoff entdeckte und die er assoziativ und allegorisch mit SENSO ebenfalls ansprach. Wenn auch nur wenige Kritiker den überragenden zeitgeschichtlichen, politischen und ästhetischen Rang des Films erkannten – als er auf der Biennale in Venedig 1954 erstmals lief, ignorierte ihn die Jury und gab ihren »Goldenen Löwen« an Castellanis *Romeo und Julia* –, so hatte doch die Zensur ihn begriffen. Trotz ihrer Eingriffe hat sie das Meisterwerk jedoch nicht zerstören, wenn auch stark beschädigen können. Die Fassung, die in unseren Kinos lief, war vom Verleih noch einmal beschnitten worden, mit dem Ziel, die melodramatischen Momente der Liebesgeschichte zu betonen.

Senso

Le notti bianche. 1957

Mario (Marcello Mastroianni), ein einsamer Junggeselle, schlendert, wie oft des Nachts, abseits hellerleuchteter Hauptstraßen durch dunkle Nebengassen, die in ein Gewirr nebelverhangener Kanäle führen. Auf einer Brücke hört er im Vorübergehen das unterdrückte Schluchzen eines Mädchens, Natalia (Maria Schell). Mario spricht sie an, aber sie flieht vor ihm. Junge Burschen auf Motorrädern stellen ihr nach. Mario bietet Natalia seinen Schutz an. Sie verspricht, am nächsten Abend wieder auf der Brücke zu sein. Bei ihrer zweiten Begegnung erzählt Natalia von ihrem völlig zurückgezogenen Leben mit ihrer blinden Großmutter und von einem geheimnisvollen Fremden (Jean Marais), in den sie sich verliebt habe. Eines Tages mußte er verreisen und versprach, in genau einem Jahr zu einer bestimmten Uhrzeit auf der Brücke zu sein. Das Jahr ist um, und Natalia hat schon mehrere Abende vergebens gewartet. Mario schlägt ihr vor, einen Brief an den Fremden zu schreiben. Als er sie verlassen hat, zerreißt er den Brief. Am nächsten Abend – Mario schlendert durch helle Geschäftsstraßen – trifft er überraschend Natalia, der er ausgewichen war. Sie besuchen ein Café. Mario erzählt von sich und seinem Leben, Natalia interessiert sich jedoch mehr für die Rock-n'-Roll-Tänzer. Beide beginnen zögernd zu tanzen und beherrschen am Ende die Tanzfläche. Plötzlich stürzt Natalia aus dem Café zur Brücke: es ist die verabredete Zeit. Mario läuft ihr nach und trifft auf die Prostituierte (Clara Calamai), die ihm schon in den Nächten zuvor immer wieder begegnet war. Diesmal folgt er ihr; aber als er sie unterwegs verlassen will, wird er von jungen Burschen, die vom empörten Geschrei der Prostituierten herbeigerufen werden, verprügelt. Natalia kehrt zurück. Sie glaubt sich nun endgültig von dem Fremden vergessen, und Mario gesteht ihr, daß er den Brief zerrissen hat; ihrer Liebe scheint nun nichts mehr entgegenzustehen. In einem Boot fahren sie zum Platz der Liebespaare, aber dort haben schon Obdachlose Zuflucht vor der Kälte gesucht. Es hat zu schneien begonnen. Sie nähern sich der Brücke. Auf ihr steht eine ganz in Schwarz gekleidete Gestalt: der Fremde ist zurückgekehrt. Natalia stürzt zu ihm, das Paar umarmt sich. Mario, in der Ferne, wendet sich ab.

Viscontis Film nach Dostojewskijs gleichnamiger Erzählung überraschte auch jene, die den Weg des Regisseurs von OSSESSIONE zu SENSO als eigenwillige, aber konsequente Entwicklung betrachtet hatten. Der historische Realismus von SENSO hatte dem italienischen Film die kritische Untersuchung des weiten Felds nationaler Geschichte und deren Mythologien eröffnet. In LE NOTTI BIANCHE war weder davon, noch von irgend sonst einer zeitbezogenen oder gar politischen Absicht etwas zu merken. Der Film, der auch heute noch, isoliert im Werk Viscontis, eine Sonderstellung einnimmt, ohne Schlüsselfunktion zu besitzen, konzentriert alle stilisierenden Mittel von Viscontis Theaterarbeit. Er ist durchweg in Studio-Dekors gedreht, was umso bemerkenswerter ist, als er zum überwiegenden Teil »draußen«, auf der Straße spielt. Die Absage an alle *pleinair*-Postulate des Neorealismus und der Rückzug in eine bewußt kenntlich gemachte theaterhafte Künstlichkeit könnte nicht vollständiger sein. Dadurch entstand eine artifizielle Traum- & Märchenwelt, deren graugetönte Ansicht, deren nebelverhangenes Irgendwo und deren romantischer Subjektivismus in äußerstem Kontrast stehen zur opulent ausgemalten, farbdramaturgisch akzentuierten, episch-breit dargestellten Geschichtsepoche in SENSO. Bemerkenswert am topografischen Ungefähr der NOTTI BIANCHE ist auch der Gegensatz zu Robert Bressons *Quatre nuits d'un rêveur* (Vier Nächte eines Träumers. 1971), der die Erzählung ins Paris der Gegenwart verlegte und dessen Interesse sich stärker dem träumenden Künstler zuwendet als dem Mädchen, in dem der Träumer sein Ideal entdeckt zu haben glaubt.
Die in den NOTTI BIANCHE hermetische und befremdende Ästhetik eines »Abstechers in die Welt des Traums« (Visconti), welche doch mehr den Charakter einer »Träumerei« als die Logik eines Traums besitzt, macht es einem schwer zu entscheiden, ob Maria Schell und Jean Marais eklatante Fehlbesetzungen sind oder ob das hysterische Gekicher, mit dem die Schell den Film überzieht, und das Statuarisch-Phallushafte von Jean Marais denn doch Momenten einer bewußten Regiekonzeption entsprechen. Dafür spräche, daß Marcello Mastroianni – der einzige Darsteller, der nicht in solchem Zwielicht steht – eine Person verkörpert, die den Kampf gegen die romantische Idealwelt Natalias und des sie beherrschenden Fremden aufnimmt. An Natalia wird der Flaneur Mario zum Beteiligten und

Liebenden. Bisher hatte er sich selbst immer wieder an den Rändern des Traums aufgehalten, war er zu jener Brücke gegangen, welche hinüberführt in die dunkle Welt, in der Natalia zu Hause ist.

Die Metapher der Brücke ist der zentrale Schnittpunkt des Geschehens. Immer wieder kehrt der Film, seinen Personen folgend, dorthin zurück. Während der erste Abend expositionsartig die beiden Hauptpersonen zusammenführt, beherrscht Natalias Welt, durch überraschend eingefügte Rückblenden, die zweite Nacht. Die Rückblenden, welche Marios Perspektive, aus der der Film zuerst erzählt wird, aufheben und Natalias Erzählung das Gewicht visualisierter Gegenwärtigkeit geben, setzt Visconti gegen das Geschehen der dritten Nacht, in der es Mario gelingt, Natalia für einige Zeit (im Café, während des frenetischen Tanzes) in seine Welt (in die Realität) hinüberzuziehen. Diese erzählerische Symmetrie löst sich wiederum auf, als Natalia flieht und Mario bereit scheint, der Prostituierten zu folgen: beide sind an den äußersten Enden ihrer Welten an-

Le notti bianche

gelangt und kehren, enttäuscht, doch wieder zur Brücke zurück. Die Möglichkeit einer Aussöhnung von Traum und Wirklichkeit deutet sich an: indem Mario die Erfüllung *seines* Traums, Natalia zu gewinnen, nahe sieht und Natalia aus ihrem Traum in der Wirklichkeit Marios erwacht. Der Schnee überzieht das dunkle (Seelen)Gelände mit dem Schimmer einer hellen, weißen Verheißung des Glücks. Desto fordernder erhebt sich gegen den weißen Hintergrund die schwarze Gestalt des Fremden. Der Schluß – der Sieg der Vergangenheit über die Gegenwart, des Traums über die Wirklichkeit, der Erinnerung über das Erleben, der Magie über die Psychologie – bewahrt eine irritierende Ambivalenz. Denn die dunkle Erscheinung des Fremden, der nach Jahresfrist wiederkehrt, könnte auch die des Todesengels sein, der Natalia wie ein Vampir in das Schattenreich zurückzieht, aus dem sie kommt und dessen Bann sie durch Marios Hilfe fast entkommen wäre.

Le notti bianche

Rocco e i suoi fratelli. 1960

Nach dem Tode ihres Mannes bricht die Witwe Rosaria Parondi (Katina Paxinou) mit ihren Söhnen Rocco (Alain Delon), Simone (Renato Salvatori), Ciro (Max Cartier) und Luca (Rocco Vidolazzi) aus ihrer süditalienischen Heimat auf, um im industriellen Ballungszentrum Mailand, wo ihr ältester Sohn Vincenzo (Spiros Focas) lebt, Arbeitsmöglichkeiten für ihre Söhne zu finden. Die um die beherrschende Mutter gescharte Familie der Parondi platzt in die Verlobungsfeier Vincenzos mit Ginetta (Claudia Cardinale). Sie werden zusammen mit Vincenzo von dessen Schwiegereltern aus der Wohnung gewiesen. Die Parondis führen nun ein subproletarisches Leben: in Notunterkünften, ohne regelmäßige Arbeit. Während der stämmige Simone eine Boxerlaufbahn beginnt, entzieht sich der zarte Rocco vorerst der Umklammerung durch die Manager. Simone hat die Prostituierte Nadia (Annie Girardot) an sich binden können. Aber er kann ihren Wünschen nach dem »großen Leben«, das auch er anstrebt, auf Dauer nicht entsprechen. Er macht Schulden, wird zum Dieb und Trinker. Nadia kommt ins Gefängnis. Rocco lernt während seines Militärdienstes in einer Kleinstadt Nadia kennen, die dort ihre Strafe verbringt. Sie verlieben sich ineinander. Simone erfährt davon. Er vergewaltigt Nadia vor den Augen Roccos, der dem Mädchen daraufhin rät, zu Simone zurückzukehren, weil der sie mehr liebe, als er es vermöchte. Nadia rächt sich an Simone, indem sie ihn zum Spieler macht und ihn in weitere kriminelle Delikte treibt. Um seinen Bruder vor dem Gefängnis zu bewahren und ihn von seinem erpresserischen Boxmanager freizukaufen, schließt Rocco selbst einen Boxvertrag ab. Während er seinen ersten Sieg feiert, ermordet Simone Nadia, die ihn verlassen will. Er beichtet Rocco den Mord. Ciro zeigt seinen Bruder der Polizei an. Vincenzo hat unterdessen Ginetta geheiratet, Ciro eine feste Anstellung als Arbeiter bei »Alfa Romeo« gefunden. Zuletzt erklärt er seinem jüngsten Bruder, Luca, warum er Simone verraten hat, warum Rocco scheiterte und daß Luca dereinst in eine gewandelte Heimat zurückkehren werde.

ROCCO E I SUOI FRATELLI gehört zu den größten epischen Projekten im Werk Viscontis; allenfalls das ursprüngliche Konzept des GATTOPARDO und in geringerem Maße LA CADUTA DEGLI

DEI reichen an den Material- und Beziehungsreichtum dieses Films heran. Visconti hat mit einem großen Team von Drehbuchautoren die ursprüngliche Vorlage mit Handlungsmotiven aufgeladen, die von Verga (der matriarchalische Familienverband) über Dostojewskij (Roccos und Simones Verhältnis zu Nadia entspricht dem Myschkins und Rogoschins zu Nastasja Filippowa im *Idioten*) bis zu Thomas Mann (*Joseph und seine Brüder*) reichen. Ursprünglich sollte der Film mit einem Brief Rosarias an Vincenzo beginnen, in dem sie ihm den Aufbruch der Familie ankündigt; währenddessen sollten Bilder vom verzweifelt ärmlichen Alltag im Süden dem Zuschauer die Gründe für die Emigration verständlich machen. Diese Eingangssequenz ist nicht gedreht worden, so daß etwa in der Mitte des Films ein zweiter Brief Rosarias an Rocco als stilistischer Bruch erscheint. In der deutschen Verleihfassung sind die einzelnen »Kapitel«, die das wechselnde Interesse des Films an der Entwicklung der Brüder durch deren vorangesetzte Namen kennzeichneten, eliminiert worden. Fragment im Vergleich zum Konzept, verstümmelt in der deutschen Fassung ist deshalb auch ROCCO wie viele andere Filme Viscontis.

Der Film kehrt thematisch und stilistisch zurück zu den neorealistischen Anfängen, aber es ist eine Rückkehr auf höherer Stufe. ROCCO knüpft da an, wo Visconti dreizehn Jahre früher, in LA TERRA TREMA, Ntonis Bruder Cola – der zum Festland aufgebrochen war, um Arbeit zu finden – verlassen hatte. Jedoch Visconti verfolgt nicht den Weg eines Einzelnen, der aus dem ökonomisch und gesellschaftlich zurückgebliebenen Süden in den von der kapitalistisch-industriellen Umwälzung erfaßten Norden kommt. Er setzt einen matriarchalischen Familienverband radikal veränderten sozialökonomischen Witterungsverhältnissen aus, die zu jenen verheerenden Erosionen führen, von denen ROCCO erzählt. Dadurch verengt sich der Blick nicht zur Darstellung eines Einzelschicksals, sondern er weitet und richtet sich auf einen Grundpfeiler der agrarisch-südlichen Lebensweise: die Familie, die kleinste, beständigste und schützende Einheit innerhalb der bäuerlichen Gesellschaft. Es ist ein Grundpfeiler, der zerbricht. Der familiale Lebenszusammenhang des »Südens« hat, als Enklave im Norden, keine Funktion mehr.

Simone, der bäuerlichste, sinnlichste und physisch stärkste der Brüder, wird vom falschen Versprechen eines schnell zu erboxenden Reichtums geblendet. Weil er alles auf die Überzeugungskraft seines Körpers setzt, prostituiert er sich am leichtesten; in Nadia, der Prostituierten, findet er eine verwandte Gefährtin, die aber, viel bewußter, emanzipierter als Simone, ihren Körper zur Existenzgrundlage macht. Der sensible Rocco, das gehätschelte Sorgenkind der Mutter, unterwirft sich ihrem dominierenden Einfluß und hält länger als die anderen am Wunschbild der geschlossenen Familie fest. Durch Liebe, Verständnis und Opferwilligkeit – die ihn zum Typus des »Heiligen«, des Asketen machen – versucht er, den zerstörerischen Einwirkungen der Gesellschaft einen mitleidenden, stellvertreterhaften Schutz entgegenzusetzen. Aber »sein Mitleid zeugt selbst Unglück« (Ciro): er schickt Nadia zurück zu Simone, verweigert ihr also Hilfe gegen den brutalen Bruder, der sie schließlich ermordet. Daß ausgerechnet Rocco, wie schon

Rocco e i suoi fratelli

der Titel andeutet, zur zentralen Figur im mobilen Gruppenbild der Mutter und der Brüder wird, hat seinen Grund in der polemischen Kritik, die Visconti durch ihn an den sentimentalen, »christlichen« Helden Fellinis übt. Rocco wird zuletzt die Stadt verlassen und zurück aufs Land fliehen: Eingeständnis seines Scheiterns und Konsequenz seiner Unzeitgemäßheit. Seine »Reinheit« kann er nur bewahren, indem er sie dem Konflikt mit der kapitalistischen Gesellschaft entzieht.
Gegenüber diesen vier Hauptcharakteren – Rosaria, Nadia, Simone und Rocco – wirken Vincenzo und Ciro wie blasse Skizzen. Vincenzo gelingt es am Ende, indem er Ginetta heiratet, im Kleinbürgertum unterzuschlüpfen. Nur Ciro, der nüchternste von allen, kann sich in der neuen sozialen Umwelt stabilisieren: als bewußter Proletarier. Die Einsicht, die er gewonnen hat, gibt er weiter an Luca, auf den sich, ähnlich wie schon in LA TERRA TREMA im Gespräch Ntonis mit dem kleinen Mädchen, die Hoffnung eines besseren Lebens in der ferneren Zukunft konzentriert: »Ich habe erkannt, daß wir lernen müssen, uns Geltung zu verschaffen, unsere Rechte in Anspruch zu nehmen und unsere Pflichten zu erfüllen.«
Dieses bescheidene Programm eines pragmatischen Kommunismus (in der Nachfolge Antonio Gramscis) wirkt wie ein erschöpftes Resümee, das der großen Tragödie folgt. Visconti ist wegen der Abstraktheit Ciros von marxistischen Kritikern getadelt worden, obgleich man in ROCCO durchaus Ansätze eines undogmatischen »Sozialistischen Realismus« entdeckt hatte. In der Tat kennzeichnet auch diese Verfallsgeschichte einer Familie, in der anthropologische, psychologische und soziologische Momente ineinandergreifen, Viscontis zwiespältige, abwägende Haltung gegenüber dem vergehenden, sich selbst zerstörenden und auflösenden Alten und einem Neuen, das vorerst nur in Ansätzen, als Wunsch und Hoffnung, aber noch nicht als Wirklichkeit vorhanden ist. Die Trauer um das verschwindende Alte wird von Visconti in dem Abschiedsschmerz, ins Melodramatische, Expressive, Opernhafte gesteigert.
Beispiele dafür sind Nadias Gekreuzigten-Pose, als sie Simone zum Mord erwartet; die Vergewaltigungsszene; die Familienfeier nach Roccos erstem Sieg; die hemmungslose Hingabe Roccos an Simone nach dessen Mordgeständnis. Die darüber gelagerte intellektuelle Einsicht in den Geschichtsprozeß vermag Visconti dagegen nur am Rande, fast plakativ und undia-

lektisch zu formulieren, so daß man durchaus zu dem bündigen Urteil »Psychologisches Drama und politischer Traktat«[13] kommen kann. Neben jener Trauer um das Alte muß das Plädoyer für das Neue zwiespältig bleiben, eine Haltung, die einer sozialbewußten Kunst in einer Übergangszeit eigen ist und die Visconti etwa mit Fontane teilt, dessen Werk sich als Handlungsvorlage für Filme Viscontis denken ließe. Der doppelte Aspekt von ROCCO, das Transitorische seiner kritischen Haltung wird deutlich als ein Werk, »das die industrielle Konsumentengesellschaft mit dem Argument kritisiert, daß es immer noch Menschen gibt, deren Bewußtsein durch vorindustrielle Denkweisen bestimmt wird. Das ist ein richtiges Argument – aber ob es ein wesentliches ist? . . . Viscontis Gesellschaftskritik befindet sich in diesem Film . . . in einem Übergangsstadium . . ., in dem die neue Wirklichkeit noch mit Maßstäben gemessen wird, deren Inadäquatheit man zwar spürt, aber für die man noch nichts Besseres gefunden hat.«[14]

Die »industrielle Reservearmee« (Marx) aus den Mittelmeerländern in den hochindustrialisierten Ländern Mitteleuropas hat ROCCO eine unverminderte, wenn nicht gesteigerte Aktualität gegeben. Wie wenige Filme davor und danach hat ROCCO die »Gleichzeitigkeit des Ungleichzeitigen« (Bloch) gesellschaftlicher Prozesse dargestellt. Die neu gefundene Aufmerksamkeit für die Zerstörung aller humanen Lebenszusammenhänge in den hochindustrialisierten Staaten und der Wille und Wunsch, sich einem unkontrollierten »Fortschritt« nicht widerstandslos auszuliefern, gibt Viscontis skeptischem Porträt eines Familienzerfalls ein zusätzliches Moment nicht-aufgehobener Wahrheit. Visconti selbst hat den tiefen Pessimismus, der ROCCO – möglicherweise wider den sozialistischen Wunsch Viscontis – kennzeichnet und der die vielen halbdunklen, herbstlichen Abend- und Morgendämmerungsszenen und Innenaufnahmen[15] prägt, in einem programmatischen Aufsatz zu relativieren versucht: »Mein Pessimismus ist lediglich einer des Intellekts und nie einer des Willens. Je mehr der Intellekt sich des Pessimismus bedient, um den Wahrheiten des Lebens auf den Grund zu kommen, umso mehr rüstet sich meiner Meinung nach der Wille mit revolutionärem Optimismus.«[16] Der »Pessimismus des Intellekts« findet aber sein Echo im Resonanzboden des Gefühls, während der »Optimismus des Willens« ohne Echo und Resonanzboden bleibt.

Rocco e i suoi fratelli

Il lavoro. 1961

Als ein Callgirl-Ring in Mailand auffliegt, erscheint auch der Name des jungen Grafen Octavio (Tomas Milian) in der Presse. Er ist mit der Tochter eines deutschen Industriellen verheiratet: Pupa (Romy Schneider), die ihm treu geblieben ist, obwohl sie schon lange von seinen Eskapaden weiß. Sie droht nun mit Scheidung. Octavio ist in Druck, denn sein Schwiegervater, der den feudalen Lebensunterhalt der beiden finanziert, hat alle Konten sperren lassen, bis Pupa sich entschieden hat. Pupa begegnet Octavio mit Ironie und Selbstbewußtsein. Sie erklärt ihm, sie sei des nutzlosen Lebens müde und wolle eine Arbeit suchen wie andere Frauen auch. Da sie jedoch nichts gelernt hat, macht sie Octavio klar, daß sie das Geld zu ihrem Lebensunterhalt nur auf eine Weise erlangen kann: indem sie sich ihm selbst gegen Bezahlung hingibt. Octavio geht auf den Vorschlag ein, und als ihr Vater anruft, erhält Octavio von Pupa die Weisung: »Sage ihm, ich hätte schon eine Beschäftigung: als Callgirl.«

IL LAVORO steht im Zentrum einer Trilogie (ursprünglich Tetralogie) von Episoden, die von Fellini, De Sica, Monicelli und Visconti gedreht wurden. Der Produzent Carlo Ponti ließ jedoch den vierten Beitrag (von Monicelli) gleich nach der Premiere aus dem Film entfernen. Viscontis Episode wird als die interessanteste der mißlungenen Omnibus-Produktion angesehen.
Obgleich ein Nebenwerk, ein kammerspielhaftes Zwei-Personen-Stück, enthält IL LAVORO doch zahlreiche thematische Be-

Il lavoro

züge, die ihn mit anderen Filmen Viscontis – etwa OSSESSIONE, SENSO und IL GATTOPARDO – verbinden. Wenn am Ende des GATTOPARDO, der unmittelbar nach IL LAVORO entstand, Tancredi ein Rendezvous mit einer Sängerin verabredet, obgleich seine Heirat mit der schönen Angelica unmittelbar bevorsteht, so offenbart dieses (adlige) promiskuitive Verhältnis zu Frauen (zugleich mit der bloß repräsentativ-opportunistischen Einschätzung der bürgerlichen Ehe) die gleiche Lebenshaltung, die auch Octavio eigen ist. Was aus Tancredi und Angelica unter heutigen, sehr ähnlichen Verhältnissen, geworden ist (und werden würde): das ist Thema von IL LAVORO. In der Ehe von Adel und Großbourgeoisie stellt der Adel den freien Lebensstil, die Großbourgeoisie dessen ökonomische Basis. Aber puritanisch verlangt sie in diesem Geschäft – denn ein solches ist diese Ehe –: keine Seitensprünge, absolute Treue.

Pupa gehört wie Giovanna (OSSESSIONE) und Livia (SENSO) zu jenen Frauen im Werk Viscontis, die den geliebten Mann, der eher ein unbeständiges, wechselndes, nicht-besitzergreifendes Liebesverhältnis sucht, an sich binden wollen. In IL LAVORO radikalisiert Visconti dieses erotische Verhältnis materialistisch, entsprechend einer fortgeschrittenen, radikalisierten, hier parabelhaft zugespitzten ökonomischen Lage. Wenn Octavio Liebe nur als Lust mit Prostituierten erfährt, handelt Pupa konsequent, wenn sie sich selbst prostituiert, um Octavio an sich zu binden. Durch Pupas Prostitution bleibt nicht nur die Liebe in der Ehe, sondern auch das Geld, das sie mit in die Ehe gebracht hat, zirkuliert nur zwischen Octavio und ihr, die es sich »durch Arbeit« erst wirklich »verdient«.

Octavio, der zuerst empört ist, geht zuletzt auf Pupas Vorschlag mit einer Selbstverständlichkeit ein, die sie bestürzt und doppelt erniedrigt. Selbst als sie von ihm fordert, er müsse im voraus bezahlen, weil sie ihm nicht traue, schreibt er bereitwillig einen Scheck aus. Dessen Großaufnahme montiert Visconti zusammen mit Großaufnahmen von der weinenden Pupa. Ihr experimenteller Versuch, Liebe jenseits von Geldverhältnissen zu finden, ist gescheitert. Viscontis schwerfällige Komödie, der gewisse Brechtsche Qualitäten des kühlen Aufrisses und der parabelhaften Konsequenz nicht fehlen, schlägt am Ende um: allerdings nicht in Zynismus, sondern in fatalistische Bitternis. Innerhalb dieser Klassen-Verhältnisse gibt es keine Liebe, es sei denn als Prostitution.

Il Gattopardo. 1962

1860. Der strenge partriarchalische Ritus der Morgenandacht im Hause des sizilianischen Fürsten von Salina, Don Fabrizio (Burt Lancaster), genannt »Il Gattopardo« (Der Leopard), wird nicht gestört durch die Unruhe der Dienstboten, die im Park des Landsitzes einen toten Bourbonen-Soldaten gefunden haben. Der Bürgerkrieg (das *Risorgimento*) zwischen den Bourbonen von Neapel und Sizilien und den republikanischen Garibaldianern, die auf eine Einigung Italiens drängen, ist in vollem Gange. Er bedroht die Existenz des Hauses Salina. Zum Entsetzen der Familie hat sich der Neffe Tancredi (Alain Delon), den Concetta (Lucilla Morlacchi), die älteste Tochter Don Fabrizios, liebt, Garibaldi und seinen revolutionären Truppen angeschlossen. Nur der Fürst begreift Tancredis Verhalten und verteidigt es gegenüber dem Hauskaplan (Romolo Valli); denn der Wahlspruch des »Leoparden« ist: »Die Dinge müssen sich wandeln, um die gleichen zu bleiben.« Danach handelt auch Tancredi, der sich auf die Seite der zukunftsträchtigsten, siegreichen Gruppen und Truppen stellt. Nach den ersten Erfolgen der Garibaldianer erklärt sich der Fürst öffentlich, während einer Volksabstimmung, für die Einigung Italiens. Von seinem Jäger, der für die alte und gegen die neue Ordnung gestimmt hatte, erfährt er, daß diese »einstimmig« gefallene Entscheidung ein Wahlbetrug war. Tancredi hat sich in die schöne Angelica (Claudia Cardinale), Tochter des neuen Bürgermeisters Don Calogera Sedara (Paolo Stoppa), verliebt. Auch diese Entscheidung seines Neffen, gegen seine eigene Tochter Concetta, unterstützt der Fürst. Im Namen seines Neffen hält er bei Don Calogera um die Hand seiner Tochter an. Der neureiche Bourgeois, für den »die Politik ein so gutes Geschäft ist«, daß er in absehbarer Zeit zum größten Grundeigentümer der Gegend werden wird, sichert der politischen Karriere Tancredis die entsprechende finanzielle Basis. – Ein Abgesandter des piemonteser Parlaments, das die Geschäfte der konstitutionellen Monarchie verrichten soll, auf deren Installierung das *Risorgimento* zuläuft, trifft beim Fürsten Salina ein und bietet ihm einen Senatorensitz an. Aber der »Leopard« lehnt ab: »Ich gehöre einer abtretenden Klasse an ... bin frei von Illusionen und besitze nicht die Fähigkeit zur Selbsttäuschung ... Es ist zu spät. Die Sizilianer, seit 2500 Jahren Kolonie, wollen Schlaf, Tod, Unbeweglichkeit. Wir waren Adler, Leoparden; an unsere Stelle treten Lämmer und Geier.« – Auf einem großen Ball in einem Adelspalais in Palermo wird Angelica vom Fürsten und Tancredi in die feudale Gesellschaft eingeführt. Tancredi hat sich längst von den republikanischen Garibaldianern getrennt und ist zu den piemontesischen Royalisten übergewechselt.

Während der Fürst, im Bewußtsein seines nahen Todes, durch die unzähligen Räume wandert, nehmen die Bourgeois schon Besitz von den Einrichtungsgegenständen, den Gemälden und dem Geschirr des Adels: sie taxieren deren Wert. Am Ende des langen Festes geht der Fürst allein nach Hause. Ein Priester, der zu einem Sterbenden unterwegs ist, begegnet ihm; er kniet nieder; als er sich erhebt, hört er in der Ferne Schüsse: im Morgengrauen des neuen Tages sind Garibaldis letzte getreue Republikaner von einem Erschießungskommando royalistischer Militärs hingerichtet worden.

Der angeblich 201 Minuten dauernde (Ur-)Film nach Tomasi di Lampedusas autobiografisch inspiriertem, posthum erschienenen gleichnamigen Familienroman wurde (laut Nowell-Smith) in 70 mm und Technicolor gedreht. Die Fassung, die in die Kinos kam, war erheblich gekürzt und auf 35 mm und schlechteres Farbmaterial gezogen. Viscontis Auseinandersetzungen mit dem Centfox-Verleih zogen sich längere Zeit hin; er hat die neu synchronisierte »amerikanische Fassung« nicht autorisiert.[17] 1984 kam eine 186 Minuten-Fassung in die Kinos, die dem Original am nächsten sein dürfte. Alfred Andersch hat Lampedusas Roman »ein sehr bedeutendes Dokument der Auseinandersetzung des europäischen Konservativismus mit sich selber« genannt: »Die Sympathien des Autors liegen eindeutig bei seiner Hauptfigur, dem ›Leoparden‹; wie er diese Gestalt in ihrer Kraft und ihrer Müdigkeit, in ihrem sizilianischen Regionalismus wie in ihrer Zeitlosigkeit erscheinen läßt, darin erreicht er seine höchste künstlerische Vollendung, und er krönt sie damit, daß er uns erlaubt, den Fürsten Salina trotzdem noch kritisch anblicken zu können.«[18] Es sind Sätze, die auch auf Viscontis Film bezogen werden könnten. »Das, was ich erzählen wollte«, hat Visconti in einem Gespräch mit Georges Sadoul erklärt, »ist die Geschichte eines Mannes und das Abtreten einer Gesellschaft vermittels des Bewußtseins, das dieser Mann davon hat; das alles in einem fest abgegrenzten, historischen Rahmen.«[19] Darüber hinaus bot Lampedusas Stoff dem linkssozialistischen Grafen Visconti die Möglichkeit, die Funktion seiner Klasse, ihre Aufgabe und Aufhebung innerhalb der geschichtlichen Entwicklung unmißverständlich zu reflektieren. Der historisch und geografisch scharf umrissene Gegenstand ermöglichte Visconti außerdem eine erneute Beschäftigung mit dem Thema *Mezzogiorno,* dem italienischen Süden, dem sich schon LA TERRA TREMA (und teilweise ROCCO, in dessen »brüderlicher« Nähe er den GATTOPARDO ansiedelte[20]) gewidmet hatte; zum anderen konnte er sich damit erneut dem *Risorgimento,* seiner historischen und politischen Bedeutung für die spätere Entwicklung Italiens, zuwenden, einem Thema, das ihn schon in SENSO, das um 1866 in Venetien spielt, beschäftigt hatte.

Im Vergleich zu SENSO, dem er unter Viscontis Filmen am nächsten steht (obgleich man eher versucht ist, Lampedusas Stoff und Viscontis Film in die Nähe von Thomas Manns *Buddenbrooks* zu versetzen) entfaltet IL GATTOPARDO ein umfassenderes episches Zeit-, Landschafts- und Gesellschaftspanorama. Der Leidenschaft des Fürsten für die Astronomie, die nicht ohne Einfluß auf seine weitschauende, pessimistische Lebenspraxis ist, entspricht Viscontis stilistischer Wechsel zwischen kammerspielhaften, reflexiven Passagen, welche die Geschichte und den Augenblick diskursiv zu Wort kommen lassen, und den epischen Landschaftstotalen, die wortlos die zeitferne, beharrend mythische Schönheit und den Zauber Siziliens gegen die politischen Veränderungen setzen –: als sei diese braune, goldgelbe, sonnenverbrannte, hitzeflimmernde Erde das »eigentliche«, letzte entscheidende Argument gegen jegliche gesellschaftliche Veränderung, die vom Norden kommt. Der Fürst denkt in solchen mythischen Anschauungen; zugleich weiß er, daß seine Zeit, die lange Epoche des Feudalismus, der patriarchalischen Verfügungsgewalt einzelner Geschlechter über Land und Leute endgültig abgelaufen ist. Es geht nicht darum, borniert und reaktionär dem Heraufkommen der neuen, bürgerlichen Zeit solange es geht Widerstand zu leisten, sondern sich ihr so früh wie möglich anzupassen, um so lange wie möglich die alten Privilegien zu behalten. Das ist der Sinn seines oft wiederholten Satzes: »Die Dinge müssen sich ändern, um die gleichen zu bleiben.«

Aber diesem im Grunde konservativen Programm, dessen opportunistische Ausführung der Fürst durch den karrierebewußten, rücksichtslosen Elan seines Neffen Tancredi teils unterstützt, teils betrachtet, kann er nur bedingt entsprechen. Zwar tut er nichts, was der historischen Mesalliance von Adel und Bürgertum widerspräche; aber er verweigert sich dem Angebot, durch seine Person – als Senator – diese zwanghafte Notwendigkeit zu sanktionieren. Sein Stolz ist es, als letzter des großen Geschlechts der Salinas ehrenvoll abzutreten. Er möchte, trotz aller Einsichten, die er mit niemandem aus seiner Klasse teilt, nicht dieser neuen Zeit zugehören: denn die Dinge werden sich so radikal verändern, daß sie *nicht* mehr die gleichen bleiben. Die Bourgeoisie, deren Vorreiter er in dem vulgären, eitlen, servilen und korrupten Don Calogero Sedara am Werk sehen kann, hat die Ideale des Volks, den Republikanismus Garibaldis und das ferne Wetterleuchten des Sozialismus, längst verraten. Sie wird ihre Herrschaft des Geldes, der Kapitalisierung des Bodens und der Rohstoffe, ihre Form politischer Herrschaft (zusammen mit schon zu Beginn verfälschten Wahlen) aufrichten und den poetischen Glanz des Feudalismus radikal entzaubern. Wer überleben will, muß da unterschlüpfen (wie Tancredi, der einmal ein gewissenloser Parlamentarier werden wird, ohne Verbindung mit seiner Heimat, die er in Turin oder Rom längst vergessen hat). Wer sich jedoch dieser Zeit des Übergangs, dessen Ende nicht abzusehen ist, entgegenstellt und auf der Utopie des befreiten unterdrückten Volks

Il Gattopardo

Il Gattopardo

beharrt, wird entweder von den Pelotons der royalistischen Armee niederkartätscht oder ihm bleibt, als Adliger, nur die Resignation in Zurückgezogenheit wie Don Fabrizio.

Aber noch ein anderes Thema bestimmt den GATTOPARDO: die Verschränkung von Schönheit und Tod. Als er Angelica zum erstenmal sieht, ist der »Leopard« nicht nur geblendet von ihrer voll erblühten Schönheit – die in direktem Kontrast steht zur verhärmten, früh gealterten, religiösbigott erzogenen Concetta –, von ihrem Selbstbewußtsein und ihrer Naivität; sondern er weiß auch in diesem Augenblick: »Wer die Schönheit angeschaut mit Augen, ist dem Tode schon anheimgegeben.« (Platen). Die Erfahrung, Angelica dem Neffen Tancredi überlassen zu müssen, zu alt für sie zu sein, ist die erste Ahnung seines Todes. Der Klasse, dem dieses Mädchen entstammt, gehört die Zukunft.

Die den Film beschließende über 40 Minuten währende Ballsequenz ist ein Höhepunkt von Viscontis episch-beschreibendem Genie. »Da gibt es keinen visuellen oder rhetorischen Expressionismus. Alles ist real, aber gesehen in einer bestimmten Weise, durch das Bewußtsein des Fürsten. Stilistisch ist es das direkte filmische Äquivalent von Flauberts *style indirect · libre.*«[21] Die melodramatischen Tendenzen von SENSO, auch ein gewisser opernhafter, schicksalsdramaturgischer Expressionismus dieses früheren Films sind ganz zurückgenommen, ja zurückgedrängt und verdichtet zu einer durchsichtigen, schwermütigen Reife, deren Verfall, deren Dialektik aus Altem und Neuem hier vielfältig zutagetritt. Daß bei der Gestaltung des Films – und vorher bei der interpretierenden Lektüre von Lampedusas Roman – wiederum Verga, aber auch Proust Pate gestanden haben, ist von Visconti bestätigt worden: »Wenn jemand sagt, Lampedusa habe es verstanden, die Themen des sozialen Lebens und der Existenz auf eine Art anzugehen, bei der der Realismus von Verga und die ›Reminiszenzen‹ von Proust sich treffen, dann erkläre ich mich einer Meinung mit ihm. Denn unter diesem Gesichtspunkt habe ich den Roman, den ich verfilmen wollte, oft gelesen und meinen Film gedreht.«[22] Blickt man zurück auf LA TERRA TREMA, so trennt beide Werke sehr viel voneinander. Aber eines verbindet sie – wie auch ihr Mittelglied ROCCO E I SUOI FRATELLI –: die Ablehnung des bürgerlichen Zeitalters. Daß LA TERRA TREMA und ROCCO noch vage Ausblicke in eine andere, menschlichere Zukunft zuletzt ansprechen – wie fragil auch immer –, IL GATTOPARDO jedoch nur ein Abgesang auf den vergehenden sizilianischen Adel ist, ohne eine Perspektive, es sei denn die des Verrats an den aristokratischen und bürgerlich-republikanischen Ideen: darin folgt Visconti dem konservativen Lampedusa – ohne Korrektur.

Vaghe stelle dell'Orsa . . . 1964

Sandra (Claudia Cardinale) stammt aus einer italienisch-jüdischen Intellektuellen-Familie. Ihr jüdischer Vater ist von den Nazis verschleppt und in Auschwitz ermordet worden. In Genf, wo sie als Dolmetscherin lebt, forscht sie bei internationalen Organisationen seinem Schicksal nach. Dort hat sie ihren Mann, den Amerikaner Andrew (Michael Craig) kennengelernt, mit dem sie nun erstmals in ihre Heimatstadt Volterra fährt. Im düsteren Palazzo, seinen Zimmerfluchten, verändert sich Sandra. Das Haus hat Geheimnisse; die Türen zu den Gemächern ihrer Mutter sind verschlossen. Sandras Bruder Gianni (Jean Sorel), ein Schriftsteller, führt Andrew durch die Stadt, spricht ironisch über deren langsamen Verfall und in Andeutungen über Sandras angeblichen früheren Freund Pietro, einen Arbeiterjungen, den sie in einer Kneipe treffen. Pietro ist Arzt geworden und pflegt in einer städtischen Irrenanstalt Sandras Mutter. Mit ihr verstrickt sich Sandra in eine haßerfüllte Auseinandersetzung und verspätet sich bei einer Zeremonie im Rathaus, während der der Garten des elterlichen Hauses der Gemeinde übertragen werden soll. Es kommt zu einem Zwischenfall, weil Gilardini (Renzo Ricci), der frühere Geliebte ihrer Mutter und jetzige Vermögensverwalter der zerstreuten Familie, sich durch Sandra zurückgesetzt fühlt. Wütend macht er drohende Andeutungen. Andrew sucht Gilardini später im Etruskermuseum auf und lädt ihn und auch Pietro zu einem Abendessen in den Palazzo ein. Während des Essens brechen, durch Sandra provoziert, erneut die Wunden auf. Gilardini spricht von einem inzestuösen Verhältnis, das Sandra und Gianni als Kinder gehabt hätten, während die Geschwister ihn und ihre Mutter verdächtigen, ihren Vater denunziert zu haben. Andrew ist bestürzt; er möchte von Gianni einen Widerruf der Inzestbehauptung. Aber der schweigt (wie Sandra). Andrew schlägt Gianni nieder und verläßt das Haus. Gianni, der einen Roman über seine Kindheit mit Sandra geschrieben hat, in dem Dichtung und Wahrheit vermischt sind, ist bereit, das kompromittierende Buch zu verbrennen. Er fordert dafür von Sandra den Vollzug der Inzests, nachdem sie früher nur durch eine kindliche Liebe miteinander verbunden waren. Da Sandra sich auch einem Versuch der Vergewaltigung widersetzt, droht Gianni mit Selbstmord. Er vergiftet sich zum Schein; aber Sandra, die sich in ihren Gemächern vergraben hat, hört seine Hilferufe nicht.

Das Drehbuch, das Visconti wie oft mit seinen Scriptwritern Suso Cecchi D'Amico und Enrico Medioli verfaßt hat, verarbeitet in seinen dramaturgischen Grundzügen zahlreiche Motive der *Orestie.* Wenngleich Visconti keine modernistische Deutung des Elektra-Mythos beabsichtigte – und eher umgekehrt das antike Handlungsmaterial zur Darstellung gegenwärtiger Erfahrungen nutzen wollte –, kann der Film eine eigentümliche Zwitterhaftigkeit und unentschiedene Dunkelheit nicht verleugnen. Die Kritik, die den Film überwiegend als mißlungen ansah – besonders da 1965, gleichzeitig mit VAGHE STELLE DELL'ORSA, Marco Bellocchio mit *I pugni in tasca* eine vom Stoff her verwandte, aber viel radikalere, bösere Abrechnung mit der italienischen Gegenwart präsentierte –, wies auf das »Theaterhafte« des Drehbuchs hin und sprach von einer Inszenierung, die an eine Verdi-Oper erinnere.[23] Selbst ein so beredter Verteidiger des Films wie Nowell-Smith sieht sich veranlaßt, den inszenatorischen Aufwand der komplexen Geschichte durch umständliche Exkurse auf das Barock und den Manierismus zu rechtfertigen.[24] Visconti ist dem Werk Joseph Loseys – etwa dessen freilich später entstandenem *Secret Ceremony* – nie näher gekommen als mit diesem Film.

VAGHE STELLE DELL'ORSA mag zuerst der Versuch gewesen sein, wie schon oft zuvor und danach, am Beispiel einer Familiengeschichte und ihres Verfalls darüber hinausweisende gesellschaftliche und historische Konflikte Italiens darzustellen; etwa jener Frage nachzugehen: welche Schuld man an der Denunziation und Verschleppung jüdischer Mitbürger durch die deutschen Faschisten hat. Man könnte Sandras Suche nach der Wahrheit in der Geschichte ihrer Familie, die sie nach Genf wie von dort zurück ins »Reich der Toten« nach Volterra führt, ebenso deuten. Aber dieses kriminalistische, aufklärerische Motiv wird, falls es überhaupt mehr war als ein auslösendes Moment, durch den weiteren Verlauf, wenn nicht zurückgedrängt, so doch überlagert von psychoanalytischen Introversionen, bedeutungsschweren Symbolismen (Spiegel, Schleier, Vasen, etruskisches Museum) und Horroreffekten (Gartenszene), welche zu einem überladenen, manchmal unfreiwillig komischen und nicht selten undurchschaubar mit vielen Zooms exaltierten Stil führen. Das Interesse Viscontis an diesem Stoff richtet sich zunehmend auf die genußvoll ausgebreitete verschlüsselte Beschreibung einer moralisch zweideutigen, von Obsessionen, Traumata und Verfallssymptomen infizierten Welt. Sie wird von Gespenstern, Untoten, Verrückten bewohnt, die in Totenkammern sich aufhalten, in unterirdischen Kellern antiker Herkunft sich treffen (Sandra und Gianni); die sich eingesperrt haben in luxuriös drapierte und ausgestattete Innenräume, abgedichtet von der Außenwelt, die ohnedies meist nur als abendliches oder nächtliches Dämmerlicht erscheint.

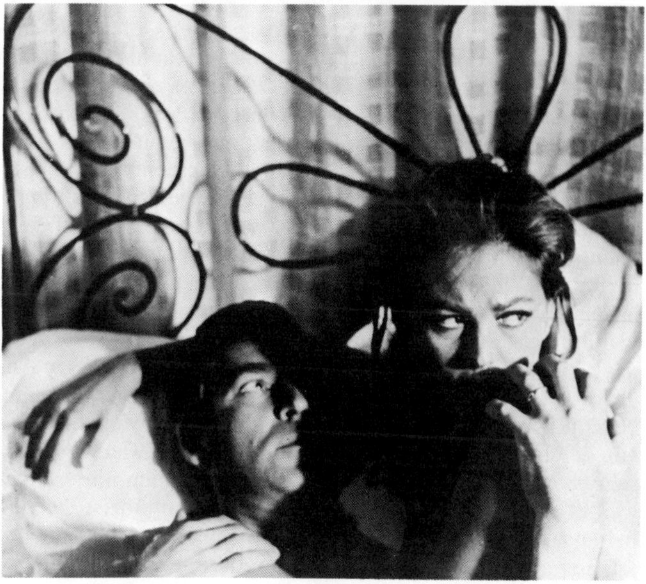

Vaghe stelle dell' Orsa . . .

Die dunkle Morbidezza des Films hat ihre faszinierenden Momente; aber sie ist nicht produktiv, im Gegensatz zu dem verwandten Film LA CADUTA DEGLI DEI, der viel radikaler (auch gewagter) einen historischen Stoff politisch und psychologisch »übersetzt« in den bewußt kenntlich gemachten Stil der »großen Oper«. Sandras Abstieg zu den lebendig Toten, ihre Suche nach den Wurzeln der Vergangenheit, an deren Folgen sie, Gianni, ihre Mutter und Gilardini leiden, führt sie nicht zu der Wahrheit, die sie sucht. Ob ihre Mutter und deren Liebhaber den Vater verraten haben oder diese Vermutung nur das Produkt eines kindlichen, auf den Vater fixierten Traumas ist, bleibt ungeklärt – wenn auch der Wahnsinn der Mutter und das aggressive Verhalten Gilardinis auf einen Schuldzusammenhang der beiden mit der Verschleppung und Ermordung des Vaters hinzudeuten scheinen. So schrumpft VAGHE STELLE DELL'ORSA, weil der Film sich auch einer Analyse von Wahn und Wirklichkeit, Vorstellung und Realität verweigert und eher in deren Oszillieren sein Reizfeld sucht, zur Geschichte einer Frau und deren ans Pathologische grenzendem Versuch, die eigene Identität zu finden, um den Preis vieler Opfer. Der kritische Ansatz, vergangene gesellschaftliche Schuld zu erkennen und aufzudecken – jene Fähigkeit des Epikers Visconti, Subjektives von Objektivem, individualisierte Personen von Geschichte und Gesellschaft wechselseitig sich durchdringen zu lassen –, wird hier zerstört; er versandet in einem romantizistischen Pathos, demzufolge an der Vergangenheit zugrunde geht, wer an ihr rührt. Denn ob Sandra, nachdem sie das unklare, unentschiedene Vergangenheitsbild nicht durchdrungen, sondern nur noch undurchdringlicher verwirrt und ihren Bruder in den Tod getrieben hat, Volterra verlassen oder nicht viel eher von nun an dort, unter den Toten, selbst bleiben wird – auch das bleibt offen. Würde sie dem geschichtsfremden, naiven Andrew in die »Neue Welt« folgen, als was würde sie ihm dann begegnen: von Geschichte befreit? Als »neuer Mensch«? Als von den früheren Schriftzügen gereinigtes, also wieder »unbeschriebenes Blatt«? Die Fragen, welche der Film hinterläßt – weil er so wenige beantwortet und viele so unpräzise stellt –, haben auch deshalb wenig Chancen, eine Antwort im Zuschauer zu assoziieren, weil einem Sandra in der (Nicht)Darstellung Claudia Cardinales ein Rätsel bleibt. Darin zuletzt (und zuerst) manifestiert sich das Scheitern des Films.

La strega bruciata viva. 1966

Die »göttliche« Filmdiva Gloria (Silvana Mangano) hat sich im Kitzbühler Hotel ihrer Freundin Valeria (Annie Girardot) angesagt. Dort ist allerlei Künstler- und Schmarotzervolk der Filmbranche versammelt. Glorias Erscheinen erweckt bei den Männern erotisches Interesse, bei den Frauen hämischen Neid. Gloria wird während des Abends ohnmächtig, sie erwartet ein Kind. Gloria ist überglücklich. Ihrem Mann, einem Filmproduzenten, der gerade in New York ihren neuen Vertrag aushandelt, erklärt sie am Telefon, daß sie ihr Kind diesmal behalten und austragen möchte. Am nächsten Morgen wird sie von den »Gorrillas« ihres Mannes, die mit einem Hubschrauber eingeflogen waren, abgeholt.
Visconti setzt in dieser pointierten, sarkastischen Episode seine Kritik an der verdinglichten und enthumanisierten Filmindustrie fort, die er schon in BELLISSIMA begonnen hatte. Im Mit-

telpunkt steht hier der Starkult, der den Schauspieler zu einer Ware macht, zu einer »Fleischkonserve« – wie an einer Stelle ein Teilnehmer der Party zu Gloria sagt –, bei der es darauf ankomme, daß sie nicht verdirbt. Gloria erscheint denn auch zu Beginn als eine in kostbare Pelze gehüllte und hinter einer Sonnenbrille versteckte unnahbare, kalte Schönheit, die im Verlauf des Abends, nachdem sie in Ohnmacht gefallen ist, von den Frauen mit denunziatorischem Genuß demontiert wird. Unter dem Vorwand, ihr helfen zu wollen, beginnen sie vor den Augen der Männer Zug um Zug die Tricks ihres Make-ups, die Stützpfeiler ihrer ästhetischen Zurüstung bloßzulegen. Für Gloria bringt dieser Abend und diese Nacht die Stunde der Wahrheit. Sie durchschaut die Leere und Unwahrhaftigkeit ihres Lebens und den Zynismus ihrer Umwelt. Sie möchte aus dem Zwang, unter dem sie steht, ausbrechen, um endlich ihr Leben zu leben mit dem Kind, das sie erwartet. Ihre Zerstörung als Diva, vom Neid der anderen Frauen herbeigeführt, entlarvt ihr Image, unter dem ein leidender Mensch zum Vorschein kommt. Für die Männer bleibt sie ein Objekt des Begehrens, das ihnen nun sogar erreichbarer, ungeschützter erscheint als zuvor. Aber jetzt, wo sie nichts ist als eine vom Zwang des Starkults befreite Frau, kann sie den Männern selbstbewußter begegnen. Sie schlägt zwei Männern, die ihr nachstellen, ein Spiel vor: wer »die gemeinsten Dinge über die Lippen bekomme«, dem wolle sie sich hingeben. Das »Aufrichtigkeitsspiel« treibt die beiden Konkurrenten, deren einer Valerias Mann ist, in immer stärkere Aggressionen, so daß sich Gloria ihnen entziehen kann. Im Verlauf dieses Experiments fallen dann Sätze, die den verzweifelten Zynismus der Branche aussprechen (»Das Publikum ist genauso verlogen wie wir«) und Viscontis antibourgeoise Ansichten vom Künstler dokumentieren: »Künstler kommen entweder aus der Aristokratie oder dem Volk.«
Die Verachtung der bürgerlichen Mitte, deren Kunst-Anstrengungen Visconti schon in BELLISSIMA karikiert hatte, bestimmt auch sein historisches Verständnis. Im Abgesang auf die Aristokratie des GATTOPARDO erscheint das heraufkommende Bürgertum als eine ungebildete Klasse, welche die Kunst – auch die aristokratische Repräsentations- und Lebenskunst – in den Bann seiner alle Bereiche entzaubernden Kapitalisierungen zieht. Im Star (Gloria) ist die Kunst der Primadonna von ehedem zur Künstlichkeit eines sterilen Produktes erstarrt, mumi-

fiziert. Sie ist ein Investitionsgegenstand zur Kapitalgewinnung ihres Mannes – nichts sonst, am wenigsten: ein Mensch. Die vulgäre und laute Musik Piero Piccionis gibt der farbdramaturgisch aufwendig inszenierten Episode einen grell-hysterischen Anstrich.

Lo straniero. 1967

Meursault (Marcello Mastroianni) ist ein kleiner Angestellter in Algier. Ziellos lebt er in den Tag hinein. Vom Balkon seines Junggesellenzimmers in einem verwahrlosten Haus blickt er auf das Leben, das sich in der Straße abspielt. Als er vom Tod seiner Mutter hört, die in einem Altersheim außerhalb der Stadt gestorben ist, fährt er dorthin, hält die Totenwache und begleitet den Sarg über ein hitzeflimmerndes Feld zum Friedhof. Zurück in der Stadt, trifft er ein Mädchen (Anna Karina), das er schon früher einmal flüchtig gesehen hatte, im Schwimmbad wieder, lädt sie zum Kinobesuch ein und nimmt sie mit nach Hause. Zusammen mit ihr besucht er einen Freund und dessen Frau, die ein Haus am Meer besitzen. Als er mit seinem Freund am Strand entlanggeht, treffen sie hinter einem Felsvorsprung auf Araber, die ihnen gegenüber eine feindliche Haltung einzunehmen scheinen. Die beiden Algerienfranzosen ziehen sich zurück; kurz darauf geht Meursault, der sich einen Revolver eingesteckt hat, wieder zu dem Ort, an dem er die Araber angetroffen hatte. Im prallen Licht der Sonne scheint in der Hand des einen Arabers ein Messer zu blitzen. Meursault zieht den Revolver und erschießt ihn, panisch erregt. Er wird verhaftet und zum Tode verurteilt. Während des Prozesses, der eine Farce ist, werden ihm seine »empfindungslosen« Handlungen nach dem Tod seiner Mutter als erschwerende Indizien ausgelegt. Meursault weist den Priester aus seiner Zelle und fühlt sich eins »mit der zärtlichen Gleichgültigkeit der Welt«.

Pressemeldungen zufolge hatte Visconti noch 1964 vor, *Die Pest* von Albert Camus (mit Peter O'Toole) zu adaptieren; ein Jahr später wird von seinem Wunsch berichtet, *Der Fremde* (mit Alain Delon) zu verfilmen. 1967 kommt es zu dem vorliegenden Film.
Was Visconti an Albert Camus bedeutendster Erzählung faszi-

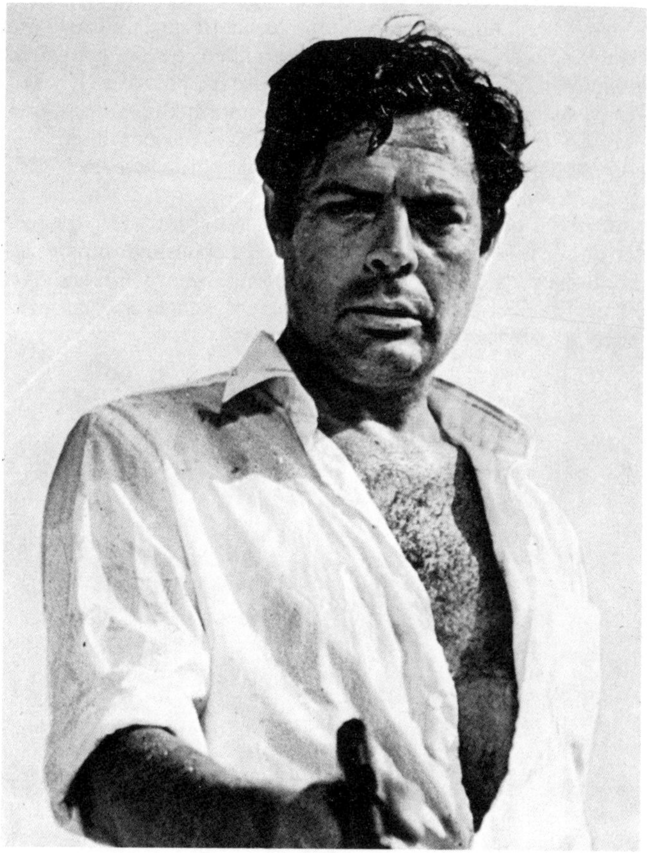

Lo straniero

niert haben mochte, ist aus seinem Film nur schwer ersichtlich. Im Gegensatz zur *Pest,* deren brüderliches Programm eines aktiven Humanismus zumindest seinen atheistisch-marxistischen Überzeugungen nicht fernstand, konnte man sich das schwelgerische existentialistische Pathos, dieses Hohe Lied auf die Gleichgültigkeit der Welt, in dem das erzählerische Debüt von Camus ausklingt, nur schlecht im Weltbild Viscontis vorstellen. Der mythische Akt, durch den Meursault in gleißendem Sonnenlicht zum Mörder wird - schuldlos, motivlos, willenlos treibend in einem Lebensgefühl ohne kausale Bezüge und zielhafte Handlungsweisen –, steht nicht nur allen gesellschaftlichen Momenten fern, sondern richtet sich sogar provokativ gegen sie. Die Absurditätsphilosophie, die Camus in der Abhandlung *Der Mythos vom Sysiphos* entwickelt und in der Erzählung *Der Fremde* dargestellt hat, trägt antigesellschaftliche, irrationalistische Züge.

Nun ist der geheime Fatalismus, das »amor fati« (Nietzsche), das dieser hymnisch ausschwingenden Lebensphilosophie zugrunde liegt, nicht unbedingt ein Fremdkörper im Werk Viscontis. Eine beherrschende Rolle, welche Camus der Natur zu-

weist, hatte sie schon in Viscontis GATTOPARDO, wo ihre monumentale, unveränderliche Schönheit gegen die politischen Veränderungen, die sich in den gesellschaftlichen Ordnungen zutragen, ausgespielt wurde. Aber die mythische Einheit von Natur und Mensch, die der Fürst meint, ist das Produkt menschlicher Geschichte; in der Erzählung von Camus wird sie bloß behauptet, gesetzt, herbeigerufen. Die Sonne, in deren Bann Meursault, der Passive, tätig wird – sie hatte ihn schon am Sarg seiner Mutter in Trance versetzt –, erscheint als drohende Agentin eines undurchschaubaren Schicksals, dem das bürgerlich-französische Gericht, das Meursault mit den Mitteln

induktiven, kausalistischen Denkens »überführt« und als »empfindungsloses Scheusal aus der menschlichen Gemeinschaft ausstößt«, in Wirklichkeit gar nicht beikommen kann (und will).
Möglicherweise gruppiert sich aber um diese Gerichtsszene Viscontis Interesse am Stoff der Erzählung. Denn die groteske Unfähigkeit des Gerichts, die fanatisch und inhuman erscheint, Meursault zu begreifen, hat ihren Grund in der kolonialistischen Fremdheit europäischen, französischen, cartesianischen Denkens, das für den Algerienfranzosen Meursault nicht mehr gilt. Sein Atheismus, seine fatalistische Lethargie, sein Desinteresse an seinem Prozeß und dessen Ausgang – zusammen mit seiner früheren Äußerung über Paris, das er als »dreckig« empfindet, und »die Menschen haben dort alle eine weiße Haut« – könnten für das Gericht (unbewußt) provozierende Anzeichen dafür sein, daß da einer von den »Weißen«, den Kolonialisten die Linie gewechselt hat (ohne es freilich selbst zu wissen oder bewußt getan zu haben). Das Rassistisch-Kolonia-

Lo straniero

listische der Gerichtsverhandlung käme dann darin zum Ausdruck, daß Meursault nicht etwa freigesprochen wird, weil er »nur« einen Araber erschossen hat, sondern darin, daß man ihn wie einen Araber behandelt und insgeheim als Verräter an der eigenen Rasse und machthabenden Klasse zum Tode verurteilt. Die zunächst erstaunliche Tatsache, daß ihn die arabischen Gefängnisinsassen, obgleich er ihnen sagt, daß er einen Araber getötet hat, nicht ausstoßen, sondern fast brüderlich aufnehmen (er wird kurz darauf, weil er ein Weißer ist, in eine Einzelzelle gebracht), könnte diese Interpretation stützen.
Visconti, der die Erzählung teils als inneren Monolog Meursaults, teils als Rückblende, mit der Verhaftung Meursaults einsetzend, angelegt hat, versucht auch andere soziale Momente anzudeuten, die in der Erzählung nur am Rande erscheinen. So erklärt Meursault, aus dessen Perspektive der Film berichtet: »Das Leben verändert man nie«; und er fügt hinzu: »Als Student war ich noch ehrgeizig; als ich das Studium abbrechen mußte, hat sich das gelegt.« Der deklassierte weiße Kleinbürger befindet sich ohnehin auf der untersten Stufe der kolonialistischen Hierarchie; verständlich, daß sein Absinken und Aufgehen im algerischen Proletariat naheliegt. Meursaults Mord wäre dann – im Gegensatz zu einer anderen, Camus gegenüber kritischen Interpretation, die im Mord die Metapher für den kleinbürgerlichen Rassismus der Algerienfranzosen sehen würde – jener Akt, der ihn endgültig aus der europäisch–französischen Mentalität heraussprengt, weil er unvernünftig, fremd, unverständlich ist.
Dagegen ist einzuwenden, daß Viscontis STRANIERO einer solchen Interpretation des Stoffs nicht entschieden genug vorgearbeitet hat; daß er ungeachtet zahlreicher realistisch-absurder Sequenzen (der Mann mit dem räudigen Hund; der Alte, der quer über das Feld läuft, um, den Weg des Leichenwagens abkürzend, ihn rechtzeitig am Friedhof wieder zu erreichen; die Dichte der Totenwache-Sequenz) Meursaults Figur und Weg ins Monumentale gesteigert und vor allem im letzten Drittel des Films die Texte von Camus wie Spruchblasen über Bilder gelegt hat, die selbst unfähig sind zu sprechen. So hat Visconti weder die Erzählung als Film nacherzählt, noch eine ganz eigenständige Interpretation, gegen den Strich gebürstet, wirklich gewagt. Es ist diese Unentschiedenheit, welche die stilistische und geistige Uneinheitlichkeit des Films ausmacht.

La caduta degli dei. 1968

27. Februar 1933. Zur Geburtstagsfeier des Familienoberhaupts Joachim von Essenbeck (Albrecht Schoenhals) haben sich die Familienmitglieder des Stahlbarons im pompösen Stammhaus versammelt: seine Tochter Sophie (Ingrid Thulin), deren dekadenter und perverser Sohn Martin (Helmut Berger) im »Blauen-Engel«-Kostüm der Dietrich eine transvestitische Show-Nummer zum Besten gibt; sein Sohn Konstantin (René Koldehoff), ein brutaler SA-Mann, dessen Sohn Günther (Renaud Verley), zum Ärger des Vaters künstlerisch veranlagt, eine Bachpartita auf dem Cello spielt; dann seine Tochter Elisabeth (Charlotte Rampling), die mit dem liberalen Anti-Nazi Herbert Thallmann (Umberto Orsini) verheiratet ist und deren zwei kleine Mädchen dem Großvater zur Ehre ein italienisches Gedicht rezitieren. Während der Vorbereitungen zur Geburtstagssoirce sind auch Friedrich Bruckmann (Dirk Bogarde), der Geliebte der machthungrigen Sophie und Manager des Konzerns, sowie Aschenbach (Helmut Griem), ein Cousin der Familie und hoher SS-Offizier, eingetroffen. – Während Joachim seinen Entschluß bekannt gibt, sich von der Leitung des Konzerns zurückzuziehen, trifft die Nachricht vom Reichstagsbrand ein. Die kontroversen Meinungen innerhalb der Familie brechen auf: Herbert verurteilt diesen jüngsten Coup der Nazis, Konstantin begrüßt ihn, der unpolitische Martin genießt als Ästhet den Streit, Aschenbach und Bruckmann verständigen sich mit Blicken. In der gleichen Nacht ermordet Bruckmann, angestiftet von Aschenbach, Joachim und überredet Herbert, das Land zu verlassen, weil der Verdacht auf ihn gelenkt werden könnte. Nach Herberts Flucht, die als Schuldgeständnis ausgegeben wird, ist Bruckmann Generalbevollmächtigter des Konzerns. Aber noch steht ihm Konstantin im Wege, der seine Rechte anmeldet. Es liegt sowohl im Interesse Bruckmanns als auch Aschenbachs, der den SS-Staat anstrebt, den SA-Mann Konstantin zu beseitigen. Bruckmann ist es dann auch, der zusammen mit Aschenbach am Überfall der SS auf die SA teilnimmt, die sich zu einem »Freundschaftstreffen« in Bad Wiessee getroffen hat, und Konstantin eigenhändig ermordet. – Auf dem Gipfel der Macht, auf den ihn Sophies skrupellose Gier getrieben hat, ist Bruckmann, auch als Mitwisser, für die SS gefährlich geworden. Die im Reichssicherheitshauptamt ak-

La caduta degli dei

tenkundig gemachten Neigungen und Handlungen Martins – er hat ein kleines Kind verführt, das sich daraufhin aufhängte – liefern den Pervertierten Aschenbach aus, der ihn zu seinem Instrument machen kann. Martins Haß richtet sich auf seine Mutter und deren Geliebten. Er erniedrigt sie, indem er sie vergewaltigt. Sie wird wahnsinnig; Bruckmann, der sie »zum Töten braucht«, ist seiner Stütze beraubt. Martin, nun an der Spitze des Konzerns, tritt in SS-Uniform auf und zwingt, während eines gespenstisch arrangierten Festes in der mit Hakenkreuzen drapierten Halle des Stammhauses, seine Mutter zur Heirat mit Bruckmann; dann schließt er die beiden ein, mit der unmißverständlichen Forderung, Selbstmord zu begehen. Von dem faschistisch grüßenden Martin blendet der Film über auf Bilder eines Hochofenabstichs, mit denen er auch begonnen hatte.

Kein anderer Film Viscontis war (vor allem) bei der (westdeutschen) Kritik so umstritten wie LA CADUTA DEGLI DEI. Hauptsächlich warf man ihm vor, er habe ein so ernstes politisches Thema wie den deutschen Faschismus ins Melodramatisch-Opernhafte und damit ästhetisch völlig inadäquat übersetzt. Dabei seien die ökonomischen und gesellschaftlichen Gründe des Faschismus außer acht gelassen worden, so daß diese »Götterdämmerung« (wie der Film ursprünglich heißen sollte) der von Essenbeckschen Familie, hinter deren fiktiven Namen die Großindustriellen-Dynastien der Krupps und Thyssen assoziierbar sind, weder repräsentativ für die Rolle der Großindustrie im »3. Reich« sei, noch überhaupt der Film mit der Realität des deutschen Faschismus etwas gemein habe – außer einer dem Faschismus nahen Ästhetik[25]. Die Dreharbeiten gestalteten sich schwierig, weil einer der Produzenten Bankrott machte; der Plan, im Ruhrgebiet zu drehen, mußte, von spärlichen Resten abgesehen, aufgegeben werden. Der Film entstand in Österreich und Italien. Nach seiner französischen Premiere löste dann der Film eine Modewelle aus, die sich an den Stoffen, Kleidern, Frisuren orientierte, die der auf historische Genauigkeit bedachte Visconti hatte rekonstruieren lassen.

LA CADUTA DEGLI DEI steht dem epischen Werk Thomas Manns, das Visconti bewundert, und dem musikalischen *Gesamtkunst-*

La caduta degli dei

werk Richard Wagners so nahe, wie uns diese beiden heute fern sind. Die bewußte Kunstanstrengung, die Viscontis Spätwerk – vor allem in der »deutschen Trilogie«, aber auch schon in VAGHE STELLE – charakterisiert, entspricht einer inaktuellen Kunstvorstellung. Sie gehört dem 19. Jahrhundert an, dem sie die Opiate ihres Reizes verdankt. Es ist ihr »Zug und Wille zum großen Format, zum Standardwerk, zum Monumentalen und grandios Massenhaften«, zum heroischen Melodrama, zur opulenten Oper, der höchst unzeitgemäß, verschwenderisch-ästhetisierend erscheint. Thomas Mann hat das an Richard Wagners Opern erkannt, Visconti sich auf Wagners »Götterdämmerung« berufen. Die Fabel des Films greift aber noch in andere kulturelle Motivbereiche: Shakespeares *Macbeth* (Sophie und Friedrich), *Hamlet* (Martin, Sophie, Friedrich), Hanno Buddenbrook (Günther), Aschenbach (*Tod in Venedig*), *Die Dämonen* (Martin). »So werden Opernlibretti kompiliert, und so stopft Visconti seine Story mit qualifizierten Kulturwerten, die Bedeutsamkeit ›an sich‹ verbürgen sollen.«[26] Richtig – nur übersieht Urs Jenny, daß diese Kompilation kultureller Mythen, in einem Akt fast comic-hafter Trivialisierung (gegen Viscontis mögliche Absicht), auch *ge*braucht und endgültig *ver*braucht werden. Dieser Traditionalismus, der »etwas Elektisches und Epigonales (hat)«[27], ist Kennzeichen einer spätbürgerlichen Kunst. Dabei sollte man sich hüten, solche Werke auf ihren abbildlichen Realismus (oder gar widerspiegelnden Realismus) einzuschwören. Es sind nämlich in aller Regel: Übersetzungen, Übertragungen, Steigerungen, überhöhtes Darstellungsgelände. Unser Befremden angesichts dieses Films rührt daher, daß wir verlernt haben, uns in solchen Zeugnissen spätbürgerlicher Kunst zu bewegen; weil dem übertragenen System der ornamentalen Sinnzusammenhänge, dieser Bilder- und Farbwelten unsere Ungeduld entgegensteht, die als Umweg verpönt, was ihr die (falsche) Unmittelbarkeit des Erkennens verweigert. Unsere Skepsis gegen Mythologeme in der Kunst (wie denen in LA CADUTA DEGLI DEI) ist zweifellos berechtigt, weil sie aus Erfahrungen mit politischen Mythologisierungen von ideologischen Interessen herrührt. Aber auch hier müßte man Thomas Manns Einsichten vor Visconti und unser voreiliges Miß- und Unverständnis stellen. Denn die einander durchdringende Einheit von Mythosfigurationen und Psychologie – an Wagners *Ring* von Thomas Mann dargelegt – verstellt auch in Viscontis Film nicht den Weg zur Aufklärung, allerdings in wechselseitiger Brechung.

Die »machtgeschützte Innerlichkeit« (Thomas Mann) der deutschen Großbourgeoisie des 19. und beginnenden 20. Jahrhunderts hat im patriarchalischen Familienoberhaupt Joachim von Essenbeck als unzeitgemäßes Relikt überdauert. Er hält, wenn auch nur noch sehr schwach, die politisch auseinander strebenden Familienangehörigen zusammen. Die aristokratische Verachtung Joachims für die »Vulgarität« der Nazi-Bewegung (etwa auf der Stufe des »Leoparden«) ist aber längst keine Möglichkeit mehr, sich zu widersetzen. Die Frage, wie sich der Machtfaktor Stahlindustrie gegenüber dem neuen Staat verhält, möchte Joachim durch ein im Grunde opportunistisches, aber für ihn persönlich scheinbar ehrenhaftes Arrangement lösen. Jedoch dafür ist es längst zu spät.

Bei Joachims Geburtstagsfeier führt Visconti die verschiedenen Figuren seines Dramas wie musikalische Themen eines großen Tongemäldes ein und beschwört damit noch einmal den prunkhaften Reichtum und die moralisch gesicherte zeremonielle Tradition der von Essenbecks. Aber die zukünftigen Hauptakteure des Verfalls werden zurückgehalten. Sie kommen, wie der Manager Friedrich Bruckmann und der SS-Drahtzieher Aschenbach, von außen; oder sie treten, wie Martin (und seine Mutter Sophie) erst spät auf, und zwar als Dissonanzen einer bis dahin harmonisch verlaufenden Familienfeier alten Stils. Ähnlich wie schon im GATTOPARDO ist es der bürgerliche Emporkömmling, der als Agent eines hier allerdings doppelt motivierten Machteinflusses die ersten Einbrüche herbeiführt: Friedrich Bruckmann, den wir zuerst in Begleitung Aschenbachs kennenlernen, von dem wir aber dann erfahren, daß er Sophie – seinem »Entreebillet« zur Großbourgeoisie – hörig ist. Sophies selbstherrlicher Anspruch auf privaten Genuß imperialer Macht, die sie über Bruckmann und ihren Sohn Martin, den sie als Provokateur vorschickt, schon besitzt, und die sie nun auf das Erbe ihres Vaters ausdehnen möchte, findet sich durchaus in Eintracht mit Aschenbach. Politische Kompromisse, die es verlangt, würde sie jederzeit eingehen. Insofern setzt sie auf die historisch richtige Karte, auf den SS-Staat, während der brutale, vulgäre Konstantin, der SA-Mann, einer überholten Phase des Faschismus angehört. Seine Vernichtung innerhalb der Machtsphäre der Familie wie die Ausrottung der SA-Führung im Massaker von Bad Wiessee korrespondieren einander. Wobei Visconti in der breit ausgemalten Episode des SA-Festes einige der unheimlichsten Blicke in die obszönen Bereiche des Faschismus, seine Mischung aus Sentimentalität, Nationalismus, bier- und schweißdunstiger Männlichkeit ge-

lungen sind. Das Pendant zu diesem Satyrspiel in den unteren, barbarisch-primitiven Rängen ist die Inszenierung, die Martin später aufführen läßt (mit Sophie und Bruckmann als Opfern): das emotionslose, leere, ritualisierte, stumme, kalte und zynische Hochamt des SS-Staates.
Danach verlagert sich das Interesse auf den mutter-fixierten Martin, in dessen widersprüchlicher Figur am stärksten und reichhaltigsten jene enge Wechselwirkung zwischen unterdrückter, fehlgeleiteter, liebebedürftiger Sexualität und dem machtgeilen, mörderischen Faschismus zutage tritt. Mißbraucht von seiner Mutter, erpreßt erst von Konstantin und

La caduta degli dei

dann von Aschenbach, »emanzipiert« er sich zum Faschisten, der die bürgerlich verpönte, heimliche Lust nun öffentlich und staatlich sanktioniert exekutieren kann: die SS-Uniform dient ihm als transvestitischer Identifikationsakt, mittels dessen er seine verdrängten Agressionen zielgerichtet zur Ausrottung jener verwenden kann, von denen er sich bedroht fühlt. Mit Martin hat der SS-Staat als Bürokratie sich endlich durchgesetzt: auf dem Thron derer von Essenbeck sitzt ein abhängiges, willenloses, subjektloses Subjekt; das Patriarchat ist zerstört, der Angriff matriarchalischen Machtwillens vernichtet, die totalitäre anonyme Verfügungsgewalt über alle Bereiche des Lebens endgültig durchgesetzt.

Diese mythologisch-psychologische Kolportage eines sich ausbreitenden Wahnsinns ist eingefaßt (und einmal unterbrochen) von den Bilderklammern eines Stahlabstichs. Das flammende Rot fällt als flackernder Schein in die abgedichteten Gewölbekammern der Essenbeckschen Villa und ihrer endlosen Zimmerfluchten; vulkanisches Gelände reicht hier herein, spielt als Widerschein auf schweißnassen Gesichtern und Körpern der Figuren, deren Welt tollwütiger Leidenschaften in einer rauschhaften und zugleich verschlagenen Gier nach Macht und Besitz in Blut und Mord untergeht. Je grauenhafter sich der Selbstmord der Dynastie ausbreitet, desto irrlichtiger wird Vis-

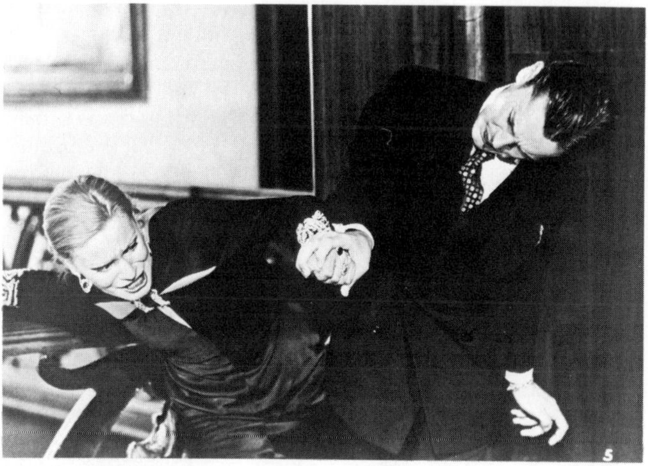

La caduta degli dei

contis Farbpalette. Er taucht seine Verfallsstudie – der gewiß auch ein an D'Annunzio erinnernder Dekadenz-Genuß nicht fremd ist und die ihn auskostet – immer tiefer ins Giftgrüne, Sepiabraune, Blauschwarze, in Verwesungsfarben; das fahle, blasse Rosa (auf dem geschminkten Gesicht Sophies) wirkt wie das blinde Weiß, das uns von Grottenolmen bekannt ist, die den Tag nie gesehen haben, nur die Nacht, das Dunkel, in dessen Abgründe einer grandios-düsteren Kolportage Visconti den Schemenreigen seiner wahnwitzigen Figuren führt.
Aus Dostojewskijs lichtlosestem Werk, den *Dämonen* – auch einer Geschichte der Selbstzerfleischung – hat Visconti die rätselhafte (erst posthum veröffentlichte) Episode übernommen,

in der Stawrogin gesteht, ein kleines Mädchen verführt zu haben, das sich daraufhin erhängte. Genau dieses Erlebnis hat Martin, und damit vor allem erpreßt man ihn. Dieser Rückbezug auf die komplizierte masochistische Psychologie Dostojewskijs, mit der die Verfallspsychologie von LA CADUTA DEGLI DEI denn doch mehr zu tun hat als mit ihren Stoffanleihen bei Shakespeare und Wagner etc., deutet noch einmal den Hintergrund der Tradition an, vor dem dieser Film, so problematisch auch immer, erscheint, und vor dem er gesehen werden muß. Es ist die Tradition des psychologischen Naturalismus, ineins mit dem »Zug und Willen zum großen Format« des Mythos und der Oper. Viscontis Film ist ein gewagter Versuch, noch einmal diese monumentale Einheit zu finden. Nicht nur ein Spätwerk, ein spätestes – ausladend, barock, überbordend, opulent; von einem Raffinement der Farben und Dekors ohnegleichen (selbst im Vergleich zu SENSO und IL GATTOPARDO); selbstverliebt aber auch in der Beschreibung der Dekadenz und Hysterie (wie Heinrich Manns *Die Göttinnen*); ein höchst befremdliches, unzeitgemäßes, grandioses, verwirrendes, problematisches Werk, fern Viscontis realistischen Anfängen: »Ästhetizismus ist das Produkt hoffnungsloser Zeiten« (Heinrich Mann).

La caduta degli dei

Morte a Venezia. 1970

Der schwerkranke deutsche Komponist Gustav von Aschenbach (Dirk Bogarde) trifft zu einem Urlaub in Venedig ein. Schon auf der Überfahrt mit der »Esmeralda« – das Schiff trägt den gleichen Namen wie die junge Prostituierte (Carole André), die er in seiner Jugend verschämt besucht hatte – verstört ihn der Anblick eines geckenhaft aufgeschminkten älteren Mannes. Der Gondoliere, der ihn und sein Gepäck zum Lido übersetzt, zeigt sich widersetzlich und ist nicht im Besitz einer Lizenz. Solche Erfahrungen mit einer ihn quälenden Umwelt scheinen vergessen, als er endlich in der Lounge des feudalen Hotel-des-Bains sitzt und dem Treiben der internationalen High Society zuschaut. Seine zerstreut wandernden Blicke werden festgehalten durch einen Jungen, den engelhaft schönen, blonden Tadzio (Björn Andresen), den Aschenbach entdeckt. Obgleich sich Aschenbach im weiteren Verlauf immer wieder an die Gespräche mit seinem Freund Alfried (Mark Burns) erinnert, in denen der Komponist die Schönheit als einen geistigen Akt bezeichnete, der niemals durch die Sinne zu erreichen sei, nimmt ihn die natürliche Schönheit des Knaben immer mehr ein. Voyeuristisch sucht er, wo es geht, ihn beim Baden, beim Spiel mit Freunden, im Gespräch mit seiner Mutter zu beobachten. Um der wachsenden erotischen Trance zu entgehen, entschließt sich Aschenbach überstürzt zur Abreise. Aber auf dem Bahnhof in Venedig angekommen, muß er feststellen, daß man sein Gepäck vertauscht hat. Erleichtert sieht er, erneut von der rätselhaften Widrigkeit der Umwelt bedrängt, die Möglichkeit, ins Hotel zurückzukehren. Daran hindert ihn auch nicht, daß er Zeuge wird, wie ein fiebrig ausgezehrter Mann im Bahnhof tot zusammenbricht: das erste sichtbare Zeichen für die in Venedig grassierende Cholera. Er verfolgt Tadzio, der einen Ausflug nach Venedig gemacht hat, durch Gassen und Höfe, bis er den Knaben, der ihn zu locken scheint, verloren hat. Ein Friseur zieht ihn in seinen Laden, und als Aschenbach in den Spiegel blickt, muß er bemerken, daß sein fahles Gesicht mit Rouge aufgeschminkt und seine Haare pechschwarz gefärbt sind. Tadzios Familie wird abreisen. Aschenbach, in der drückenden Mittagshitze des schwülen Sirocco, schleppt sich zu seinem Badestuhl, um Tadzio ein letztesmal zu sehen. Während er in seinem Stuhl zusammensinkt, sieht er den Knaben träge ins flache Meer hinauswaten und den Arm erheben, als zeige er auf einen fernen Horizont: erstarrt in der Pose eines griechischen Götterboten. Auf dem Gesicht des toten Gustav von Aschenbach verschliert die schwarze Farbe aus den Haaren mit dem verschwimmenden Rouge seiner Wangen.

Visconti hat die 1912 erschienene umfangreiche Novelle Thomas Manns an einigen Stellen entscheidend verändert. So ist die große Auseinandersetzung, die sich anhand des platonischen *Phaidon*-Dialogs über die Kunst, die Schönheit, die Pflicht und die Leidenschaft durch die ganze Novelle zieht und die nietzscheanische Polarität von Dionysischem und Apollinischem in der Kunst diskutiert, zu kurzen, unglücklich chargierten Rückblenden verkümmert, welche das Bewußtsein Aschenbachs wie versprengte Gewissensreste durchziehen. Die doppelte Erzählperspektive des Ironikers Mann schrumpfte zur einzigen Perspektive Aschenbachs. Aus dem preußisch-strengen Großschriftsteller wurde der erfolglose und vereinsamte kranke Komponist mit den Zügen Gustav Mahlers. Die »Esmeralda«-Episode in der Rückblende hat Visconti Thomas Manns spätem Musiker-Roman *Dr. Faustus* entnommen; Viscontis eigene Erfindung ist schließlich die doppelte Verwendung des Namens Esmeralda, durch den mit mythischem Anspruch Auseinanderliegendes (Zufälliges) miteinander verknüpft wird: eines Tages spielt Tadzio im Hotel jenes Beethoven-Stück »An Elise«, das auch die Prostituierte Esmeralda zu klimpern pflegte, wenn Aschenbach sie besuchte. Solche Verkürzungen und Ergänzungen, zu denen noch die wiederholte Verwendung Mahlerscher Musikstücke als Lautteppich gehört, auf dem sich der ganze Film mit schwermütigen Schritten der Melancholie bewegt, haben die literarische Vorlage einerseits trivialisiert und ihrer Dialektik beraubt, andererseits eine eigene erzählerische Mythologie entwickelt.[28]
»Was mich an der Geschichte interessiert«, soll Visconti geäußert haben, »ist das menschliche Drama eines Künstlers, die Geschichte seiner Einsamkeit und seiner Verzweiflung . . .«[29] MORTE A VENEZIA setzt fort, was schon als eines der Themen im GATTOPARDO und auch im STRANIERO entwickelt worden war: die (durchaus auch autobiografische) Erfahrung des Alterns, des Vergehens, des Verfalls, des nahenden Todes. Was

dieses »Porträt eines Künstlers als alter Mann« von den früheren Filmen unterscheidet, die es präludierten, ist die Radikalität, mit der Visconti den physischen Verfall in den Mittelpunkt stellt und ihn mit zahlreichen Metaphern der Vorausdeutung und der Parallelität einkreist. Wie schon Volterra (die Etrusker Nekropole in VAGHE STELLE DELL'ORSA) den Abstieg ins Totenreich, in die Vergangenheit meinte, so ist Venedig nicht nur die Stadt, in der Wagner seine todessüchtige *Tristan*-Musik schrieb und in der er starb (und in der schon das verzweifelte Melodrama von SENSO begann), sondern auch die Heimat Goldonis und seiner lebensfreudigen Commedia dell'arte, deren provozierend volkstümlicher, aggressiver Ausläufer Aschenbach in einem frechen Bänkelsänger begegnet, der die Neigung des Komponisten zu Tadzio zu äffen scheint. Venedig: das ist aber über allem, kulturgeschichtlich (und touristisch): die schöne, auf Wasser gebaute, versinkende, langsam sterbende Stadt schlechthin; das fragile Monument einer Schönheit wider Vernunft und Zeit, welche Natur und Zeit nun einholen und hinfällig machen.
Jedoch: diese Beziehung zwischen der Stadt, ihrer Schönheit und ihrer Dekadenz, sowie Aschenbach entfaltet der Film nicht. Schon der Beginn – die unendlich langsame Herauslösung des einsamen Schiffs aus seiner schwarzen Rauchfahne, welche die Leinwand bedeckt – kündigt eine Überfahrt des Acheron an, jenseits dessen Aschenbach noch einmal, ein letztesmal, unvermutet die Erfahrung, besser: die Sehnsucht nach Glück, Erfüllung, Schönheit, Liebe macht, bevor ihm das Götterbild Tadzios endgültig den Weg ins Totenreich weist. Zwar sind die Erinnerungsfetzen an ästhetische Diskussionen, welche Aschenbach memoriert, zu schwach, um den Film auf diese Argumentationsebene zu versetzen; aber unsicher ist, ob Visconti das überhaupt beabsichtigte. Die übrigen Memorials Aschenbachs verweisen nämlich auf einen anderen Zusammenhang: Tadzio erinnert ihn nicht nur an Esmeralda, an seine erste, lieblose, unglückliche, prostitutive sexuelle Beziehung; der Anblick des Knaben gemahnt den alten Mann auch an seine Tochter. Wir sehen ihn deren Bild im Hotel liebevoll auspakken, später erinnert er sich an eine glückliche Zeit, als er mit Frau und Tochter im Gebirge lebte und mit dem Kind unbeschwert spielte; wir müssen aber annehmen, daß es gestorben ist. Begegnet Aschenbach nicht auch einer Reinkarnation die-

ses Glückversprechens in Tadzio (wie Adrian Leverkühn, kurz vor seinem Ende, dem kleinen Nepomuk, dem »Echo«, seine verzweifelte Liebe zuwendet; auch sie zerstört der Tod des Kindes)? Und ist Tadzio nicht andererseits das mögliche Bild einer Schönheit, die sinnlich ist und etwas verspricht, was jenseits des prostituierten Lustprinzips (Esmeralda) liegt? Die Faszination Tadzios auf Aschenbach, mit dessen Augen der Zuschauer auf den Knaben blickt, unterscheidet sich von der Betroffenheit, die Don Fabrizio empfindet, als er Angelica sieht: während »der Leopard« die erotische Verlockung dieser Schönheit zwar noch wahrnimmt, aber zugleich mit ihr auch sein Altern und deshalb »abdankt«, gibt Aschenbach ihr nach, verfällt er, nach seinem Widerstandsversuch umso rapider, dieser passiven Leidenschaft des Voyeurs. Zwar ist es nicht er, der den Friseur aufsucht, der ihn dann jugendlich aufschminkt; auch hier wird er, wie so oft, Opfer der Verfügungen, welche die Außenwelt, zu der er keinen Kontakt hat – es sei denn jenen, ihr Objekt zu sein –, über ihn verhängt. Aber nach Momenten der Bestürzung akzeptiert er sich wieder, wenngleich er kurz darauf, als er an einem Brunnen in verzweifeltes, hysterisch-wildes Lachen ausbricht, sich der grotesken Situation bewußt wird, in die ihn seine Liebe gebracht hat. Das selbstkritische Bewußtsein, das »den Leoparden« zum ehrenhaften Rückzug aus der Welt und der Gesellschaft bewegte, besitzt Aschenbach, der Dekadent-wider-Willen, nicht mehr. Weil er Künstler, weil er krank, weil er einsam ist? Weil er, trotz Alter, Krankheit, Einsamkeit, einem Glücksversprechen nachjagt, das wie ein utopisches »Jetzt!« in sein Leben eingebrochen ist? Umgeben von Verfall, schleichendem Tod, Illusionen, Lügengespinsten, verlorenem Leben, erdrückenden Sinnlosigkeiten in nahen und fernen Vergangenheiten, nimmt Aschenbach, sich immer weiter erniedrigend, den Vorschein eines anderen Lebens(-Glücks) wahr, dessen Erfüllung er allerdings nur hinter dem Horizont des Todes, auf den Tadzio zuletzt weist, finden könnte.

Viscontis TOD IN VENEDIG ist weniger der Ausdruck eines gefaßten Abschieds (wie es IL GATTOPARDO war) als die Geschichte eines physischen, psychischen und moralischen Verfalls, dem ein großbürgerlicher Künstler, abgeschnitten vom Volk, das ihn verachtet, und unbeachtet von der Bourgeoisie, in deren Lebenssphäre er sich aufhält, zu Beginn des Jahrhun-

LUCHINO VISCONTI's
Der TOD in Venedig
(DEATH IN VENICE)
TECHNICOLOR PANAVISION
IM VERLEIH DER WARNER BROS.

LUCHINO VISCONTI's
Der TOD in Venedig
(DEATH IN VENICE)
TECHNICOLOR PANAVISION
IM VERLEIH DER WARNER BROS.

derts, im Fin de Siècle sich aussetzt. Die schrittweise vollzogene analytische Dekomposition des Subjekts, seine einsame Suche nach einem Neuen und Anderen, wird allerdings vor allem durch die insistierende Trauer des Mahlerschen Adagietto aus der 5. Sinfonie – das immer wieder diese langen Einstellungen, diese gedämpften, schwermütigen Schwenks grundiert –, vorweg schon zurückgewonnen; und die Aufbrüche und Ausbrüche Aschenbachs zur Utopie, die in der Sehnsucht nach Schönheit verborgen ist, mattiert Mahlers Musik mit den dunklen Farben der Vergeblichkeit. »Indem Visconti . . . Kunst als äußerste Anstrengung zu formaler Geschlossenheit treibt, verfängt er sich in der Kunst-Immanenz selbst noch da, wo Kunst genießerisch ihre Todesbereitschaft vorzeigt. So wird Glück gesogen, auch und gerade aus diesem Tod und Verfall des Gustav v. A., und noch das Trostlose gereicht dem an den schönen Bildern Trinkenden zum Troste.«[30]

Ludwig. 1972

Der junge, weltfremde Ludwig (Helmut Berger), eben zum König von Bayern gekrönt, setzt sich zum Ziel, Künstler an seinen Hof zu holen, deren Herrscher und Förderer er sein möchte und mit deren Hilfe er »ein besserer Mensch« zu werden hofft. Er ist ein begeisterter Anhänger der Kunst Richard Wagners (Trevor Howard), den er durch Versprechen und Erfüllungen nach München zieht. Entgegen seinem Hof, der in Wagner den ehemaligen Revolutionär und Verschwender sieht, der er ist, hängt Ludwig in schwärmerischer Verehrung an ihm. Der Aristokrat Ludwig betrachtet den Künstler, der ihn ausnimmt, als Gleichberechtigten: Künstler unter sich. Er sucht ihn sogar selbst auf, obgleich doch die Stadt weiß, daß Wagner in wilder Ehe mit Cosima (Silvana Mangano) lebt, der Frau seines Freundes von Bülow, der das Verhältnis duldet. – Ludwig liebt seine Schwägerin Elisabeth, genannt Sissi (Romy Schneider). Er unternimmt mit ihr romantische Ausritte in die Waldeinsamkeit. Das selbstbewußte, ironische Mädchen widersetzt sich jedoch seinem versteckten Werben. Seiner Mutter zu Gefallen, und weil es die Staatsräson fordert, akzeptiert Ludwig die Ver-

lobung mit Sophie (Sonia Petrowa), einer Schwester Sissis. Sophie hat sich aus Liebe zu Ludwig mit der Musik Wagners beschäftigt. Als sie ihm jedoch (völlig unmusikalisch) Zeugnis von ihrem Liebesdienst gibt, fühlt sich Ludwig gepeinigt und verhöhnt. Er verläßt sie. Auch Sissi, die er immer noch liebt und die begreift, daß sie nicht unschuldig an Ludwigs und Sophies Unglück ist, kann ihn nicht mehr aus seiner wachsenden Vereinsamung, Verbitterung und den ersten Anzeichen wahnhaften Wirklichkeitsüberdrusses retten. Sein jüngerer Bruder Otto (John Moulder-Brown), den er liebt, verfällt in Wahnsinn. – Wagner hat München verlassen müssen, so daß Ludwig seinen Traum vom Künstlerreich nur noch in riesigen Bauten verwirklichen kann. Dort vergräbt er sich, und dorthin läßt er den Schauspieler Kainz (Folker Bohnet) bringen, empfängt ihn in einer unterirdischen Grotte wie ein Märchenprinz. Kainz muß ihm, der sich nach Kunst wie nach Opiaten sehnt, bis zur Erschöpfung rezitieren. Ludwig verspricht, den jungen Schauspieler zum Star zu machen, aber zugleich betrachtet er Kainz als sein Eigentum, mit dem er in einer »Welt für uns allein und unbefleckt« leben möchte. Kainz entflieht diesen Ansprüchen.

Ludwig

Ludwig

Der physisch verfallende, früh gealterte Ludwig sucht Erfüllung seiner unerwiderten Liebe bei jungen Bauernburschen. Mittlerweile hat sich die Opposition seines Staatsrates gegen den verschwenderischen König gesammelt. Er wird eines Nachts in Neuschwanstein verhaftet und in einem seiner Schlösser am Starnberger See unter Kuratell gestellt. Von einem Spaziergang mit seinem Arzt, dem er erklärt: »Ich möchte ein Rätsel bleiben für andere und auch für mich selbst«, kehren beide nicht zurück. Man findet ihre Leichen im See.

Viscontis dritter Teil seiner »deutschen Trilogie« ist nur einmal, anläßlich der Bonner Galapremiere, nahezu vollständig in der Bundesrepublik gezeigt worden. Als der Film zwei Monate später in die Kinos kam, hatten ihn der deutsche Produzent und der Verleih um rund eine dreiviertel Stunde gekürzt und das ohnehin problematische Gleichgewicht seiner komplexen Form bis zur Unkenntlichkeit und Unverstandlichkeit zerstört. Anlaß dieser Kürzungen, denen ganze Kontrastkomplexe zum Opfer fielen – etwa Sophies Versuche mit Wagnerscher Musik; das großbürgerliche Weihnachts- und Geburtstagsfest der Familie Wagner, bei dem das »Siegfried-Idyll« aufgeführt wird; Lud-

wigs Beziehungen zu seinem Adjutanten –, waren nicht nur auf Beanstandungen einer kunstfremden Kritik und der Theaterbesitzer zurückzuführen, die sich weigerten, einen so langen Film zu spielen, sondern auch auf politische Proteste aus Bayern. Deshalb wurden die von Visconti angedeuteten homoerotischen Neigungen des Monarchen fast ganz getilgt; Subtilitäten, die darauf anspielen, bleiben unverständlich, Montagen erzeugen nun Chaos. Wer den Film in der Bundesrepublik gesehen hat, hat ihn nicht gesehen. Im Ausland lief LUDWIG ungekürzt. Visconti hat verspätet gegen die deutsche Barbarei eine einstweilige Verfügung erwirkt und den Film in dieser Form gesperrt.
Ursprünglich hatte Visconti geplant, das Leben Ludwigs anhand einer Gerichtsverhandlung nach seinem Tode in Rückblenden aufzurollen. Reste dieser Konzeption sind in jenen Naheinstellungen enthalten, in denen einzelne Personen, zum Zuschauer gewendet, von ihrer Einschätzung des Monarchen Zeugnis geben. Dadurch wird aber die Riesenmasse des Materials, das Visconti ausbreitet, nur unvollkommen in große Blöcke aufgeteilt. Abgesehen davon, daß der Zuschauer überhaupt durch diese Verfremdungen, welche einen gewissen Kommentarcharakter besitzen und semidokumentarisch wirken (ohne es zu sein), wenig Hilfen erhält, verwirren sie ihn auch dadurch, daß sie teils auf Vergangenes eingehen, teils erst Zukünftiges ansprechen. Ein Verfall der Form im Großen, wie bei keinem anderen Film Viscontis, ist hier eingetreten, ein Verfall, der sich auch oft in simplen Schuß/Gegenschuß-Aufnahmen (Dialogszenen) bemerkbar macht. Daneben jedoch stehen einzelne Details, Sequenzen, auch Montagen, die Viscontis alte Meisterschaft, seine Fähigkeit mit großen Räumen, subtilen Dekors, raffinierten Beleuchtungseffekten zu arbeiten, überzeugend belegen.
LUDWIG ist eine Komplementärgeschichte zu MORTE A VENEZIA. Aschenbach, der appollinische Künstler, der Formalist der Kunst und des Lebens, gibt sich dem selbstzerstörerischen Rausch dionysischer Verfallenheit an das Naturschöne, an Tadzio, hoffnungsvoll und vergeblich hin; Ludwig versucht, dem Dionysischen (das ihm die Kunst ist) Wirklichkeitsmacht, Entfaltungsmöglichkeit zu schaffen – gegen die appollinische Strenge der Politik, des Lebens. Visconti hat den Zusammenhang beider Filme bestätigt: »Ich kann sagen, daß es zwischen

ihnen einen gemeinsamen Anhaltspunkt gibt: nämlich die Suche nach dem Schönen, dem absolut Schönen. Bei Aschenbach führt diese Suche nach dem Schönen und die Kontemplation des absolut Schönen zum Tode. Bei Ludwig ist das anders: der Tod kommt meiner Meinung nach durch die Enttäuschungen über die Kunst und die Schönheit. Denn Ludwig versuchte, sehr reine Kunst zu verwirklichen, aber es ist ihm nicht gelungen, weil seine Epoche in dieser Hinsicht sehr ungünstig war. Hätte er zur Zeit der Medici gelebt oder zur Zeit Ludwig XIV., hätte er sein Ideal verwirklichen können.«[31]

Ludwig

Der Romantizismus, in dessen Bann Viscontis Spätwerk, insbesondere seine »deutsche Trilogie« steht, kommt in keinem Film stärker, offener und planer zum Ausdruck als in LUDWIG, der die romantischen Antithesen von Kunst und Leben, Träumen und Wachen, Ideal und Wirklichkeit in der Person des »Märchenkönigs« und der Legenden, die sich um ihn ranken, thematisiert hat. Das Klaviermotiv des *Parsifal,* das zu Beginn und am Ende zu hören ist, umrahmt Aufbruch, Ziel und Untergang, Tod dieses Träumers, dessen ursprüngliche, hochgemute Utopie eines Künstlerstaates sich immer mehr verbittert zur kunstimperialen Gebärde, zur Flucht in Inszenierungen, Verrätselungen, Verschwendungen, mit denen er seine Einsamkeit, seine Fremdheit, seine antipolitische Haltung ausfüllt: ein unbefriedigter, gehetzter, schlafloser, geistig und körperlich verfallender Mensch. Ludwigs Spätphase – etwa seine nur noch als terroristisch und unmenschlich beschreibbare Beziehung zu Kainz – rückt in die Nähe jener SS-Inszenierung, die Martin am Ende von LA CADUTA DEGLI DEI sich selbst aufführt. (Weitere Parallelen zwischen den beiden Charakteren bestehen in ihren Beziehungen zu Frauen: Martin ist auf seine Mutter fixiert, durch die er sich verraten glaubt; Ludwigs Abkehr von der Wirklichkeit hängt mit Sissi zusammen, die seine Liebe verschmäht. Auch die homosexuellen Neigungen, Fluchtpunkte einer minimalisierten, leiblich-sinnlichen Liebeserfüllung, werden von beiden Figuren geteilt, die Helmut Berger eindrucksvoll darstellt.)

Daß es ein dilettierender Aristokrat ist, der das Reich der Kunst – und nur das Reich der Kunst – auf der Welt errichten will, wohingegen der bürgerliche Künstler, der wirklich ein Künstler ist (Wagner), in erbärmlicher Niedrigkeit nur an die Kapitalisierung seiner Kunst denkt, setzt jenen verächtlichen Blick fort, den schon IL GATTOPARDO auf das Bürgertum geworfen hatte. Aber was dort noch, innerhalb einer realistischen Beschreibung von gesellschaftlichen Widersprüchen, ein entschiedenes Moment von Wahrheit hatte (»Die Bourgeoisie hat alle bisher ehrwürdigen und mit frommer Scheu betrachteten Tätigkeiten ihres Heiligenscheins entkleidet ..., sie hat alle feudalen, patriarchalischen, idyllischen Verhältnisse zerstört«, sagt Marx), wird in Viscontis Spätwerken zu einem Topos aristokratischer Ranküne. Spätestens seit VAGHE STELLE DELL' ORSA bewegt sich Viscontis einst produktiver Pessimismus[32] auf eine romantische Umkehrung zu. Er bevorzugt historische Stoffe, deren ästhetische Übersetzung sich immer tiefer in die Kunstanschauungen des 19. Jahrhunderts vergräbt. Die Unzeitgemäßheit seiner eigenen Produktionen, deren kolossalischer materieller und ästhetischer Aufwand wie eine Polemik gegen die nackte, un-ästhetische »ärmliche« Kunst der Gegenwart erscheint, wird ihm in ihnen selbst zum thematischen Gegenstand. Die aristokratischen Künstler oder künstlerischen Dilettanten (Aschenbach und Ludwig) suchen einen letzten Halt in der Kunst, im Schönen, das nur noch höchst abstrakt den politischen Gedanken einer radikalen Veränderung enthält, wobei die historischen Dimensionen, die reale Dialektik der Ge-

Ludwig

schichte (die noch im GATTOPARDO vorhanden war) schwindet (oder nur noch allegorisch wie in LA CADUTA DEGLI DEI und auch schon VAGHE STELLE DELL'ORSA hereingeholt werden kann), zugunsten einer Psychopathologie des Verfalls und Untergangs, des Scheiterns großer Individuen.
Die sozialutopische, sozialistische Perspektive, die in Viscontis frühen Filmen, so skeptisch und vorsichtig auch immer ausformuliert, aber doch enthalten war, ist ersetzt worden von einer Kunstreligion, einem Verlangen nach dem fraglos Schönen. Dessen provozierende Behauptung könnte politisch sein, würde sie in Viscontis Spätwerk nicht einerseits allein an die Idee des Gesamtkunstwerks sowie die repräsentative Kunst des 19. Jahrhunderts delegiert, und würde andererseits nicht deren Verfall als letzte Gelegenheit genutzt, sie noch einmal als Film zu restituieren. Zwar gehört es zu den Wahrheitsmomenten von Viscontis problematischen Spätwerken, daß sie ihre Utopien nur in den Termini des Verfalls (also ihrer gesellschaftlichen Unmöglichkeit) beschreiben – wobei der physische Verfall seiner Helden, den er mit Aschenbach und Ludwig radikal formulierte und fast naturalistisch darstellte, zugleich eine sehr persönliche Reflexion des alternden Künstlers sein mag. Die mögliche Unwahrheit, das romantische Ideologem des Viscontischen Spätwerks ist es aber, daß er sich diesseits seiner Kunst keine mehr vorstellen kann, die nach seinen Vorstellungen noch eine wäre. Zumindest sein Frühwerk aber und selbst IL GATTOPARDO war jedoch schon: diesseits.

Gruppo di famiglia in un interno. 1974

Der nach dem Krieg in seine Heimat zurückgekehrte Professor (Burt Lancaster) lebt von der Außenwelt weitgehend abgewandt in seinem ererbten römischen Palazzo. Dort widmet sich der menschenscheue ältere Mann der Kunstwissenschaft, nachdem ihn seine frühere Tätigkeit als Naturwissenschaftler in gesellschaftspolitisch-moralische Konflikte gebracht hatte. Eines Tages dringt die resolute Marchesa Bianca (Silvana Mangano) in seine Wohnung vor. Sie möchte für ein Jahr das darüberliegende leerstehende Stockwerk mieten. Der Professor weigert sich zuerst; aber dann, von der Energie Biancas überrumpelt und bestochen vom freundlichen Charme ihrer Tochter Lietta

(Claudia Marsani) und deren Verlobten Stefano (Stefano Patrizi), überläßt er die obere Wohnung dem seltsamen Quartett, das durch den jugendlichen Konrad (Helmut Berger), dem Gigolo Biancas, vervollständigt wird. Konrad hat Kunstgeschichte studiert, schloß sich 1968 in Berlin der Studentenbewegung an und mußte wegen Drogengeschäften in Italien untertauchen. Er schläft während des Umbaus im oberen Stockwerk und wird dort eines Nachts von jungen Burschen zusammengeschlagen. Der Professor holt ihn zu sich, pflegt und versteckt ihn. Später überrascht er Konrad, Stefano und Lietta bei gemeinsamen Liebesspielen. Er wird ein verschwiegener Mitwisser und Freund der jungen Leute. Konrad reist ab, wird an der Grenze verhaftet, aber wieder auf freien Fuß gesetzt, weil ihm der Professor ein Alibi liefern kann. Während eines Essens, das der Professor – der immer wieder von Erinnerungen an seine Familie, seine Mutter und seine Frau, übermannt wird – seiner »neuen Familie« gibt, brechen die Widersprüche zwischen den einzelnen Personen auf. Konrad hat der Polizei von den faschistischen Putschaktivitäten des Mannes seiner älteren Geliebten, Biancas, berichtet. Stefano, ein Industriellensohn und selbst dem Faschismus nahe, stürzt sich auf den pseudolinken »Verräter« Konrad. Der Professor trennt die beiden. Aber auch er hält »seinen Sohn« Konrad nicht zurück, als dieser wie ein »Dienstbote über die Hintertreppe« abgeschoben wird. Kurze Zeit später findet er einen Abschiedsbrief Konrads, und gleichzeitig hört er im Stockwerk über sich eine Gasexplosion. Er findet den toten Konrad, der anscheinend Selbstmord begangen hat. Der Professor bricht zusammen. An seinem Krankenbett sagt ihm Lietta, Konrad sei umgebracht worden.

Als bekannt wurde, Visconti beabsichtige, trotz seiner schweren Krankheit, die ihn ein Jahr lang zur Untätigkeit verurteilt hatte, einen neuen, antifaschistischen Gegenwartsfilm von der Rusconi-Film produzieren zu lassen, warfen linke Kritiker dem Regisseur vor, er paktiere mit einem Rechten, der selbst im Verdacht neofaschistischer Sympathien stehe. Visconti, der keinen anderen Produzenten für sein Projekt gefunden hatte, besaß aber vollkommene künstlerische Freiheit, und er hat seinen Film ohne Einsprüche und (spätere) Eingriffe des Produzenten vollendet. So gehört GRUPPO DI FAMIGLIA zu jenen wenigen Werken Viscontis, die unverstümmelt ins Kino kamen.

Der deutsche Titel geht auf den französischen der Coproduktion zurück. Der italienische hat eine Doppelbedeutung: zum einen meint er »Gruppenbild einer Familie von innen (gesehen)«; zum anderen ist er dem englischen Fachausdruck »Conversation piece« nachgebildet, womit in der Malerei ein Gemäldetypus bezeichnet wird, auf dem sich eine Familie von einem Maler in ihren eigenen Räumen porträtieren ließ; Menschen also, eingelassen und umgeben von ihrer sie prägenden und der von ihnen geprägten Ding- und Lebenswelt: »Etuimenschen« (Walter Benjamin).
Das titelgebende Motiv wird vom Film vielfältig formuliert und variiert: durch die strikte Einheit des Ortes (die vielzimmerige, fensterlose, höhlenhafte, kostbar mit Kunst- und Buchschätzen vollgestopfte Wohnung des Professors, und das ganz in Weiß gehaltene und mit modernen Objekten dekorierte Wohnterrain der jungen Leute); durch wechselnde Personengruppierungen, welche alle Möglichkeiten malerischer Komposition durchspielen; durch die Hinweise auf die Bilder des englischen Malers Arthur Davies, den Konrad besser kennt als der Professor, der gerade ein Bild von Davies erwerben will, das ihm dann

Gruppo di famiglia in un interno

später Lietta und Stefano als Mietvorauszahlung schenken; und durch einen großen 360-Grad-Schwenk über Porträts und Gruppenbilder an den Wänden des Speisezimmers, während der Professor seine Liebe zu der »unglückseligen Familie« bekennt, die ihn aus »einem Schlaf geweckt hat, der tief war wie der Tod«.

Aber dieser Titel bezeichnet weiterhin nicht nur, wie schon zuvor in Viscontis (Spät)Werk, eine generell aufs 19. Jahrhundert gerichtete Tendenz, sondern auch einen konsequent kammerspielhaften Gestus, der unter dem monumentalen Gewölbebogen der »Deutschen Trilogie« hindurch zurückweist auf VAGHE STELLE DELL'ORSA, IL LAVORO und LE NOTTI BIANCHE. Im Vergleich zur Ästhetik der unmittelbar vorausgegangenen tour-de-force-Stücke der »Deutschen Trilogie« besitzt GRUPPO DI FAMIGLIA den Charakter eines energischen, schnörkellosen, konzentrierten Zugriffs, der das Erzählmaterial bis zum Äußersten verknappt. Es herrscht die Großaufnahme vor, das Dekor tritt oft stark zurück und hat bei weitem nicht die metaphorische oder beschreibende und kommentierende Funktion wie in den vergleichbaren Sequenzen etwa von A CADUTA DEGLI DEI oder auch von VAGHE STELLE DELL'ORSA. GRUPPO DI FAMIGLIA zeichnet sich durch eine asketische Hinwendung zu den Menschen und ihren Gesichtern aus. Zooms und eine Schnittechnik, die das Schuß/Gegenschuß-Verfahren (dem Dialog entsprechend) erweitert, korrespondieren damit genau den vielfältig ineinandergreifenden, dazwischenredenden Stimmen.

Viscontis späte Rückkehr zu einem Gegenwartsstoff, der das sehr reale Gespenst eines faschistischen Putsches, finanziert von italienischen Großindustriellen und Adligen, ebenso beschwört, wie er die verwesenden Reste linker Utopien in der Person Konrads und seiner Verstrickung in Drogengeschäfte thematisiert, ist vermittelt über sehr persönliche Erfahrungen des alten, kranken, vereinsamten Künstlers. Viscontis Auseinandersetzung mit dem Tod und der altersbedingten Erfahrung der Unzeitgemäßheit war schon am Leoparden in IL GATTOPARDO und dann zentral in der Gestalt Gustav von Aschenbachs und seiner letzten Liebe in MORTE A VENEZIA erkennbar. Was dort, reflektiert in literarischen Vorlagen, metaphorisch verklausuliert und in historische und ästhetische Distanz gerückt erschien, tritt nun in GRUPPO DI FAMIGLIA wie in einem Spiegel, unverhüllt und ohne Umschweife, einem entge-

Gruppo di famiglia in un interno

gen. Dieser Film, entstanden unter äußersten physischen und psychischen Belastungen und den Tod vor Augen wie der Professor (dieses Selbstporträt des hypochondrischen Visconti), wurde als Resümee und Testament geplant. Es ist ohne Bitterkeit, ohne Urteil, aber voller Verzweiflung und Pessimismus. »Die Alten«, hat Visconti erklärt, »können zwar versuchen, die Jungen zu verstehen und zu lieben, aber das, was die Generationen trennt, ist meistens unüberbrückbar. Mit diesem Film wollte ich versuchen, das Verhältnis zwischen den beiden Welten in seiner ganzen Traurigkeit darzustellen. Ich zeige die Welt, in der wir leben. Die Älteren sind entweder der Wirklichkeit entrückt oder faschistisch, die Jungen sind der Korruption verfallen oder sind ihr auf jeden Fall auf Schritt und Tritt ausgesetzt. Sie sind selber verdorben. Dabei sind sie schön und anziehend, und ihre Verdorbenheit ist keine bewußte. Es soll, im Grunde genommen, ein antifaschistischer Film sein, im tiefsten, gesellschaftlichen Sinne.«[33] Der alte Professor hat sich ganz in seine Welt künstlerischer Paradiese vergraben, seit er erkannt hat, »daß die Technologie im Dienste der praktischen Vernunft nicht mehr zur Befreiung des Individuums genützt wird, sondern bei der gegenwärtigen gesellschaftlichen Realität zur Versklavung führt«. Aber die toten Gegenstände der Kunst, die zwar den Geist entzücken, nicht jedoch die Sinne, können nicht den Wunsch ersticken, unter Menschen glücklich zu sein und sie zu lieben. Wie Gustav von Aschenbach in Tadzio ein sinnliches Glücksversprechen begegnet, dem der alternde Künstler folgt (und dabei alle geistige und ästhetische Theorie desavouiert, die er vertreten hat), so wird der Professor, der »diese Menschen« zu Anfang als »hohl und unnütz« bezeichnete, immer tiefer in die Turbulenzen der zusammengewürfelten »Fa-

Gruppo di famiglia in un interno

milie« gezogen, bis er zuletzt an Vaterstatt in sie eintreten möchte.
Die Familie, deren Verfall in so vielen Filmen Viscontis seit LA TERRA TREMA im Mittelpunkt stand, erscheint in diesem letzten nur noch als Parodie –: und als utopische Illusion eines weltfremden alten Mannes, der im Rückblick auf seine Jugend nie die Erfahrung gemacht hatte, zu Hause zu sein unter geliebten Menschen. Denn wie in Aschenbach angesichts Tadzios die ersten unglücklichen erotischen Erfahrungen mit Esmeralda und die glücklichsten Momente seiner Ehe und Vaterschaft aufsteigen, so löst die Begegnung mit Konrad, Bianca, Lietta und Stefano im Professor jene Erinnerungen aus, die ihm sein

Gruppo di famiglia in un interno

Leben als verfehltes, liebe- und familienloses vor Augen stellen. Wenn er auch weder den Willen noch den Wunsch hat, sich zurück ins Leben und in die gesellschaftliche Auseinandersetzung zu begeben, so sucht er nun doch die menschliche Wärme, Nähe und Sensualität, die eines der letzten Gedichte Audens ausspricht, das Lietta zitiert, als der Professor die jungen Leute bei ihrer Triole überrascht: »Wenn Du eine schöne Gestalt siehst, jage ihr nach – und umarme sie, wenn Du kannst ... Sei es ein Mädchen oder ein Knabe, ohne Scham, frech und unbekümmert. Das Leben ist kurz. Also ergreife den Augenblick, gib Deinen Körper, wo immer Berührung er findet ... im Grabe gibt es kein Geschlechtsleben.« Aber er versäumt den Augen-

Morte a Venezia

Gruppo di famiglia in un interno

blick, in dem allein er den ausgestoßenen, fallengelassenen und verachteten Konrad hätte retten können. Die Güte des Professors ist passiv und folgenlos, seine Liebe egozentrisch und nicht hilfreich. Aus dem »Todesschlaf« aufgeweckt, findet er doch nicht zum Leben.

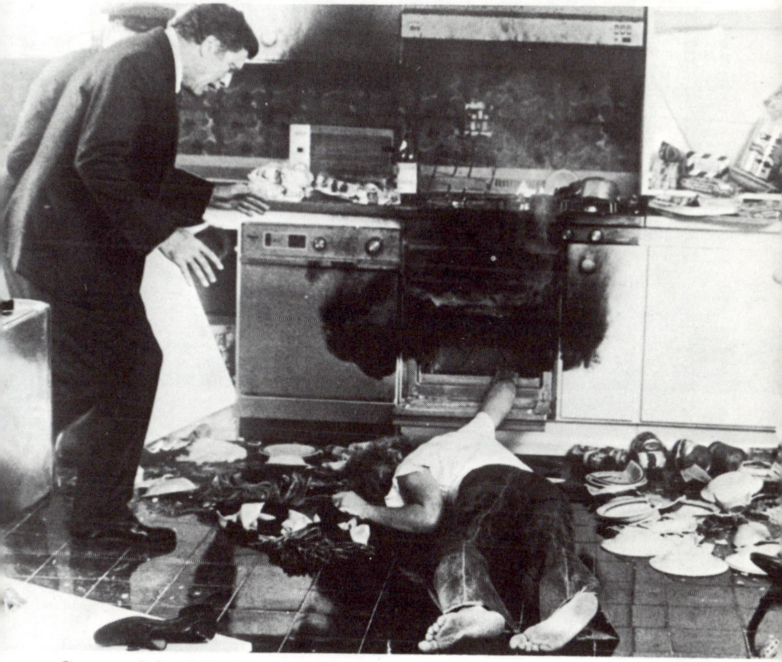

Gruppo di famiglia in un interno

L'innocente. 1975/76

Ende des 19. Jahrhunderts in Rom. Zwei Welten der Aristokratie: die des Mannes der Fechtboden, die der Frauen die musikalische Soiree in einem Palazzo. Halböffentliche Treffpunkte der höheren Gesellschaft. Eine Dreiecksgeschichte: Tullio (Giancarlo Giannini), seine Frau Giuliana (Laura Antonelli) und seine Maitresse, Contessa Teresa (Jennifer O'Neill): die emanzipierte Geliebte, die unaufgeweckt-sanfte Ehefrau,

L'innocente

der sich frei und herrisch auslebende Mann. Giuliana, die das Verhältnis Tullios duldet (er macht sie zur Mitwisserin seiner Leidenschaft für Teresa), lernt den Freund ihres Schwagers, einen jungen Dichter, kennen. Während Tullio sich wegen der treulosen Teresa in ein Duell verwickelt, beginnt Giuliana, verlassen und vereinsamt, ein Verhältnis mit dem Dichter. Tullio, vom aufblühenden Charme seiner Frau bezaubert, folgt ihr eines Tages, um sie auf einer Versteigerung abzuholen. Dort trifft er auf Teresa, die ihn verlassen hatte. Sie erneuern ihre Leidenschaft. Zugleich macht ihn Teresa, die solche Auktionen oft besucht hat, darauf aufmerksam, daß seine Frau nie dort war, ihn also belogen hat. Tullio reist Giuliana auf den Landsitz seiner Mutter nach. Dort erkennt er die Schönheit und Sinnlichkeit seiner Frau zum erstenmal. Sie schlafen miteinander, und er will sein Leben ändern. Seine Mutter verrät ihm unwissend »Giulianas Geheimnis«: sie ist schwanger. Tullio kann seine maßlose Eifersucht auf den Geliebten seiner Frau nicht stillen, der Dichter ist an einer Krankheit gestorben. Es gelingt Tullio auch nicht, Giuliana zur Abtreibung des Kindes zu bewegen. Sie bringt es zur Welt, will es aber angeblich nicht sehen. Tullio hat es ihr verboten. Während die Familie zum Weihnachtsgottesdienst außer Haus ist, legt Tullio den Säugling auf ein Fensterbrett in die kalte Nachtluft, nachdem er die Amme in die Kirche nachgeschickt hatte. Als Giuliana vom Tod des Kindes hört, bricht sie zusammen. Wieder zu sich gekommen, schleudert sie Tullio ihren lange gezügelten Haß entgegen. Sie hatte nur noch mit ihm zusammengelebt, um das Kind vor seiner Eifersucht zu schützen; geliebt habe sie den toten Vater des Kindes, nicht ihn. Als Tullio, einige Zeit später und wie in einem Nachspiel, Teresa diese Geschichte erzählt und sie sagt, daß er zum erstenmal verloren habe, erschießt er sich.

Zwischen Oktober 1975 und Januar 1976 drehte Visconti L'INNOCENTE nach einem frühen Roman Gabriele D'Annunzios. Er soll bis zu seinem Tod am Schnitt des Films gearbeitet und die Musik noch bestimmt haben. Der Film, der als posthume Ehrung auf den Filmfestspielen von Cannes im Mai 1976 uraufgeführt wurde, zeigt keine Spuren eines Fragments. Unter dem Vorspann blättert eine alte Hand die Seiten eines bibliophilen Exemplars des D'Annunzio-Romans um. Es ist die Hand Viscontis, L'INNOCENTE die letzte authentische Prägung seiner Schrift.

D'Annunzios Romanvorlage steht ganz im Banne von Nietzsches »Moral des Übermenschen«, jener »hysterischen Renaissance« (Walther Rehm) in der Literatur der Jahrhundertwende, welche den antibürgerlichen Affront des l'art pour l'art übersetzte in einen ästhetischen Immoralismus. Tullio erklärt: »Wir haben weder Himmel noch Hölle zu erwarten«; und nachdem er das Kind ermordet hat, das Zeugnis der Schmach seiner verletzten männlichen Eitelkeit und seiner herrischen Verfügungsgewalt über seine Frau, behauptet er: »Die Moral der Menschen berührt mich nicht.« Tullio war von D'Annunzio als ein solcher starker moderner Typus konzipiert; ebenso die souveräne Contessa Teresa als Vorbild einer dem rückhaltlosen Lebensgenuß hingegebenen Frau jenseits von Gut und Böse. Es ist die Welt der Decadence, die hier ausgeleuchtet und illuminiert wird.
Jedoch der pamphletistische Charakter von D'Annunzios provokant gemeintem Roman wird von Visconti entscheidend gebrochen: Tullios Selbstmord, den Visconti dem Roman hinzugefügt hat, beschreibt dem Immoralismus das Scheitern an der eigenen Schwäche ein und ratifiziert die Inhumanität dieser Lebensphilosophie und -praxis, die direkt in den Faschismus führte, den D'Annunzio so enthusiastisch begrüßt hatte. Der Film sei, erklärte Visconti in einem Interview, »nicht nur allein die Auflösung einer großbürgerlichen Familie (Tullio und Giuliana), die verantwortlich ist für das Heraufkommen des italienischen Faschismus, sondern es ist auch die Auflösung einer bestimmten italienischen Gesellschaft und eines bestimmten Italien«.
Noch in seinem letzten Film zeigt sich dieser zwiespältig dem Verfall verfallene Analytiker und Emphatiker dem Grundton seines Lebenswerks verbunden. Und wie schon in GRUPPO DI FAMIGLIA IN UN INTERNO, wo der Professor seiner verlorenen Kindheit und seinen humanen Versäumnissen nachtrauert (und sie fälschlicherweise im Zusammenleben mit den jungen Leuten spät gefunden zu haben glaubt), so läßt auch Visconti in seinem Testament Teresa die erotische Utopie eines glücklichen Lebens aussprechen, in der sich freie Menschen zusammenfinden, ohne Kampf, Verrat und Unterdrückung. Die Utopie eines anderen Lebens hält sich jedoch nur noch als Gedanke

L'innocente

und Sprache, von denen kein Vorschein in die Bilder fällt. Die Bilderwelt des Films, meist kostbare, überquellende Dekors, mit Teppichen ausgelegte und mit Kunstwerken zutapezierte Innenräume, beschwört mit der an Walter Felsenstein erinnernden Penibilität Viscontis die schweren, düsteren Farben und Stoffe des fin de siècle. Darin bewegen sich statuettenhaft die Frauen mit ihren korsettierten langen Kleidern, mit ihren Hüten und Schleiern; förmlich erigiert: die Männer.

Die Dramaturgie des Films, die Entfaltung seiner Geschichte – die immer wieder umschlägt –, ist streng und einfach, bewundernswert ökonomisch gerafft. Und doch, welcher Reichtum an Details, an Vor- und Nachklängen, Umkehrungen und Andeutungen einer polyphon durchgearbeiteten Motivik. Sequenz für Sequenz, fast: Einstellung für Einstellung, aus Bildern wie Tableaux gefügt.

Visconti ist einer der wenigen, wenn nicht der einzige Regisseur gewesen, der aus dem Zoom, diesem den Raum und die Tiefe, also die plastische Dimension des Bildes zerstörenden Mittel des modernen Films, ein analytisches Instrument gemacht hat. Diese unendlich langsamen, bedachtsamen (überblendungsartigen) Brennweitenveränderungen lösen immer wieder aus dem Blick auf die Totalität der Gesellschaft jene geheimen Gesten und Zeichen ab, mit denen sich die Menschen verschwiegen verständigen – jenseits der Masken und Normen der öffentlichen Dinge. So entstehen sprachlose Dialoge und mimische Selbstgespräche von hinreißender Intensität und eine erotische, sensualistische Spannung, deren Wärme auch die akademische, klassizistische Kühle der Inszenierung beatmet. Zum Beispiel solche Sequenzen wie jene, in der Tullio seine Frau verführt – und sie umschleicht wie ein Jäger sein verstecktes Wild. Oder die Fahrt von den Schuhen und den abgelegten Kleidern des Paares bis zu ihren nackten Körpern: eine erotische Pyramide sensueller Erregungen im Stil Maupassants. Es gibt eine ganze Reihe erstaunlicher tour-de-force-Akte der Beleuchtung, der Farbregie in L'INNOCENTE, die an SENSO und den GATTOPARDO erinnern. Kein Anzeichen von nachlassender Kraft oder Zerfall; alles ist noch einmal gesammelt, auf engstem Raum zusammengedrängt, auf einfachste, nicht selten durchsichtige Formen gebracht. Ein großer Abschied.

Dreharbeit *L'innocente*

1 Ulrich Gregor, in: Luchino Visconti. Kinemathek 32. Berlin 1967, S. 7

2 a. a. O.

3 Martin Schlappner: Von Rossellini zu Fellini. Zürich 1958, S. 148ff.; siehe auch in diesem Band S. 31f.

4 a. a. O., S. 7f.

5 OSSESSIONE. Informationsblatt 5 des Internationalen Forums des Jungen Films. Berlin 1971

6 Geoffrey Nowell-Smith: Visconti. 2. Aufl., London 1973, S. 53

7 Aufsatz von Luchino Visconti (1960) in: Theodor Kotulla (Hrsg): Der Film, Manifeste, Gespräche, Dokumente. München 1964

8 André Bazin: La Terra trema (1948). zitiert nach: Informationsblatt 5 des Internationalen Forums des Jungen Films. Berlin 1972

9 weitere Projekte mit Zavattini siehe Filmografie

10 Enno Patalas, in: Filmkritik 2/1960, S. 40

11 Nowell-Smith hat eine ganze Skala solcher Lachszenen in Viscontis Filmen zusammengestellt. »Lachen«, schreibt er (a. a. O., S. 66) »ist (dort) ... immer Ausdruck einer Isolation, oft auch der Ausdruck von Furcht und Haß ... In BELLISSIMA ist das Lachen reine Grausamkeit.«

12 zitiert nach: Kotulla, a. a. O., S. 60ff.

13 Nowell-Smith, a. a. O., S. 165

14 Wilfried Berghahn, in: Filmkritik 7/1961, S. 365

15 vgl. Madina Buschkowsky: Rocco und seine Brüder und der Neorealismus. in: Jahrbuch des Films 1962. Berlin DDR 1964, S. 131

16 zitiert nach: Kotulla, a. a. O., S. 71f.

17 vgl. Nowell-Smith, a. a. O., S. 102

18 Alfred Andersch: Norden Süden rechts und links. Zürich 1972, S. 259ff.

19 zitiert nach: Filmstudio 41. Frankfurt/Main 1963, S. 36

20 a. a. O., S. 37

21 Nowell-Smith, a. a. O., S. 110

22 zitiert nach: Filmstudio, a. a. O., S. 39

23 Theodor Kotulla, in: Filmkritik 3/1966, S. 151; und Ernst Wendt, in: Film 10/1965, S. 18f.

24 Nowell-Smith, a. a. O., S. 156f.

25 so z. B. Siegfried Schober, in: Filmkritik 3/1970, S. 145f.

26 Urs Jenny, in: Filmkritik 3/1970, S. 147

27 Jenny, a. a. O., S. 146

28 vgl. die zu äußerst kritischen Ergebnissen kommende Analyse von Nowell-Smith, a. a. O., S. 194ff. und 201

29 zitiert nach: Frankfurter Rundschau, 15.10.70

30 Hans-Klaus Jungheinrich, in: Frankfurter Rundschau, 10.6.71

31 zitiert nach: Frankfurter Rundschau, 31. 3. 72

32 vgl. dazu weiter oben S. 88

33 Neue Zürcher Zeitung, 29.11.74

Daten
Von Hans Helmut Prinzler

Biografie

Luchino Visconti
geboren am 2. November 1906 in Mailand.
Vater: Herzog Giuseppe Visconti di Modrone.
Mutter: Carla Erba, Industriellentochter.
In einem reichen, konservativen Elternhaus aufwachsend, profitiert Luchino Visconti vor allem von einer musisch orientierten Erziehung. Seine Jugendzeit schildert er als unruhig und ziellos. Den häuslichen Konflikten entzieht er sich mehrmals durch Flucht. Als er mit 18 das Internat in Genua verläßt, wird er für zwei Jahre auf die Kavallerieschule in Pinerole geschickt. Dort entwickelt sich seine Passion für Pferde. Nach dem Militärdienst zieht er sich für mehrere Jahre auf eines der väterlichen Güter zurück, wo er Pferde züchtet, trainiert, Rennen veranstaltet. Mit 30 Jahren kommt er nach Paris und begegnet Jean Renoir, der ihn als dritten oder vierten Regieassistenten für *Une partie de campagne* akzeptiert. Er entwirft auch die Kostüme. Visconti lernt in der Zeit der Volksfrontbildung Künstler und Intellektuelle der französischen Linken kennen, die ihn stark beeindrucken. 1937 fährt er für zwei Monate nach Hollywood, doch die Arbeitsweise des amerikanischen Films enttäuscht ihn. Er kehrt nach Italien zurück und übernimmt die Ausstattung für zwei Theateraufführungen am Teatro Manzoni in Mailand. Mit Renoir und Karl Koch schreibt er 1939 in Italien das Drehbuch zu dem Film *La Tosca,* doch die Realisierung durch Renoir wird durch den Ausbruch des Krieges unterbrochen; Koch stellt den Film fertig mit Visconti als Assistent.
Das erste eigene Drehbuch, das Visconti einreicht – ein Stoff von Verga – wird von der Zensur nicht akzeptiert. Er findet Kontakt zu den Redakteuren der römischen Zeitschrift *Cinema,* vor allem zu Giuseppe De Santis und Gianni Puccini, die später auch als Regisseure arbeiten, und zu Mario Alicata. 1941 erscheint in *Cinema* ein Artikel von Visconti, »Cadaveri«, der sich meinungsfreudig mit Tendenzen des italienischen Films auseinandersetzt. Mit Alicata, De Santis und Puccini schreibt Visconti dann ein Drehbuch nach dem Roman *The Postman Always Rings Twice* des Amerikaners James M. Cain, das er 1942 realisieren darf. Der Film, OSSESSIONE, kommt im Juni 1943 nur kurzfristig in die italienischen Kinos und wird nach einem gesteuerten Boykott von der Zensur verboten. Visconti rettet eine Kopie, das Negativ wird vernichtet.

1944/45 arbeitet Visconti zunächst für das Filmbüro der alliierten Besatzung, dann überwacht er zusammen mit De Santis die Herstellung des Dokumentarfilms GIORNI DI GLORIA. Ein Projekt über persönliche Widerstandserfahrungen, *Pension Oltremare,* bleibt im Stadium der Dreharbeiten stecken. 1945/46 sind für Visconti zwei Jahre intensiver Theaterarbeit. Er inszeniert in Rom zehn Stücke, vor allem von französischen Autoren, und findet zu einer sehr intensiven Kooperation mit der Schauspieltruppe von Rina Morelli und Paolo Stoppa, für die er in den folgenden Jahren mehr als 25 Inszenierungen macht.

Viscontis zweiter Film entsteht 1947/48 in Sizilien: LA TERRA TREMA und erhält im September 1948 in Venedig den Festivalpreis als bester Film. Seine dreistündige Dauer und der sizilianische Dialekt verhindern es, daß die Originalversion große Verbreitung findet. Der Film wird allenthalben gekürzt und bearbeitet (auch in der Bundesrepublik ist die authentischste Fassung erst 1970 durch BR III und WDR III und 1971 durch das Internationale Forum des Jungen Films zugänglich gemacht worden). LA TERRA TREMA ist ein finanzieller Mißerfolg und Visconti muß drei Jahre auf seinen dritten Film warten, den er 1951 mit Anna Magnani drehen kann: BELLISSIMA. Die Magnani spielt für ihn auch 1953 die Hauptrolle in dem Episodenfilm SIAMO DONNE.

Parallel zur Filmarbeit, die aus ökonomischen und wohl auch aus politischen Gründen (Visconti gilt damals als dezidierter Marxist) in großen Intervallen stattfindet, inszeniert er in Rom und Mailand Theateraufführungen und beginnt 1954 mit einer Reihe von Operninszenierungen an der Mailänder Scala. 1956 choreografiert er ein Ballett nach Thomas Manns *Mario und der Zauberer* an der Scala, 1957 zusammen mit Hans Werner Henze ein Ballett an der Städtischen Oper in Westberlin. 1958 gehört er zu den Initiatoren des Festivals von Spoleto.

SENSO, LE NOTTI BIANCHE, ROCCO E I SUOI FRATELLI, IL GATTOPARDO und VAGHE STELLE DELL'ORSA ... sind Viscontis Filme von 1954 bis 1964; sie erhalten Preise in Venedig bzw. Cannes. Zwei Theaterinszenierungen in Paris erregen Aufsehen: *Two for the Seesaw* mit Jean Marais und Annie Girardot und *'Tis Pitty She's a Whore* mit Romy Schneider und Alain Delon. Romy Schneider spielt auch die Hauptrolle in der Episode IL LAVORO, die Visconti 1961 für den Film *Boccaccio '70* dreht. Mit der Episode LA STREGA BRUCIATA VIVA (1966) und der Camus-Verfilmung LO STRANIERO hat Visconti wenig Erfolg. Erst die »Trilogie zu deutschen Problemen« LA CADUTA DEGLI DEI, MORTE A VENEZIA und LUDWIG, von 1969 bis 1972 gedreht, verhilft Visconti zu neuer künstlerischer Anerkennung. Im Juli 1972 hat er einen physischen Zusammenbruch, der ihn zu fast einjähriger Theater- und Filmpause zwingt. Eine Pinter-Inszenierung in Rom im Sommer 1973 wird zu einem Präzedenzfall für die Freiheit der Interpretation: Visconti setzt sich gegen die Einsprüche Pinters durch. 1974 dreht er für die Produktionsfirma des Mailänder Großindustriellen Rusconi den Film GRUPPO DI FAMIGLIA IN UN INTERNO. Den Film L'INNOCENTE nach Gabriele D'Annunzios

Roman beginnt er im Herbst 1975, stellt ihn aber nur noch bis zum Rohschnitt fertig.
Visconti stirbt am 17. März 1976 in Rom.

Arbeiten für Theater und Oper

Visconti hat von 1945 bis zu seinem Tod rund 60 Theaterstücke, Opern und Ballette realisiert. Die folgende Übersicht enthält Hinweise auf alle Inszenierungen. Angegeben werden Titel, Autor, Komponist (bei Oper und Ballett), Bühnenbildner, wichtige Interpreten und das Theater (ergänzende Angaben liefert die Theatrografie von Aldo Bernardi in: Bianco e Nero 1976, Nr. 9–12).

1945 *Les parents terribles* (Nein, diese Eltern/Die schrecklichen Eltern) von Jean Cocteau. – Bühnenbild von Visconti, gespielt von Andreina Pagnani, Lola Braccini, Rina Morelli, Gino Cervi im Teatro Eliseo (Rom).

The Fifth Column (Die fünfte Kolonne) von Ernest Hemingway. – Bühnenbild von Renato Guttuso, gespielt von Carlo Ninchi, Olga Villi, Dhia Cristiani im Teatro Quirino (Rom).

La machine à écrire (Die Schreibmaschine) von Jean Cocteau. – Bühnenbild von Visconti, gespielt von Vittorio Gassman, Laura Adani, Nora Ricci im Teatro Eliseo (Rom).

Antigone (Antigone) von Jean Anouilh und *Huis Clos* (Bei geschlossenen Türen) von Jean-Paul Sartre. – Bühnenbild von Visconti, gespielt von Rina Morelli, Paolo Stoppa im Teatro Eliseo (Rom) an einem Abend.

Adam (Adam) von Marcel Achard. – Bühnenbild von Visconti, gespielt von Laura Adani, Vittorio Gassman im Teatro Quirino (Rom).

Tobacco Road (Die Tabakstraße) von John Kirkland (nach Caldwells Roman). – Bühnenbild von Cesare Pavani, gespielt von Tino Carraro, Laura Adani, Vittorio Gassman im Teatro Olimpia (Mailand).

1946 *Le mariage de Figaro* (Der tolle Tag) von Pierre Caron de Beaumarchais. – Bühnenbild von Veniero Colasanti, gespielt von Vittorio De Sica, Nino Besozzi, Lia Zoppelli im Teatro Quirino (Rom).

Crime et châtiment (Schuld und Sühne) von Gaston Baty (nach Dostojewskijs Roman). – Bühnenbild von Mario Chiari, gespielt von Massimo Girotti, Paolo Stoppa, Rina Morelli, Franco Zeffirelli im Teatro Eliseo (Rom).

The Glass Menagerie (Die Glasmenagerie) von Tennessee Williams. – Bühnenbild von Mario Chiari, gespielt von Paolo Stoppa, Rina Morelli im Teatro Eliseo (Rom).

1947 *Life with the Father* (Leben mit Vater) von Howard Lindsay und Russel Crouse (nach dem Roman von Clarence Day). – Bühnenbild von Maria De Matteis, gespielt von Paolo Stoppa, Rina Morelli im Teatro Eliseo (Rom).
Eurydice (Eurydike) von Jean Anouilh. – Bühnenbild von Mario Chiari, gespielt von Giorgio De Lullo, Paolo Stoppa, Rina Morelli im Teatro Nuovo (Mailand).

1948 *As You Like It* (Wie es Euch gefällt) von William Shakespeare. – Bühnenbild von Salvador Dali, gespielt von Vittorio Gassman, Gabriele Ferzetti, Rina Morelli, Paolo Stoppa im Teatro Eliseo (Rom).

1949 *A Streetcar Named Desire* (Endstation Sehnsucht) von Tennessee Williams. – Bühnenbild von Franco Zeffirelli, gespielt von Vittorio Gassman, Marcello Mastroianni, Vivi Gioi, Rina Morelli im Teatro Eliseo (Rom).
Oreste (Orest) von Vittorio Alfieri. – Bühnenbild von Mario Chiari, gespielt von Vittorio Gassman, Rina Morelli, Marcello Mastroianni im Teatro Quirino (Rom).
Troilus and Cressida (Troilus und Cressida) von William Shakespeare. – Bühnenbild von Franco Zeffirelli, gespielt von Vittorio Gassman, Paolo Stoppa, Massimo Girotti, Marcello Mastroianni, Rina Morelli in Florenz.

1951 *Death of a Salesman* (Tod eines Handlungsreisenden) von Arthur Miller. – Bühnenbild von Gianni Polidori, gespielt von Paolo Stoppa, Rina Morelli, Marcello Mastroianni im Teatro Eliseo (Rom).
A Streetcar Named Desire (Endstation Sehnsucht) von Tennessee Williams. – Bühnenbild von Franco Zeffirelli, gespielt von Marcello Mastroianni, Giorgio De Lullo, Rossella Falk, Rina Morelli. Neuinszenierung im Teatro Nuovo (Mailand).
Il seduttore (Der Verführer) von Diego Fabbri. – Bühnenbild von Mario Chiari, gespielt von Paolo Stoppa, Rina Morelli im Teatro La Fenice (Venedig).

1952 *La Locandiera* (Mirandolina) von Carlo Goldoni. – Bühnenbild von Visconti, gespielt von Paolo Stoppa, Rina Morelli, Marcello Mastroianni im Teatro La Fenice (Venedig).
Tri sestri (Drei Schwestern) von Anton Tschechow. – Bühnenbild von Franco Zeffirelli, gespielt von Paolo Stoppa, Rina Morelli, Rossella Falk im Teatro Eliseo (Rom).

1953 *O vrede tabaka* (Der Schaden des Tabaks) von Anton Tschechow, gespielt von Memo Benassi, und *Medea* von Euripides. – Bühnenbild von Mario Chiari, gespielt von Sarah Ferrati,

Memo Benassi, Giorgio De Lullo im Teatro di Via Manzoni (Mailand) an einem Abend.

1954 *Festival* (Festival). – Revue von Age, Scarpelli, Verde und Vergani, die von den Autoren unter Leitung von Visconti im Teatro Nuovo (Mailand) inszeniert wurde.
Come le foglie (Wie die Blätter) von Giuseppe Giacosa. – Bühnenbild von Lila De Nobili, gespielt von Salvo Randone, Gianni Santuccio im Teatro Olimpia (Mailand).
La Vestale von Gaspare Spontini/Etienne de Jouy. – Bühnenbild von Pietro Zuffi, gesungen von Maria Meneghini Callas, Franco Corelli in der Scala (Mailand).

1955 *La Sonnambula* von Vincenzo Bellini/Felice Romani. – Bühnenbild von Piero Tosi, gesungen von Maria Meneghini Callas, Cesare Valletti in der Scala (Mailand).
La Traviata von Giuseppe Verdi/Francesco Maria Piave. – Bühnenbild von Lila De Nobili, gesungen von Maria Meneghini Callas, Giuseppe Di Stefano, Ettore Bastianini in der Scala (Mailand).
The Crucible (Hexenjagd) von Arthur Miller. – Bühnenbild von Visconti, gespielt von Edda Albertini, Tino Buazelli, Gianni Santuccio im Teatro Quirino (Rom).
Djadja Wanja (Onkel Wanja) von Anton Tschechow. – Bühnenbild von Piero Tosi, gespielt von Eleonora Rossi-Drago, Rina Morelli, Paolo Stoppa, Marcello Mastroianni im Teatro Eliseo (Rom).

1956 *Mario e il mago* (Mario und der Zauberer). – Ballett von Visconti nach Thomas Mann, Musik von Franco Mannino, Bühnenbild von Lila De Nobili, getanzt von Jean Babilée, Luciana Novaro in der Scala (Mailand).

1957 *Frøken Julie* (Fräulein Julie) von August Strindberg. – Bühnenbild von Visconti, gespielt von Lilla Brignone, Massimo Girotti, Ave Ninchi im Teatro delle Arti (Rom).
Anna Bolena von Gaetano Donizetti/Felice Romani. – Bühnenbild von Nicola Benois, gesungen von Maria Meneghini Callas, Giulietta Simionato, Gianni Raimondi in der Scala (Mailand).
Iphigénie en Tauride (Iphigenie auf Tauris) von Christoph W. Gluck/Nicolas F. Guillard. – Bühnenbild von Nicola Benois, gesungen von Maria Meneghini Callas, Francesco Albanese, Dino Dondi in der Scala (Mailand).

Maratona di danza. – Ballett von Visconti nach Musik von Hans Werner Henze. Bühnenbild von Renzo Vespignani, getanzt von Jean Babilée in der Städtischen Oper (Westberlin).
L'Impresario delle Smirne (Der Impresario aus Smyrna) von Carlo Goldoni. – Bühnenbild von Visconti, gespielt von Paolo Stoppa, Ilaria Occhini, Rina Morelli im Teatro La Fenice (Venedig).

1958 *A View from the Bridge* (Blick von der Brücke) von Arthur Miller. – Bühnenbild von Mario Garbuglia, gespielt von Paolo Stoppa, Rina Morelli, Ilaria Occhini, Sergio Fantoni im Teatro Eliseo (Rom).
Don Carlos von Giuseppe Verdi/Joseph Méry und Camille du Locle. – Bühnenbild von Visconti, gesungen von Gré Brouwenstyn, John Vickers, Tito Gobbi, Boris Christoff im Royal Opera House Covent Garden (London).
Macbeth von Giuseppe Verdi/Francesco Maria Piave. – Bühnenbild von Piero Tosi, gesungen von Shakeh Vartenissian, William Shapman im Teatro Nuovo (Spoleto).
Immagini e tempi di Eleonora Duse von Gerardo Guerrieri. – Gespielt von Vittorio Gassman, Rina Morelli im Teatro Quirino (Rom).
Look Homeward, Angel (Schau heimwärts, Engel) von Ketty Frings (nach Thomas Wolfes Roman). – Bühnenbild von Mario Garbuglia, gespielt von Lilla Brignone, Annibale Ninchi, Adriana Asti im Teatro Quirino (Rom).
Two for the Seesaw (Spiel zu zweit/Zwei auf der Wippe) von William Gibson. – Bühnenbild von Visconti, gespielt von Jean Marais und Annie Girardot im Théâtre des Ambassadeurs (Paris).
Mrs. Gibbons' Boys von Will Glickman und Joseph Stein. – Bühnenbild von Mario Garbuglia, gespielt von Rina Morelli, Paolo Stoppa im Teatro Eliseo (Rom).

1959 *Figli d' arte* (Kinder der Kunst) von Diego Fabbri. – Bühnenbild von Mario Garbuglia, gespielt von Rina Morelli, Paolo Stoppa, Ilaria Occhini im Teatro Eliseo (Rom), gezeigt auch beim Théâtre des Nations in Paris.
Il Duca d'Alba von Gaetano Donizetti/Eugène Scribe. – Bühnenbild von Carlo Ferrario, gesungen von Renato Cioni, Wladimiro Ganzarolli im Teatro Nuovo (Spoleto).

1960 *L'Arialda* von Giovanni Testori. – Bühnenbild von Visconti, gespielt von Rina Morelli, Paolo Stoppa, Umberto Orsini im Teatro Eliseo (Rom).

1961 *'Tis Pity She's a Whore* (Schade, daß sie eine Hure ist) von John Ford. – Bühnenbild von Visconti, gespielt von Romy Schnei-

der, Alain Delon, Valentine Tessier im Théâtre de Paris (Paris).
Salome von Richard Strauss/Hedwig Lachmann (nach Oscar Wilde). – Bühnenbild von Visconti, gesungen von Margaret Tynes, George Shirley im Teatro Nuovo (Spoleto).

1963 *Il diavolo in giardino* von Luchino Visconti, Filippo Sanjust, Enrico Medioli. – Bühnenbild von Visconti und Sanjust, gespielt von Jolanda Gardino, Glauco Scarlini, Enrico Campi im Teatro Massimo (Palermo).
La Traviata von Giuseppe Verdi/Francesco Maria Piave. – Bühnenbild von Visconti, gesungen von Franca Fabbri, Franco Bonisolli im Teatro Nuovo (Spoleto).
Le treizième arbre (Der 13. Baum) von André Gide. – Gespielt von Rina Morelli, Paolo Stoppa im Teatro Caio Melisso (Spoleto).

1964 *Le nozze di Figaro* (Die Hochzeit des Figaro) von Wolfgang Amadeus Mozart/Lorenzo Da Ponte. – Bühnenbild von Visconti, gesungen von Mariella Adani, Ilva Ligabue, Rolando Panerai, Ugo Trama im Teatro dell' Opera (Rom).
Il Trovatore von Giuseppe Verdi/Salvatore Cammarano. – Bühnenbild von Nicola Benois, gesungen von Piero Capucilli, Gabriella Tucci, Giulietta Simionato, Carlo Bergonzi im Bolschoi-Theater (Moskau).
Il Trovatore von Giuseppe Verdi/Salvatore Cammarano. – Bühnenbild von Filippo Sanjust, gesungen von Peter Glossop, Gwyneth Jones, Giulietta Simionato, Bruno Prevedi im Royal Opera House Covent Garden (London).

1965 *After the Fall* (Nach dem Sündenfall) von Arthur Miller. – Bühnenbild von Jean Dupont, gespielt von Annie Girardot, Michel Auclair Théâtre Gymnase (Paris).
Wischnjowy sad (Der Kirschgarten) von Anton Tschechow. – Bühnenbild von Visconti und Ferdinando Scarfiotti, gespielt von Rina Morelli, Paolo Stoppa, Tino Carraro im Teatro Valle (Rom).
Don Carlos von Giuseppe Verdi/Joseph Méry und Camille du Locle. – Bühnenbild von Visconti, gesungen von Cesare Siepi, Gianfranco Cecchele im Teatro dell' Opera (Rom).

1966 *Falstaff* von Giuseppe Verdi/Arrigo Boito. – Bühnenbild von Visconti und Ferdinando Scarfiotti, gesungen von Dietrich Fischer-Dieskau, Rolando Panerei, Regina Resnik in der Staatsoper (Wien).

Der Rosenkavalier von Richard Strauss/Hugo von Hofmannsthal. – Bühnenbild von Visconti, gesungen von Sena Jurinac, Michael Langdon, Josephine Veasey im Royal Opera House Covent Garden (London).

1967 *La Traviata* von Giuseppe Verdi/Francesco Maria Piave. – Bühnenbild Carlo Frasca, gesungen von Mirella Freni, Renato Cioni im Royal Opera House Covent Garden (London).
Egmont von Johann Wolfgang von Goethe. – Bühnenbild von Ferdinando Scarfiotti, gespielt von Giorgio De Lullo, Elsa Albani, Romolo Valli im Hof des Palazzo Pitti (Florenz).
La monaca di Monza (Die Nonne von Monza) von Giovanni Testori. – Bühnenbild von Visconti, gespielt von Lilla Brignone, Sergio Fantoni im Teatro Quirino (Rom).

1969 *L'inserzione* von Natalia Ginzburg. – Bühnenbild von Ferdinando Scarfiotti, gespielt von Adriana Asti, Franco Interlenghi im Teatro S. Babila (Mailand).
Simon Boccanegra von Giuseppe Verdi/Francesco Maria Piave. – Bühnenbild von Visconti und Ferdinando Scarfiotti, gesungen von Nicolai Ghiaurov, Carlo Cossutta, Gundula Janowitz, Eberhard Wächter in der Staatsoper (Wien).

1973 *Old Times* (Alte Zeiten) von Harold Pinter. - Bühnenbild von Mario Garbuglia, gespielt von Umberto Orsini, Adriana Asti, Valentina Cortese im Teatro Stabile (Rom).
Manon Lescaut von Giacomo Puccini/Luigi Illica. – Bühnenbild von Visconti und Ferdinando Scarfiotti, gesungen von Nancy Shade, Angelo Romero, Carlo Del Bosco im Teatro Nuovo (Spoleto).

Filmografie

Die Filmografie enthält die einschlägigen Angaben zu Filmen, bei denen Luchino Visconti Regie geführt hat oder an deren Realisierung er beteiligt war. Inszeniert hat er drei Beiträge für Episodenfilme und 14 lange Spielfilme, mitgearbeitet hat er an einem Dokumentarfilm und einem Kurzfilm. Die Regieassistenz bei zwei Spielfilmen von Renoir (*Une partie de campagne,* 1936; *La Tosca,* 1940) ist in der Filmografie nicht erfaßt.
Für die Zusammenstellung des künstlerischen Stabes, der Darsteller (einschließlich Rollen) und der Produktionsangaben wurden vorwiegend folgende Quellen benutzt: die Visconti-Monografien von Giuseppe Ferrara und Geoffrey Nowell-Smith, die Filmtexte aus der Reihe *Dal soggetto al film* (Ed. Cappelli, Bologna), die Handbücher der Katholischen Filmkritik, der Verleihkatalog von Filmecho/Filmwo-

che, die Kopien der Filme und Auskünfte der Cineteca Nazionale in Rom. Für die 3. Auflage wurde die Filmografie überarbeitet auf der Grundlage der Filmografie von Aldo Bernardini in: Bianco e Nero 1976, Nr. 9-12. Für die 4. Auflage wurden Fernsehausstrahlungen nachgetragen und Verleihangaben auf den neuesten Stand gebracht.

Abkürzungen: B = Buch, K = Kamera, K-F = Kameraführung, Sch = Schnitt, Ba = Bauten, Ko = Kostüme, M = Musik, M-L = Musikalische Leitung, T = Ton, R-Ass = Regieassistenz, D = Darsteller, P = Produktion, Pd = Produzent, Pl = Produktionsleitung, F = Format, OL = Länge der Originalfassung (dabei wurden die Auskünfte der Cineteca Nazionale zugrunde gelegt und die Meterlängen in Minuten umgerechnet/Projektorenlaufgeschwindigkeit: 24 Bilder pro Sekunde), DL = Länge der deutschen Fassung, U = Uraufführung, DE = Erstaufführung in der Bundesrepublik, TV = Fernsehausstrahlung in der Bundesrepublik, V = Verleih in der Bundesrepublik, soweit Kopien verfügbar sind.

1942 OSSESSIONE. Ossessione ... von Liebe besessen. – B: Luchino Visconti, Mario Alicata, Giuseppe De Santis, Antonio Pietrangeli, Gianni Puccini (nach dem Roman *The Postman Always Rings Twice* von James M. Cain), – K: Aldo Tonti, Domenico Scala; K-F: Gianni Di Venanzo. – Sch: Mario Serandrei. – Ba: Gino Franzi. – Ko: Maria De Matteis. – M: Giuseppe Rosati. – T: Arrigo Usigli. Tommaso Barberini. – R-Ass: Giuseppe De Santis, Antonio Pietrangeli. – D: Massimo Girotti (Gino), Clara Calamai (Giovanna), Juan De Landa (Bragana), Elio Marcuzzo (»der Spanier«), Vittorio Duse (Detektiv), Dhia Cristiani (Anita), Michele Riccardini (Don Remigio), Michele Sakara. – P: Industrie Cinematografiche Italiane, Rom. – Pl: Libero Solaroli. – Gedreht von Juni bis November 1942 in Ferrara und Umgebung, Ancona, Comacchio, Codigoro. – F: 35 mm, schwarzweiß. - OL: 3.923 m = 143 min. - DL: 2.818 m = 103 min. - U: 16.5. 1943, Rom. - DE: 24.7. 1959. - TV: 14.2. 1970 (HR III)/4.4. 1970 (S 3)/23.10. 1971 (WDR III)/16.4. 1985 (ZDF; Sendetitel: »Besessenheit«; Sendelänge: 135 min. bei 25 Bildern/Sek.) - V: –.

1945 GIORNI DI GLORIA. [Tage des Ruhms]. – R: Mario Serandrei in Zusammenarbeit mit Luchino Visconti, Giuseppe De Santis und Marcello Pagliero. – K: Della Valle, De West, Di Venanzo, Jannarelli, Lastricati, Novano, Pucci, Reed, Terzano, Ventimiglia, Werdin, Vittoriano, Manlio, Caloz und Mitarbeiter der CLL Mailand. – Sch: Mario Serandrei, Carlo Alberto Chiesa. – M: Costantino Ferri. – T: Bruno Brunacci, Giovanni Paris, Vittorio Trentino. – Kommentar von Umberto Calosso und Umberto Barbaro. – P: Titanus, Rom/

ANPI, Rom. – F: 35 mm, schwarzweiß. – OL: 1.956 m = 71 min. – U: Oktober 1945, Rom.

1947/48 LA TERRA TREMA. Die Erde bebt. – B: Luchino Visconti (nach dem Roman *I Malavoglia* von Giovanni Verga). – K: G. R. Aldo (d. i. Aldo Graziati); K-F: Gianni di Venanzo. – Sch: Mario Serandrei. – M: arrangiert von Luchino Visconti und Willy Ferrero. – T: Vittorio Trentino. – R-Ass: Francesco Rosi, Franco Zeffirelli. – D: Einwohner des Dorfes Aci Trezza (Sizilien). – P: Universalia, Rom. – Pd: Salvo D'Angelo. – Pl: Anna Davini, Renato Silvestri. – Gedreht von November 1947 bis Mai 1948 in Aci Trezza. – F: 35 mm, schwarzweiß. – OL: 4.523 m = 165 min. (ursprüngliche Originallänge: 180 min.). – U: 2. 9. 1948, Venedig (Biennale). – TV: 95 min.-Fassung: 22. 3. 1959 (BR)/4. 8. 1962 (Deutsches Fernsehen, II. Programm)/16. 2. 1966 (HR III)/10. 4. 1966 (WDR III)/30. 5. 1970 (S 3)/1. 5. 1985 (ZDF). - Originalfassung mit dt. Untertiteln: 24. 10. 1970 (BR III)/26. 12. 1970 (WDR III)/23. 3. 1973 (HR III). - V: -.
LA TERRA TREMA war als dreiteiliger Film geplant, von dem nur der erste Teil, *Episodio del mare,* realisiert wurde und den Titel der Trilogie trägt. – In der italienischen Fassung sprechen Luchino Visconti und Antonio Pietrangeli einen Kommentar.

1951 BELLISSIMA. Bellissima. – B: Luchino Visconti, Suso Cecchi D'Amico, Francesco Rosi (nach einer Novelle von Cesare Zavattini). – K: Piero Portalupi, Paul Ronald. – Sch: Mario Serandrei. – Ba: Gianni Polidori. – Ko: Piero Tosi. – M: Franco Mannino (unter Verwendung von Themen von Gaetano Donizetti). – T: Ovidio Del Grande. – R-Ass: Francesco Rosi, Franco Zeffirelli. – D: Anna Magnani (Maddalena Cecconi), Tina Apicella (Maria Cecconi, ihre Tochter), Walter Chiari (Alberto Annovazzi), Alessandro Blasetti (er selbst), Gastone Renzelli (Spartaco Cecconi), Tecla Scarano (Schauspiellehrerin), Lola Braccini (Frau des Fotografen), Arturo Bragaglia (Fotograf), Linda Sini (Mimmetta), Nora Ricci, Vittorina Benvenuti, Gisella Monaldi, Amalia Pellegrini, Vittorio Glori, Iris, Geo Taparelli, Mario Chiari. – P: Film Bellissima S. R. I., Rom. – Pd: Salvo D'Angelo. – Pl: Paolo Moffa, Vittorio Glori. – Gedreht im Sommer 1951 in Rom. – F: 35 mm, schwarzweiß. – OL: 3.162 m = 116 min. – DL: 3.134 m = 114 min. – U: 28. 12. 1951, Mailand. – DE: 23. 6. 1952 (Berlinale), Kinostart: 22. 1. 1960. – TV: 6. 2. 1962 (Deutsches Fernsehen, I. Programm)/14. 7. 1977 (BR III)/1. 11. 1979 (NDR III)/ 15. 3. 1981 (HR III)/9. 4. 1982 (ARD)/28. 12. 1983 (S 3)/20. 11. 1985 (ZDF). - V: -.

1951 APPUNTI SU UN FATTO DI CRONACA. [Notizen über einen Vorfall aus der Chronik]. – Kurze Dokumentation von Visconti über die »Affäre Lionello Egidi«. – Kommentar von Vasco Pratolini. – Pd: Marco Ferreri, Riccardo Ghione. – F: 35 mm, schwarzweiß. – OL: 8 min. – U: Herbst 1951.

1953 SIAMO DONNE. [Wir Frauen]. – Episodenfilm, Titel der Episode von Visconti: *Anna Magnani*. – B: Cesare Zavattini, Suso Cecchi D'Amico. – K: Gabor Pogany. – Sch: Mario Serandrei. – M: Alessandro Cicognini. – R-Ass: Francesco Maselli. – D: Anna Magnani. – P: Titanus-Film Costellazione, Rom. – Pd: Alfredo Guarini. – Pl: Elio Scardamaglia. – Gedreht in Rom. – F: 35 mm, schwarzweiß. – OL des ganzen Films: 2764 m = 101 min. – Länge der Visconti-Episode: 18 min. – U: Oktober 1953. – In der BRD nicht verliehen.
Die anderen Episoden des Films stammen von Alfredo Guarini, Gianni Franciolini, Roberto Rossellini und Luigi Zampa mit den Hauptdarstellerinnen Emma Danieli, Alida Valli, Ingrid Bergman, Isa Miranda. Viscontis Episode bildet das Ende des Films.

1953/54 SENSO. Sehnsucht. – B: Luchino Visconti, Suso Cecchi D'Amico, Giorgio Prosperi, Carlo Alianello, Giorgio Bassani (nach der gleichnamigen Erzählung von Camillo Boito). Mitarbeit bei den Dialogen: Tennessee Williams und Paul Bowles. – K: G. R. Aldo (d. i. Aldo Graziati), Robert Krasker; K-F: Giuseppe Rotunno. – Sch: Mario Serandrei. – Ba: Ottavio Scotti. – Ko: Marcel Escoffier, Piero Tosi. – M: aus der 7. Sinfonie von Anton Bruckner, aus dem *Troubadour* von Giuseppe Verdi, gespielt vom Orchestra della RAI/TV, M-L: Franco Ferrara. – T: Vittorio Trentino, Aldo Calpini. – R-Ass: Francesco Rosi, Franco Zeffirelli. – D: Alida Valli (Gräfin Livia Serpieri), Farley Granger (Leutnant Franz Mahler), Massimo Girotti (Marquis Roberto Ussoni), Heinz Moog (Graf Serpieri), Rina Morelli (Laura, Gouvernante), Marcella Mariani (Clara, Prostituierte), Christian Marquand (böhmischer Offizier), Tonio Selwart (Oberst), Tino Bianchi (Hauptmann Meucci), Sergio Fantoni (Luca), Marianna Leibl (Frau des österreichischen Generals), Cristoforo De Hartungen (Befehlshaber in Venedig), Ernst Nadherny (Befehlshaber in Verona), Goliarda Sapienza (Wirtin). – P: Lux Film, Rom. – Pl: Claudio Forges Davanzati. – Gedreht von August 1953 bis Januar 1954 in Venedig, in der Villa di Valmarana und in der Umgebung von Verona. – F: 35 mm, Farbe (Technicolor). – OL: 3.450 m = 126 min. – DL: 2.773 m = 101 min./3.450 m = 126 min. – U: 3.9. 1954, Venedig (Biennale). – DE: 17.2. 1956. – TV: 30.5. 1971 (WDR III)/3.4. 1972 (HR III)/7.6. 1972 (BR III)/14.10. 1975 (BR III)/15.10. 1975 (WDR III)/7.12. 1975 (HR III)/1.6. 1977 (BR III). – V: Filmverleih Die Lupe (35 mm, 126 min.-Fassung).

1957 LE NOTTI BIANCHE. Weiße Nächte. – B: Luchino Visconti. Suso Cecchi D'Amico (nach dem Roman *Belye noči* von F. M.

Dostojewskij). – K: Giuseppe Rotunno; K-F: Silvano Ippoliti. – Sch: Mario Serandrei. – Ba: Mario Chiari, Mario Garbuglia. – Ko: Piero Tosi. – M: Nino Rota. – T: Vittorio Trentino. – R-Ass: Rinaldo Ricci. – D: Maria Schell (Natalia). Marcello Mastroianni (Mario), Jean Marais (der Unbekannte), Clara Calamai (die Prostituierte), Dick Sanders (der Tänzer), Giorgio Listuzzi (Polizist), Alberto Carloni (Wirt), Elena Fancera (Kassiererin), (Familie, mit der Mario befreundet ist:) Ferdinando Gerra (Vater), Leonilde Montesi (Mutter), Anna Filippini (Tochter), Romano Barbieri (Sohn); Corrado Pani, Renato Terra, Marcella Rovena, Maria Zanoli, Lanfranco Ceccarelli, Angelo Galassi. – P: Cinematografica Associata, Rom, für Vides/Intermondia Films, Paris. – Pd: Franco Cristaldi. – Gedreht von Januar bis März 1957 in Rom (Cinecittà). – F: 35 mm, schwarzweiß. – OL: 2.916 m = 107 min. – DL: 2.666 m = 97 min. – U: 6. 9. 1957, Venedig (Biennale). – DE: 21. 2. 1958. – TV: 18. 10. 1977 (ARD)/24. 1. 1980 (HR III). – V: –.

1960 ROCCO E I SUOI FRATELLI. Rocco und seine Brüder. – B: Luchino Visconti, Suso Cecchi D'Amico, Pasquale Festa Campanile, Massimo Franciosa. Enrico Medioli (nach dem Roman *Il ponte della Ghisolfa* von Giovanni Testori). – K: Giuseppe Rotunno; K-F: Nino Cristiani, Silvano Ippoliti, Franco Delli Colli. – Sch: Mario Serandrei. – Ba: Mario Garbuglia. – Ko: Piero Tosi. – M: Nino Rota. – T: Giovanni Rossi. – R-Ass: Rinaldo Ricci, Jerry Macc, Lucio Orlandini. – D: Alain Delon (Rocco Parondi), Renato Salvatori (Simone), Annie Girardot (Nadia), Katina Paxinou (Rosaria, die Mutter), Roger Hanin (Morini), Paola Stoppa (Cecchi, der Trainer), Suzy Delair (Luisa, Inhaberin der Wäscherei), Claudia Cardinale (Ginetta), Spiros Focas (Vincenzo), Claudia Mori/Adriana Asti (Angestellte in der Wäscherei), Max Cartier (Ciro), Alessandra Panaro (Verlobte von Ciro), Corrado Pani (Ivo), Rocco Vidolazzi (Luca), Franca Valeri (Vedova), Becker Masocro (Nadias Mutter). – P: Titanus, Rom/Les Films Marceau, Paris. – Pd: Goffredo Lombardo. – Pl: Giuseppe Bordogni. – Gedreht von Februar bis Juni 1960 in und um Mailand und Rom. – F: 35 mm, schwarzweiß, Breitwand 1,66. – OL: 4973 m = 182 min. – DL: 4549 m = 166 min. – U: 6. 9. 1960, Venedig (Biennale). - DE: 14.4. 1961. - TV: 26.5. 1985 (ZDF). - V: Filmverleih Die Lupe (35 mm).

1961 IL LAVORO. Der Job. – Episode des Films *Boccaccio '70.* – B: Suso Cecchi D'Amico, Luchino Visconti (nach einer Idee von Cesare Zavattini in Anlehnung an die Kurzgeschichte *Au Bord du lit* von Guy de Maupassant). – K: Giuseppe Rotunno. – Sch: Mario Serandrei. – Ba: Mario Garbuglia. – Ko: Piero Tosi. – M: Nino Rota. – D: Romy Schneider (Pupa), Tomas Milian (Graf), Paolo Stoppa (Rechtsanwalt Zacchi), Romolo Valli (zweiter Rechtsanwalt), Amedeo Girard.

– P: Concordia Compagnia Cinematografica, Rom/Cineriz, Rom/ Francinex, Paris/Gray Films, Paris. – Pd: Carlo Ponti, Antonio Cervi. – Pl: Sante Chimirri. – Gedreht im August und September 1961 in Rom. – F: 35 mm, Farbe (Eastmancolor). – OL des ganzen Films: 5412 m = 198 min. – DL: 3333 m = 122 min. – Länge der Visconti-Episode: 46 min. - U: 1.2. 1962, Mailand. - DE: 3.8. 1962. - TV: 28.6. 1985 (ZDF). - V: –. Die anderen Episoden stammen von Federico Fellini und Vittorio De Sica. Viscontis Episode steht in der Mitte des Films (s. auch S.90).

1962 IL GATTOPARDO. Der Leopard. – B: Luchino Visconti, Suso Cecchi D'Amico, Pasquale Festa Campanile, Massimo Franciosa, Enrico Medioli (nach dem gleichnamigen Roman von Giuseppe Tomasi di Lampedusa). – K: Giuseppe Rotunno; K-F: Nino Cristiani, Enrico Cignitti. – Sch: Mario Serandrei. – Ba: Mario Garbuglia. – Ko: Piero Tosi. – M: Nino Rota (unter Verwendung von Themen von Giuseppe Verdi); M-L: Franco Ferrara. – T: Mario Messina. – R-Ass: Rinaldo Ricci, Albino Cocco. – D: Burt Lancaster (Don Fabrizio, Fürst von Salina), Claudia Cardinale (Angelica Sedara), Alain Delon (Tancredi, der Neffe des Fürsten), Rina Morelli (Maria Stella), Paolo Stoppa (Don Calogero Sedara), Serge Reggiani (Don Ciccio Tumeo), Lucilla Morlacchi (Concetta), Romolo Valli (Pater Pirrone), Ida Galli (Carolina), Ottavia Piccolo (Caterina), Pierre Clementi (Francesco Paolo), Carlo Valenziano (Paolo), Anna Maria Bottini (Gouvernante), Leslie French (Chevally), Giuliano Gemma (General), Lola Braccini (Donna Margherita), Howard Nelson Rubien (Don Diego), Mario Girotti (Comte Cavriaghi), Brock Fuller (der kleine Prinz), Ivo Garrani (General Pallavicino), Giovanni Melisenda (Don Onofrio Rotolo), Marino Mase (Erzieher), Olimpia Cavallo (Mariannina). – P: Titanus, Rom/Société Générale de Cinématographie, Paris/Société Nouvelle Pathé Cinéma, Paris. – Pd: Goffredo Lombardo. – Pl: Enzo Provenzale, Giorgio Adriani. – Gedreht von April bis Oktober 1962 auf Sizilien und in Rom. - F: 70 mm, Farbe (Technicolor), Technirama. - OL: 5482 m = 201 min./5083 m = 186 min. - DL: 3602 m = 132 min./4413 m = 161 min./5083 m = 186 min. - U: 27. 3. 1963, Rom. - DE: 8. 11. 1963. - TV: 10. 8. 1969 (ARD)/22. 3. 1976 (ARD)/1. 6. 1977 (BR III)/12. 10. 1977 (NDR III)/9. 5. 1982 (ARD)/15. 9. 1985 (ZDF). - V: Concorde (35 mm, 186 min.-Fassung, O. m. U.).
Anmerkung: Die erste, 201 min. dauernde Fassung wurde kurzfristig und nur in Italien aufgeführt. Bei den Filmfestspielen in Cannes im Mai 1963 wurde die von Visconti autorisierte 186 min.-Fassung gezeigt, die seither als Originalversion gilt. Vom Verleih 20th Century-Fox wurde anschließend eine 161 min.-Fassung (kurzfristig auch eine 132 min.-Fassung) gegen den Willen Viscontis in die Kinos gebracht. Sie wird auch von den deutschen Fernsehanstalten verwen-

det. Die seit 1984 in der Bundesrepublik zugängliche Kinofassung (186 min.) entspricht der Originalversion (Technicolor, italienische Sprache) und hat deutsche Untertitel.

1964 VAGHE STELLE DELL'ORSA . . . Sandra. – B: Luchino Visconti, Suso Cecchi D'Amico, Enrico Medioli. – K: Armando Nannuzzi; K-F: Nino Cristiani, Claudio Cirillo. – Sch: Mario Serandrei. – Ba: Mario Garbuglia. – Ko: Bice Brichetto. – M: César Franck, Donaggio-Pallavicini, Magliacci-Faleni, Carlo Alberto Rossi, Pino Calvi, Le Trigri. – T: Claudio Maielli. – R-Ass: Albino Cocco, Rinaldo Ricci. – D: Claudia Cardinale (Sandra), Jean Sorel (Gianni), Michael Craig (Andrew), Renzo Ricci (Antonio Gilardini), Fred Williams (Pietro Fornari), Amalia Troiani (Fosca), Marie Bell (die Mutter), Vittorio Manfrino, Renato Moretti, Giovanni Rovini, Paola Pescini, Isacco Politi. – P: Vides, Rom. – Pd: Franco Cristaldi. – Pl: Sergio Merolle. – Gedreht von Juli bis Oktober 1964 in Volterra und Genf. – F: 35 mm, schwarzweiß. – OL: 2878 m = 105 min. – DL: 2745 m = 100 min. – U: 3. 9. 1965, Venedig (Biennale). – DE: 14. 1. 1966. – V: –.

1966 LA STREGA BRUCIATA VIVA. Hexen verbrennt man lebendig. – Episode des Films *Le streghe*. Hexen von heute. – B: Giuseppe Patroni Griffi in Zusammenarbeit mit Cesare Zavattini. – K: Giuseppe Rotunno. – Sch: Mario Serandrei. – Ba: Mario Garbuglia, Piero Poletto. – M: Piero Piccioni. – T: Vittorio Trentino. – D: Silvana Mangano (Gloria), Annie Girardot (Valeria), Francisco Rabal (Paolo, Valerias Mann), Massimo Girotti (Sportler), Elsa Albani (Klatschtante), Clara Calamai (ehemalige Schauspielerin), Veronique Vendell (junges Mädchen), Leslie French (Industrieller), Nora Ricci (Sekretärin von Gloria), Bruno Filippini (Sänger), Dino Mele (Diener), Marilù Tolo (Zimmermädchen). – P: Dino De Laurentiis Cinematografica, Rom/Productions Artistes Associés, Paris. – Pd: Dino De Laurentiis. – Gedreht in Kitzbühel. – F: 35 mm, Farbe (Technicolor). – OL des ganzen Films: 3050 m = 111 min. – DL: 3037 m = 111 min. – Länge der Visconti-Episode: 37 min. – U: 23. 2. 1967, Rom. – DE: 1.9. 1967. - TV: 17.5. 1985 (ZDF). - V: UIP (35 mm).
Die anderen Episoden stammen von Mauro Bolognini, Pier Paolo Pasolini, Franco Rossi und Vittorio De Sica. Viscontis Episode steht am Anfang des Films.

1967 LO STRANIERO. Der Fremde. – B: Suso Cecchi D'Amico, Georges Chonchon, Emmanuel Roblès (nach dem Roman *L'Etranger* von Albert Camus). – K: Giuseppe Rotunno. – Sch: Ruggero Mastroianni. – Ba: Mario Garbuglia. – Ko: Piero Tosi. – M: Piero Piccioni; M-L: Bruno Nicolai. – T: Vittorio Trentino. – R-Ass: Rinaldo Ricci, Albino Cocco. – D: Marcello Mastroianni (Meursault), Anna Karina (Marie Cardona), Georges Wilson (Untersuchungsrichter), Bernard

Blier (Anwalt), Jacques Herlin (Heimleiter), Georges Géret (Raymond Sintes), Jean-Pierre Zola (Chef), Mimmo Palmara (Masson), Angela Luce (Mme. Masson), Bruno Cremer (Priester), Pierre Bertin (Richter), Marc Laurent (Emmanuel), Alfred Adam (Staatsanwalt), Saada Cheritel/Mohamed Ralem/Brahim Hadjady (Araber), Vittorio Duse (Rechtsanwalt), Joseph Maréchal (Salamano). – P: Dino De Laurentiis Cinematografica, Rom/Master Film, Rom/Marianne, Paris/Casbah Film, Algier. – Pd: Dino De Laurentiis. – Pl: Mario Lupi. – Gedreht von März bis Mai 1967 in Algier und Umgebung. – F: 35 mm, Farbe (Technicolor). – OL: 3007 m = 110 min. – DL: 2841 m = 104 min. – U: 6. 9. 1967, Venedig (Biennale). – DE: 1. 3. 1968. – V: Filmverleih Die Lupe (35 mm).

1968 LA CADUTA DEGLI DEI/THE DAMNED. Die Verdammten. – B: Luchino Visconti, Nicola Badalucco, Enrico Medioli. – K: Armando Nannuzzi, Pasquale De Santis; K-F: Nino Cristiani, Giuseppe Berardini, Mario Cimini. – Sch: Ruggero Mastroianni. – Ba: Pasquale Romano, Enzo Del Prato. – Ko: Piero Tosi, Vera Marzot. – M: Maurice Jarre. – T: Vittorio Trentini. – R-Ass: Albino Cocco, Fanny Wessling. – D: Ingrid Thulin (Baronesse Sophie von Essenbeck), Dirk Bogarde (Friedrich Bruckmann), Helmut Berger (Martin von Essenbeck), Helmut Griem (Aschenbach), Umberto Orsini (Herbert Thallmann), Charlotte Rampling (Elisabeth Thallmann), René Koldehoff (Baron Konstantin von Essenbeck), Renaud Verley (Günther von Essenbeck), Albrecht Schoenhals (Baron Joachim von Essenbeck), Florinda Bolkan (Olga), Nora Ricci (Erzieherin), Irina Vanka (Lisa Keller), Karin Mittendorf (Erika Thallmann), Valentina Ricci (Thilde Thallmann), Wolfgang Hillinger (Yanek), Bill Venders (Kommissar), Howard Nelson Rubien (Prior), Peter Dane (Angestellter in der Stahlgießerei), Mark Salvage (Polizeiinspektor), Karl Otto Alberty/John Frederick/Richard Beach (Soldaten), Jessica Dublin (Krankenschwester), Claus Höhne/Ernst Kühr/Wolfgang Ehrlich (SA-Männer), Esterina Carloni/Antonietta Fiorita (Zimmermädchen), Gioia Desideri, Michele Scalera. – P: Pegaso Film, Rom/Italnoleggio Film, Rom/Praesidens Film, Zürich/Eichberg Film, München. – Pd: Alfredo Levy, Ever Haggiag. – Pl: Giuseppe Bordogni. – Gedreht von Juli bis September 1968 in Unterach (Österreich), Oberhausen, in einem Stahlwerk in Terni (Ital.) und in Rom (Cinecittà) in englischer Sprache. – F: 35 mm, Farbe (Technicolor). – OL: 4296 m = 157 min. – DL: 4227 m = 154 min. – U: 16. 10. 1969, Rom. – DE: 27. 1. 1970. – TV: 13. 11. 1977 (ARD)/1. 9. 1985 (ZDF). – V: Warner-Columbia (35 mm).

1970 MORTE A VENEZIA/DEATH IN VENICE. Tod in Venedig. – B: Luchino Visconti, Nicola Badalucco (nach der gleichnamigen Erzählung von Thomas Mann) – K: Pasquale De Santis; K-F:

Mario Cimini, Michele Cristiani. – Sch: Ruggero Mastroianni. – Ba: Ferdinando Scarfiotti. – Ko: Piero Tosi. – M: aus Gustav Mahlers 3. und 5. Sinfonie (gespielt vom Orchestra Stabile dell' Academia Nazionale di Santa Cecilia, Dirigent: Franco Mannino, Altstimme: Lucrezia West). – T: Vittorio Trentino. – R-Ass: Albino Cocco. – D: Dirk Bogarde (Gustav von Aschenbach), Björn Andresen (Tadzio), Silvana Mangano (Tadzios Mutter), Mark Burns (Alfried, von Aschenbachs Schüler), Romolo Valli (Hoteldirektor), Nora Ricci (Gouvernante), Marisa Berenson (Frau von Aschenbach), Franco Fabrizi (Friseur), Carole André (Esmeralda), Leslie French (Reiseagent), Sergio Carafanolo (Jasciu, ein junger Pole), Luigi Battaglia (alter Mann auf dem Schiff), Ciro Christofoletti (Hotelangestellter), Masha Predit (russische Sängerin), Antonio Appicella (Hausierer), Bruno Boschetti (Bahnhofsvorsteher), Dominique Darel (englische Touristin), Mirella Pompili (Frau im Gasthaus). – P: Alfa Cinematografica, Rom/Production Editions Cinématographiques Françaises, Paris. – Pd: Luchino Visconti. – Pl: Anna Davini. – Gedreht April bis August 1970 in Venedig und Rom (Cinecittà) in englischer Sprache. – F: 35 mm, Farbe (Technicolor), Panavision. – OL: 3688 m = 135 min. – DL: 3564 m = 130 min. – U: 1. 3. 1971, London. – DE: 4. 6. 1971. – V: Warner-Columbia (35 mm).

1972 LUDWIG. Ludwig II. – B: Luchino Visconti, Enrico Medioli in Zusammenarbeit mit Suso Cecchi D'Amico. – K: Armando Nannuzzi; K-F: Nino Cristiani, Giuseppe Berardini, Federico Del Zoppo. – Sch: Ruggero Mastroianni. – Ba: Mario Chiari, Mario Scisci. – Ko: Piero Tosi. – M: Motive von Robert Schumann, Richard Wagner, Jacques Offenbach, gespielt vom Orchestra Stabile dell' Accademia Nazionale di Santa Cecilia, M-L: Franco Mannino. – T: Vittorio Trentino, Giuseppe Muratori. – R-Ass: Albino Cocco, Giorgio Ferrara, Fanny Wessling, Luchino Gastel, Louise Vincent. – D: Helmut Berger (Ludwig II.), Romy Schneider (Elisabeth von Österreich), Trevor Howard (Richard Wagner), Silvana Mangano (Cosima von Bülow), Gert Fröbe (Pater Hoffmann), Helmut Griem (Graf Dürckheim), Isabella Telezynska (Königinmutter), Umberto Orsini (Graf von Holnstein), John Moulder-Brown (Prinz Otto, Ludwigs Bruder), Sonia Petrowa (Sophie, Elisabeths Schwester), Folker Bohnet (Josef Kainz), Heinz Moog (Professor Gudden), Adriana Asti (Lila von Buliowski), Marc Porel (Richard Hornig), Nora Ricci (Gräfin Ida Ferenczy, Hofdame), Mark Burns (Hans von Bülow), Maurizio Bonuglia (Mayr), Anne-Marie Hanschke (Ludwiga, Elisabeths Mutter), Gerhard Haerter (Luitpold), Gunnar Warner (Karl-Theodor, Elisabeths Bruder). – P: Mega Film, Rom/Cinetel S.A., Paris/Dieter Geissler Film, München/Divina Film, München. – Pd: Ugo Santalucia. – Pl: Lucio Trentini. – Gedreht von Januar bis Mai 1972 auf den Schlössern

Neuschwanstein, Hohenschwangau, Linderhof, Herrenchiemsee, in der Kaiservilla Bad Ischl, auf der Roseninsel im Starnberger See, im Cuvilliéstheater München und in Rom (Cinecittà). – F: 35 mm, Farbe (Technicolor), Panavision. – OL: 5170 m = 189 min. – DL: 3924 m = 143 min. – U: 18. 1. 1973, Bonn. – DE der Kurzfassung: 22.3. 1973. – TV: 13.10. 1985 (ZDF, lange Fassung). – V: –.

1974 GRUPPO DI FAMIGLIA IN UN INTERNO/CONVERSATION PIECE/VIOLENCE ET PASSION. Gewalt und Leidenschaft. – B: Suso Cecchi D'Amico, Luchino Visconti, Enrico Medioli. – K: Pasquale De Santis; K-F: Nino Cristiani, Mario Cimini. – Sch: Ruggero Mastroianni. – Ba: Mario Garbuglia. – Ko: Vera Marzot; Kleider von Silvana Mangano: Piero Tosi. – M: Franco Mannino/ W. A. Mozart (KV 364 und 418), Gesang: Emilia Ravaglia; M-L: Franco Mannino. – T: Claudio Maielli. – R-Ass: Albino Cocco. – D: Burt Lancaster (Professor), Silvana Mangano (Bianca), Claudia Marsani (Lietta), Helmut Berger (Konrad Hübel), Elvira Cortese (Erminia), Stefano Patrizi (Stefano), Romolo Valli (Anwalt), Enzo Fiermonte (Maurermeister), Lorenzo Piani (1. Arbeiter), Philippe Hersent (Hausmeister), Jean Pierre Zola/ Guy Trejan (Antiquitätenhändler), Umberto Raho (Polizeioffizier), George Platot (Chauffeur), Valentino Macchi (Agent), Vittorio Fanfoni (2. Arbeiter), Margherita Horowitz (Küchenmädchen), Claudia Cardinale (Frau des Professors), Dominique Sanda (Mutter des Professors). – P: Rusconi Film, Rom/Cinetel, Rom/Gaumont, Paris. – Pd: Giovanni Bertolucci. – Pl: Lucio Trentini. – Gedreht von April bis Juni 1974 in Rom (Studios der »Dear Film«) in englischer Sprache. – F: 35 mm, Farbe (Technicolor), Todd AO. – OL: 3330 m = 121 min. – DL: 3317 m = 121 min. – U: 10. 12. 1974, Mailand. – DE: 27. 3. 1975. – TV: 12. 12. 1976 (ARD)/17. 3. 1985 (ZDF). – V: prokino (35 mm).

1975/76 L'INNOCENTE. L'Innocente – Die Unschuld. – B: Suso Cecchi D'Amico, Enrico Medioli, Luchino Visconti (nach dem Roman von Gabriele D'Annunzio). – K: Pasquale De Santis; K-F: Mario Cimini, Giuseppe Berardini. – Sch: Ruggero Mastroianni. – Ba: Mario Garbuglia. – Ko: Piero Tosi. – M: Franco Mannino; Chopin, Mozart, Liszt, Gluck; es spielt das Orchestra stabile della Gestione Autonoma dei Concerti dell'Accademia Nazionale di S. Cecilia; M-L: Franco Mannino. – T: Mario Dallimonti, Federico Savina. – R-Ass: Albino Cocco, Giorgio Treves. – D: Laura Antonelli (Giuliana Hermil), Giancarlo Giannini (Tullio Hermil), Jennifer O'Neill (Teresa Raffo), Rina Morelli (Tullios Mutter), Massimo Girotti (Stefano Egano), Marc Porel (Filippo D'Arboro), Didier Haudepin (Federico Hermil), Marie Dubois (Prinzessin), Roberta Paladini (Elviretta), Claude Mann (Prinz), Philippe Hersent, Elvira Cortese, Siria Betti,

Enzo Musumeci Greco, Alessandra Vazzoler, Marina Pierro, Vittorio Zarfati. – P: Rizzoli Film, Rom/Société Imp. Ex. Ci., Nizza/Films Jacques Leitienne, Paris/Francoriz Production, Paris. – Pd: Giovanni Bertolucci, Jacques Leitienne. – Pl: Lucio Trentini. – Gedreht von Oktober 1975 bis Januar 1976 in der Provinz Lucca und in Rom (Palazzo Taverna, Villa Mirafiori, Palazzo Colonna). – F: 35 mm, Farbe (Technicolor), Cosmovision. – OL: 3543 m = 130 min. – DL: 3523 m = 129 min. – U: 15. 5. 1976, Cannes (Festival). – DE: 4. 3. 1977. - TV: 15. 1. 1979, 3. 11. 1985 (ZDF). - V: Filmverlag der Autoren (35 mm).

Bibliografie

Die Bibliografie enthält zunächst Angaben zu Veröffentlichungen *von* Luchino Visconti. Die Texte erschienen vorwiegend in italienischen Zeitschriften. Soweit Übersetzungen vorliegen, ist dies in Klammern angemerkt. Veröffentlichte Drehbücher werden unter der Rubrik »Filmtext« bei den einzelnen Filmen notiert. – Bei den Veröffentlichungen *über* Visconti mußte stark ausgewählt werden. An ausländischem Material wurden vorwiegend Bücher und Zeitschriften berücksichtigt. Die bibliografischen Hinweise zur italienischen Filmgeschichte und zum Neorealismus wurden auf ein Minimum reduziert; in der Regel sind konkrete Angaben zu den Passagen über Visconti angefügt. Nach einer Zusammenstellung der Bücher, Spezialnummern von Zeitschriften und Aufsätze über Visconti und allgemeinerer Interviews mit ihm folgen zu jedem Spielfilm Hinweise auf die Publikation der literarischen Vorlage (sofern sie in deutscher Sprache erschienen ist), des Drehbuchs, spezieller Interviews, von Materialien und Produktionsberichten, Kritiken, Analysen und Aufsätzen. Aus Platzgründen wurden bei den Kritiken die Überschriften weggelassen. Die bibliografischen Angaben sind zunächst in vier Sprachbereiche eingeteilt: italienisch, französisch, englisch, deutsch. Innerhalb der Sprachen wurden die Texte chronologisch nach dem Erscheinungsdatum geordnet. Erscheinungsorte sind bei den Zeitschriften nur angegeben, wenn die Titel Verwechslungen provozieren. – Hilfeleistung: Manfred Delling (Privatarchiv), Ulrich Gregor (Privatbibliothek), Cineteca Nazionale Rom, Deutsches Institut für Filmkunde Wiesbaden, Bibliothek der Deutschen Film- und Fernsehakademie Berlin, Eva Orbanz/Peter Schulz/ Katrin Seybold (Stiftung Deutsche Kinemathek), Helene Schwarz (DFFB).
Die genannten Bücher und Zeitschriftenartikel sind zum großen Teil im Original oder in Fotokopie in der Bibliothek der DFFB vorhanden und können dort eingesehen werden. – Bibliografische Quellen für die italienische und französische Literatur waren vor allem: die Visconti-

Monografie von Giuseppe Ferrara (Paris 1963, 2. Auflage 1970 – wobei die Bibliografie in der 1. Auflage umfangreicher ist), die Broschüre *Il neorealismo e la critica – materiali per una bibliografia* (Pesaro 1974), die Visconti-Bibliografie von Maria Pia Amaducci in *L'opera di Luchino Visconti* (Florenz 1966), die Zusammenstellung »Visconti e la critica« von Lino Miccichè und Loriano Gonfiantini in: Bianco e Nero 1958, Nr. 8, die »Bibliografia sommaria su Visconti« im Textbuch von *Morte a Venezia* (Bologna 1971) und die Bibliografie von Aldo Bernardini in: Bianco e Nero 1976, Nr. 9–12.

Veröffentlichungen von Luchino Visconti

Cadaveri. in: Cinema v.s. (Rom) Nr. 119 v. 10. 6. 1941 (franz. in: Giuseppe Ferrara: Luchino Visconti. Paris 1963 und 1970). – Tradizione e invenzione. in: Stile italiano nel cinema. Mailand: Guarnati 1941. – Il cinema antropomorfico. in: Cinema v.s. (Rom) Nr. 173–174 v. 25.9.-25.10. 1943 (franz. in: Giuseppe Ferrara: Luchino Visconti). - Perché voterò per il Partito Comunista. in: L'Unità v. 12.5. 1946. - Sul modo di mettere in scena una commedia di Shakespeare. in: Rinascita (Rom) 1948, Nr. 12 (Dezember) (franz., gekürzt in: Giuseppe Ferrara: Luchino Visconti). – Che cosa penso del pubblico. in: Cinema n.s. (Mailand) Nr. 85 v. 1. 5. 1952. – Lettera a Chaplin. in: L'Unita v. 18. 12. 1952. – Lei sarà il mio operatore. in: Cinema Nuovo Nr. 25 v. 15. 12. 1953 (Nachruf auf G. R. Aldo). – L. V. und Suso Cecchi D'Amico: Marcia nuziale. in: Cinema Nuovo Nr. 10, 11, 12, v. 1. 5., 15. 5. und 1. 6. 1953 (Treatment zu einem Film, der nicht realisiert wurde). – Miscellanea. in: Rivista del cinema italiano 1954, Nr. 3 (März). – Nota a »Morte di un commesso viaggiatore«. in: Il Contemporaneo Nr. 9. v. 22. 5. 1954 (franz. in: Giuseppe Ferrara: Luchino Visconti). – Questione di stile. in: Cinema n. s. Nr. 136 v. 25. 6. 1954. – Perché ho fatto »Senso«. in: Realismo del cinema italiano. Hrsg. v. Cineclub Cremona. Genua 1954. – Domande e riposte. in: Cinema Nuovo Nr. 57 v. 25. 4. 1955. – Regia cinematografica e regia teatrale. in: Lo spettatore critico 1957, Nr. 1 (Januar-Februar). – Pessimismo dell'intelligenza non della volontà. in: Schermi Nr. 28, Dezember 1960 (dt., gekürzt in: Deutsche Filmkunst, Berlin DDR 1962 Nr. 3). – Da Verga a Gramsci. in: Vie Nouve v. 22. 10. 1960 (franz., gekürzt in: Giuseppe Ferrara: Luchino Visconti; engl. in: Films and Filming Vol. 7, Nr. 4, Januar 1961; dt. in: Deutsche Filmkunst 1961, Nr. 7 und in: Der Film. Manifeste, Gespräche, Dokumente, Bd. 2 hrsg. von Theodor Kotulla, München 1964, S. 68–72). – Un dramma del non essere. in: Pietro Bianchi (Hrsg.): Vaghe stelle dell'Orsa di Luchino Visconti. Bologna 1965, S. 31–34 (franz. in: Cahiers du Cinéma Nr. 174, Januar 1966). - Die wichtigsten Texte sind nachgedruckt in: Adelio Ferrero (Hrsg.): Visconti: il cinema. Modena 1977.

Suso Cecchi d'Amico, Luchino Visconti: A la recherche du temps perdu. Paris: Persona 1984 (Drehbuch zu einer Proust-Verfilmung, unrealisiert).

Bücher zur italienischen Filmgeschichte (Auswahl)

Carlo Lizzani: Il cinema italiano. Florenz: Parenti 1953 (über Visconti S. 131–134) (2. Auflage: 1961). – Mario Gromo: Cinema italiano. Mailand: Mondadori 1954 (über Visconti S. 129–134). – Palmieri/Margadonna/Gromo: Cinquanta anni di Cinema italiano. Rom: Bestetti 1954 (mit sehr vielen Illustrationen; über Visconti S. 63–65). – Giuseppe Ferrara: Il nuovo cinema italiano. Florenz: Felice le Monnier 1957 (mit umfangreicher Bibliografie; über Visconti besonders S. 60–78, 181–202, 310–320). – Guido Aristarco: Miti e realtà nel cinema italiano. Mailand: Il Saggiatore 1961. – Gaetano Strazzulla (Hrsg.): Cinema italiano. Lugano: Cenobia 1963 (über Visconti besonders S. 65–72, 80–87, 140–148). – Bruno Torri: Cinema italiano: dalla realtà alle metafore. Palermo: Palumbo 1973. – Adriano Apra/Patrizia Pistagnesi (Hrsg.): I favolosi anni trenta. Cinema italiano 1929–1944. Mailand: Electa 1979 (über Visconti S. 112–113). – Franca Faldini/Goffredo Fofi (Hrsg.): L'avventurosa storia dell cinema italiano. Raccontata dai suoi protagonisti 1935–1959. Mailand: Feltrinelli 1979. – Carlo Lizzani: Il cinema italiano 1895–1979. Rom: Riuniti 1979 (über Visconti S. 99-104, 163-169, 257-260, 279-281). – Gian Piero Brunetta: Storia del cinema italiano dal 1945 agli anni ottanta. Rom: Riuniti 1982 (über Visconti an verschiedenen Stellen). – Franca Faldini, Goffredo Fofi: Il cinema italiano d'oggi 1970-1984. Raccontato dai suoi protagonisti. Mailand: Mondadori 1984 (S. 217-240 über Viscontis Filme ab LA CADUTA DEGLI DEI).

Nino Frank: Cinéma dell'arte. Paris: André Bonne 1951 (über Visconti S. 154–157, 163–171). – Pierre Leprohon: Le cinéma italien. Paris: Seghers 1966 (über Visconti besonders S. 95–98, 160–164); engl., überarbeitet: The Italian Cinema. London: Secker & Warburg 1972. – Freddy Buache: Le cinéma italien d' Antonioni à Rosi. Yverdon: Thièle 1969 (über Visconti besonders S. 58–73).

Vernon Jarratt: The Italian Cinema. London: Falcon Press 1951 (über OSSESSIONE S. 53-56, über LA TERRA TREMA S. 84-85). - Peter Bondanella: Italian Cinema. From Neorealism to the Present. New York: Ungar 1984 (S. 31-73: The Masters of Neorealism: Rossellini, De Sica, and Visconti). - Mira Liehm: Passion and Defiance. Film in Italy from 1942 to the Present. Berkeley, Los Angeles, London: University of California Press 1984 (über Visconti an verschiedenen Stellen; das Buch trägt die Widmung »To the memory of Luchino Visconti«).

Heinz Steinberg (Red.): Italienische Filmtage Kiel/Dokumentation. Kiel: Universität 1961. – Ulrich Gregor (Red.): Aspekte des italienischen Films I. Bad Ems: Verband der deutschen Filmclubs e.V. 1969 (über OSSESSIONE S. 57–73, über SENSO S. 82–94). – Helga Koppel: Film in Italien, Italien im Film. Berlin DDR: Henschel 1970 (über ROCCO S. 88–95, über LA TERRA TREMA S. 99–105).

Zum Neorealismus (Auswahl)

Gaetano Carancine und Gian Luigi Rondi (Hrsg.): Il neorealismo italiano. Rom: Quaderni della mostra internazionale d' arte cinematografica di Venezia 1951. – Luigi Chiarini: Il film nella battaglia delle idee. Mailand, Rom: Bocca 1954. – Luigi Chiarini: Panorama del cinema contemporaneo. Rom: Ed. Bianco e Nero 1956. – Brunello Rondi: Il neorealismo italiano. Parma: Guanda 1956. – Brunello Rondi: Cinema e realtà. Rom: Ed. Cinque Lune 1957 (über Visconti S. 163–201). – Fabio Carpi: Cinema italiano del dopoguerra. Mailand: Schwarz Ed. 1958 (über Visconti S. 35–38). – Giulio Cesare Castello: Il cinema neorealistico italiano. Turin: Radiotelevisione Italiana 1962. – Sul Neorealismo. Testi e documenti (1939–1955). Pesaro: Mostra Internazionale del Nuovo Cinema 1974. – Lino Miccichè (Hrsg.): Il neorealismo cinematografico italiano. Venedig: Marsilio 1975, 2. Aufl. 1978 (über Visconti S. 274–287). – Mariella Furno, Renzo Renzi (Hrsg.): Il neorealismo nel fascismo. Bologna: Tipografia Compositori 1984.

Patrice G. Hovald: Le néo-réalisme italien et ses créatures. Paris: Cerf 1959. Coll. 7e art. (über Visconti S. 83–100). – Raymond Borde und André Bouissy: Le néo-réalisme italien. Lausanne: Clairefontaine 1960. – André Bazin: Qu'est-ce que le cinéma? Bd. 4: Une esthétique de la réalité: le néo-réalisme. Paris: Cerf 1962. Coll. 7e art. – François Debreczeni und Heinz Steinberg (Hrsg.): Le Néo-realisme italien. Paris 1964. Etudes Cinématographiques Nr. 32–35.

Roy Armes: Patterns of Realism. South Brunswick und New York: A.S. Barnes and Company/London: The Tantivy Press 1971 (über Visconti besonders S. 53–60, 105–127). – David Overbey (Hrsg.): Springtime in Italy: A Reader on Neo-Realism. London: Talisman 1980.

Enno Patalas: Pathos und Menschlichkeit. Die Geschichte des italienischen Films. in: Filmforum (Emsdetten) 1952, Nr. 7, 8, 9, 10 (April bis Juli). – Enno Patalas: Filmkunst im Präsens. Glanz und Elend des Neorealismus (I-III). in: Film 56 (Frankfurt) Nr. 1, 2, 3 (Januar bis März 1956). – Hans Hinterhäuser: Politische Geschichte des Films. in: H.H.: Italien zwischen Schwarz und Rot. Stuttgart: Kohlhammer 1956, S. 174–187. – Ulrich Gregor: Neorealismus – Ende oder Anfang. in: F/Film 58 (Frankfurt) 1958, Nr. 1. – Martin Schlappner: Von Rossellini bis Fellini. Zürich: Origo V. 1958 (über Visconti besonders S. 133–153). – Ulrich Gregor und Enno Patalas: Geschichte des modernen Films. Gütersloh: Bertelsmann 1965, S. 11–31, 110–137. – Klaus Jaeger: Italienischer/Deutscher Film 1943–1948. Köln 1969 (Dokumentation der Landesarbeitsgemeinschaft der Filmklubs von Nordrhein-Westfalen). – Wolfgang Limmer: Die vorgefundene Welt. in: Süddeutsche Zeitung v. 25./26. 1. 1975. – Peter Buchka: Die Moral des Sehens. Zu einer Neorealismus-Retrospektive im Wiener Filmmuseum. in: Süddeutsche Zeitung v. 10. 11. 1978. – Frieda Grafe: Realismus ist immer Neo-, Sur-, Super-, Hyper-. Sehen mit fotografischen Apparaten. in: Süddeutsche Zeitung v. 13./14. 1. 1979; nachgedr. (ohne Fotos) in: Bogen 3. München: Hanser 1981, und in: F.G.: Beschriebener Film 1974–1985. in: Die Republik Nr. 72–75, 25. 1. 1985, S. 106–116.

Über Luchino Visconti

Bücher/Spezialnummern von Zeitschriften

Dossier su Luchino Visconti. in: Giuseppe Ferrara und Giancarlo Tesi (Hrsg.): Cinema della realtà. Siena: Film Club Senese/Centro Universitario Cinematografico 1955. – M. Cantu (Hrsg.): Luchino Visconti. Monza: Circolo Monzese del cinema 1957. – Lorenzo Pellizarri (Hrsg.): Luchino Visconti. Quaderni del CUCMI Nr. 2, Mailand 1960. – Pio Baldelli: I film di Luchino Visconti. Manduria: Lacaita Ed. 1965 (2., überarbeitete Auflage Mailand: Ed. Gabriele Mazzotta 1973; 3., ergänzte Auflage dort 1982). – Mario Sperenzi (Hrsg.): L'opera di Luchino Visconti. Fiesole: Premio Città di Fiesole 1969. – Costanzo Costantini: L'ultimo Visconti. Mailand: SugarCo 1976. – Fernaldo Di Giammatteo (Hrsg.): La controversia Visconti. Rom: Ateneo & Bizzari 1976. Studi monografici di Bianco e Nero 26 (aus Bianco e Nero 1976, Nr. 9–12), mit Filmogr., Theatrogr., Bibliogr. (Beiträge von F. Di Giammatteo, Maurizio Grande, Suso Cecchi D'Amico und Visconti, Antonio Pietrangeli und Visconti, Aldo Grasso, Gianni Menon, Aldo Bernardini). – Giuliana Callegari, Nuccio Lodato (Hrsg.): Leggere Visconti. Padua: Amministratore Provinciale di Pavia 1976. – Adelio Ferrero (Hrsg.): Visconti: il cinema. Catalogo critico. Modena: Comune di Modena, Comune di Reggio Emilia 1977. – Vera Marzot, Umberto Tirelli (Hrsg.): L'arte del costume nel cinema di Luchino Visconti. Documentazione dei costumi ideati da Piero Tosi per i film di Luchino Visconti. Modena: Comune di Modena, Comune di Reggio Emilia 1977. – Caterina d'Amico de Carvalho (Hrsg.): Album Visconti. Con una intervista di Lietta Tornabuoni a Michelangelo Antonioni. Mailand: Sonzogno 1978. Abb., Filmogr., Theatrogr. – Gaia Servadio: Luchino Visconti. Mailand: Mondadori 1980. – Gianni Rondolino: Luchino Visconti. Turin: Unione Tipografico-Editrice Torinese 1981. Abb., Filmogr., Theatrogr., Bibliogr. – Caterina d'Amico, Vera Marzot, Umberto Tirelli (Hrsg.): Visconti

e il suo lavoro. Mailand: Electa 1981 (Arbeitsfotos). - Alessandro Bencivenni: Luchino Visconti. Florenz: La Nuova Italia 1982. Il castoro cinema 98. Filmogr., Bibliogr.
Luchino Visconti. Premier Plan (Lyon) Nr. 17, Mai 1961. – Giuseppe Ferrara (Hrsg.): Luchino Visconti. Paris: Seghers 1963. Cinéma d' aujourd' hui Bd. 21 (2., ergänzte Auflage 1970). – Michel Estève (Hrsg.): Luchino Visconti, l'histoire et l'esthétique. Etudes Cinématographiques (Paris) Nr. 26–27, Herbst 1963. – Yves Guillaume: Luchino Visconti. Paris: Ed. Universitaires 1966. Classiques du cinéma Bd. 25. - Monica Stirling: Visconti. Paris: Pygmalion 1982 (aus dem Engl.). - Alain Sanzio, Paul-Louis Thirard: Luchino Visconti Cinéaste. Paris: Persona 1984. Abb., Filmogr. (mit verschiedenen Interviews). - Youssef Ishaghpour: Luchino Visconti. Le sens et l'image. Paris: Editions de la différence 1984. Abb., Filmogr., Bibliogr.
Geoffrey Nowell-Smith: Luchino Visconti. London: Secker & Warburg 1967. Cinema One Bd. 3 (2., ergänzte Auflage 1973), (franz., auf den Stand von 1969 ergänzt in: La Revue du Cinéma/Image et Son Nr. 237, März 1970). – Monica Stirling: A Screen of Time. A Study of Luchino Visconti. New York and London: Harcourt Brace Jovanovich 1979. Abb., Bibliogr. - Gaia Servadio: Luchino Visconti. A Biography. London: Weidenfeld & Nicolson 1981 (aus dem Ital.). - Claretta Tonetti: Luchino Visconti. Boston: Twayne 1983. Abb., Filmogr., Bibliogr.
Luchino Visconti. Cinema (Zürich) Nr. 32–33, Winter-Frühjahr 1963 (mit Beiträgen von Mario Gerteis, Hans Peter Manz, Beat Kleiner, Fritz Schaub). – Luchino Visconti. Kinemathek (Westberlin) Nr. 32, Februar 1967. – Luchino Visconti. Cinema (Adliswil) Nr. 62, Sommer 1970 (mit Beiträgen von Karl Aeschbach und Tom S. Chomont).
(span.:) Rafael Miret Jorba: Luchino Visconti. La razón y la pasión. Barcelona: Ediciones Fabregat 1984. Abb., Filmogr., Theatrogr., Bibliogr.

Aufsätze, Artikel, Buchkapitel

Renzo Renzi: Mitologia e contemplazione in Visconti, Ford ed Eisenstein. in: Bianco e Nero 1949, Nr. 2 (Februar). – Glauco Viazzi: Luchino Visconti. in: Sequenze (Parma) Nr. 4, Dezember 1949. – Alessandro Blasetti: Visconti. in: Il cinema italiano d'oggi. Rom: Ed. Bestetti 1950. – Giorgio Prosperi: Vita irrequieta di Luchino Visconti. in: La settima Incom illustrata (Rom) 1951, Nr. 13, 14, 15 (März-April). – Giuseppe Cintioli: Visconti e altre ragioni. in: Rivista del cinema italiano 1953, Nr. 1–2 (Januar-Februar). – Gianni Castellano. Individuo e società in Luchino Visconti. in: Cinema n.s. (Mailand) Nr. 120 v. 30. 10. 1953. – Giulio Cesare Castello: Ritratti critici di contemporanei: Luchino Visconti. in: Belfagor (Florenz) Nr. 2, März 1955 (franz., überarbeitet und ergänzt in: Premier Plan Nr. 17, Paris 1961;

engl., gekürzt in: Sight and Sound Vol. 25, Nr. 4, Frühjahr 1956). – Ferdinando Rocco: Luchino Visconti. in: Ferrania (Mailand) 1955, Nr. 4 (April). – Giorgio Santarelli: Luchino Visconti. in: Rivista del cinematografo (Rom) 1955, Nr. 4 (April). – Fernaldo Di Giammatteo: Visconti: Storia e romanticismo. in: Cinema della realtà. Siena 1955, S. 64–67. – Pio Baldelli: Mito e realtà dei film di Luchino Visconti. in: Società (Rom) Nr. 4, 5, August, September 1955. – Giovanni Leto: Da »Ossessione« a »Senso«. Valore dell'opera di Visconti. in: Bianco e Nero 1955, Nr. 11 (November). – Fabio Carpi: Il melodramma sociale di Luchino Visconti. in: Enciclopedia di cultura moderna. Mailand 1958, (dt. vorabgedruckt in: Filmclub-Cinéclub, Zürich, Nr. 9, Februar-April 1957). – Luigi Pestalozza: Luchino Visconti e il melodramma. in: Cinema Nuovo Nr. 137, Januar-Februar 1959. – Guido Aristarco: Esperienza culturale ed esperienza originale in Luchino Visconti. in: Rocco e i suoi fratelli di Luchino Visconti. Bologna 1960, S. 13–47. – Giacomo Gambetti: Note su Luchino Visconti da »Ossessione« al »Gattopardo«. in: Cineforum (Venedig) Nr. 26, Juni 1963. – Ermanno Comuzio: Musiche e suoni nei film di Visconti. in: Cineforum Nr. 26, Juni 1963. – Renzo Renzi: Luchino Visconti: morte o resurrezione? in: Cinema Nuovo Nr. 167, Januar-Februar 1964. – Guido Aristarco: Visconti. in: Venti anni di cinema italiano. Rom 1965, S. 321–333. – n.m. (Nicolò Lino Micciché): Visconti. in: Filmlexicon degli autori e delle opere, Bd. 7. Rom: Ed. Bianco e Nero 1967 (für den Ergänzungsband, Rom 1974, fortgeführt von Tino Ranieri und Aldo Bernardini). – Ugo Finetti: Il tema della famiglia nell'opera di Visconti. in: Cinema Nuovo Nr. 202, November-Dezember 1969. – Francesco Dorigo: Il linguaggio della psicanalisi e il cinema. Visconti: impegno sociale e psicologico. in: Revista del Cinematografo 1970, Nr. 1 (Januar). – Lino Micciché: Visconti e le sue ragioni. in: Morte a Venezia di Luchino Visconti. Bologna 1971, S. 9–93. – (Nachrufe:) Ugo Finetti in: Avanti! v. 18. 3. 1976. – Giovanni Grazzini in: Corriere della Sera v. 18. 3. 1976. – Morando Morandini in: Il Giorno v. 18. 3. 1976. – Gian Luigi Rondi in: Il Tempo v. 18. 3. 1976. – Aggeo Savioli u. a. in: L'Unita v. 18. 3. 1976. – Guido Aristarco in: Il Manifesto v. 19. 3. 1976. – Mino Argentieri in: Rinascita v. 26. 3. 1976, Nr. 13. - Renzo D'Andrea: Le musiche di Rota da Visconti a Fellini. in: Cinema Nuovo Nr. 274, Dezember 1981. - Giuseppe Turroni: Le citazioni del gusto. in: Filmcritica Nr. 321, Januar 1982. - Patrizia Carrano: La Magnani. Mailand: Rizzoli 1982 (über Visconti an verschiedenen Stellen). - Massimo Mida: Luchino Visconti e il gruppo »Cinema«. in: Mariella Furno, Renzo Renzi (Hrsg.): Il neorealismo nel fascismo. Bologna: Tipografia Compositori 1984, S. 83-94.

Jacques Doniol-Valcroze: Luchino Visconti. in: Raccords (Paris) Nr. 7, Frühjahr 1951. – Philippe Demonsablon: Note sur Visconti. in: Cahiers du Cinéma Nr. 33, März 1954. – Willy Acher: Pour saluer Visconti. in: Cahiers du Cinéma Nr. 57, März 1956. – René Gilson: Luchino Visconti, le maître mystérieux. in: Cinéma (Paris) Nr. 12, Oktober-November 1956. – Guido Aristarco: Luchino Visconti. in: Positif Nr. 28, 29, April und Mai 1958. – Henri Agel: Luchino Visconti. in: Les grands cinéastes. Paris 1959, S. 268–273. – Marcel Martin: Visconti et l'histoire/Jean-Paul Torok: Visconti et le temps retrouvé. in: Cinéma (Paris) Nr. 79, September-Oktober 1963. – Claude Beylie: L'Œvre de Luchino Visconti. in: l'Avant-Scene Cinéma Nr. 32–33, Dezember 1963-Januar 1964 (kommentierte Filmografie). – Claude Michel Cluny: Luchino Visconti. in: Dossiers du Cinéma. Cinéastes II. Tourray: Casterman 1971, S. 197–204. – Luisa Spagnoli: Au royaume de Visconti. in: Ecran (Paris) Nr. 35, April 1975 (zuerst ital. in: Il Mondo v. 26. 9. und 3. 10. 1974). – Jean de Baroncelli: Un condottiere marxiste. in: Le Monde v. 19. 3. 1976. – Frantz Gevaudan: Visconti le magnifique. in: Cinéma (Paris) Nr. 211, Juli 1976. – Pia Soli: Luchino Visconti. Le tyran à la rose. in: Lumière du cinéma Nr. 1, Februar 1977. – Jean Cabourg: Luchino Visconti 1906–1976. in: l'Avant-Scène Cinéma Nr. 183, 1. 3. 1977, und Nr. 184, 15. 3. 1977 (mit Filmogr. und Bibliogr.); nachgedr. in: Anthologie du Cinéma Nr. 93, 1977. – François Cuel: Figaro ci, Garibaldi la. in: Cinématographe Nr. 30, September 1977 (über SENSO, IL GATTOPARDO und Bertoluccis ›1900‹). – Jacques Fieschi: Visconti années quarante. in: Cinématographe Nr. 42, Dezember 1978. – Jean-Claude Bonnet: Luchino Visconti et la symbolique de l'aliment. in: Cinématographe Nr. 45, März 1979. – Jacques Fieschi: L'air de la folie. in: Cinématographe Nr. 52, November 1979. – E. D. (Emmanuel Decaux): Le Dieu des corps. in: Cinématographe Nr. 58, (Juli) 1980 (über eine Kostüm-Ausstellung). – François Cuel, Bruno Villien: Enrico Medioli. in: Cinématographe Nr. 72, November 1981 (Interview mit Viscontis langjährigem Drehbuchmitarbeiter). – Youssef Ishaghpour: La réalité de l'art et l'art de la réalité: opéra, roman (sur Luchino Visconti). in: Positif Nr. 259, September 1982. – Bruno Villen: Visconti, Losey, Schlöndorff: 3 visions de Proust. in: L'Avant-Scène Cinéma Nr. 321–322, Februar 1984. – Michel Ciment et Christian Viviani: Entretien avec Suso Cecchi d'Amico. in: Positif Nr. 295, September 1985 (Interview mit Viscontis langjähriger Drehbuchmitarbeiterin).

John Francis Lane: The Hurricane Visconti. in: Films and Filming Vol. 1, Nr. 3, Weihnachten 1954. – John Francis Lane: Visconti – The Last Decadent. in: Films and Filming Vol. 2, Nr. 10, Juli 1956. – Gianfranco Poggi: Luchino Visconti and the Italian Cinema. in: Film Quarterly Vol. 13, Nr. 3, Frühjahr 1960. – John Francis Lane: A Case of Artistic Inflation. in: Sight and Sound Vol. 32, Nr. 3, Sommer 1963. – Alberto Moravia: Visconti, the Leopard Man. in: Vogue Nr. 142, Juli 1963. – Thomas Elsaesser: Luchino Visconti. in: Brighton Film Review Nr. 17, Februar 1970. – Walter F. Korte jr.: Marxism and Formalism in the Films of Luchino Visconti. in: Cinema Journal Vol. 9, Nr. 1, Herbst 1971; nachgedr. in: Richard Dyer MacCann, Jack C. Ellis (Hrsg.): Cinema Examined. New York: E. P. Dutton 1982, S. 12–22. – James McCourt: In memoriam: Luchino Visconti. in: Film Comment Vol. 12, Nr. 3, Mai–Juni 1976. – John Gruen: In retrospect: Seven by Visconti. in: The New York Times v. 7. 1. 1979. – Andrew Sarris: Luchino Visconti's legacy. in: The Village Voice v. 15. 1. 1979. – Donald Lyons: Visconti's Magnificent Obsessions. in: Film Comment Vol. 15, Nr. 2, März–April 1979. – Geoffrey Nowell-Smith: Luchino Visconti. in: Richard Roud (Hrsg.): Cinema. A Critical Dictionary. London: Secker & Warburg 1980, S. 1043–1052. – Nancy D. Warfield: After ›The Damned‹. in: The Little Film Gazette of N. D. W. Vol. 9, Nr. 1, Januar 1981. – R. T. Witcombe: The New Italian Cinema. London: Secker & Warburg 1982 (S. 218–260: Terminus and Tantrum: Luchino Visconti and Lina Wertmüller). – Dirk Bogarde: An Orderly Man. London: Chatto and Windus, The Hogarth Press 1983 (über Visconti lange Passagen an verschiedenen Stellen). – Joel Kanoff: Luchino Visconti. in: The Macmillan Dictionary of Films and Filmmakers. Vol. 2. London: Macmillan 1984, S. 559–561.

Hans Werner Henze: Versuch über Visconti. in: Merkur (Stuttgart) 1958, Nr. 10 (Oktober); nachgedr. in: H. W. H.: Musik und Politik. Schriften und Gespräche 1955–1975. München: dtv 1976. Bd. 1162, S. 62–70. – Enno Patalas: Luchino Visconti – Meister der sozialen Analyse. in: Kirche und Film 1960, Nr. 3 (März). – F. W. Vöbel: Porträt Visconti. in: Filmstudio (Frankfurt) Nr. 37, November 1962. – Ulrich Gregor: Luchino Visconti. Von »Ossessione« zu »La terra trema«. in: Kinemathek (Westberlin) Nr. 32, Februar 1967. – Martin Schlappner: Der Sozialkritiker und die Literatur. in: Filme und ihre Regisseure. Bern und Stuttgart 1967, S. 23–42. – Hans P. Kochenrath: Untergang einer Klasse. in: Kölner Stadt-Anzeiger v. 27.–28. 2. 1971; nachgedr. in: Blumenberg/Fründt (Hrsg.): Warten bis es dunkel wird. Ebersberg: Edition 8 1/2 1983, S. 166. – Thomas Brandlmeier: Luchino Visconti. in: Film & Ton-Magazin, April 1975, Nr. 4. – Volker Baer: Adel und Engagement. in: Der Tagesspiegel v. 19. 3. 1976. – Hans C. Blumenberg: Zwischen Marx und Melodrama. in: Kölner Stadt-Anzeiger v. 19. 3. 1976. – Peter Buchka: Die gescheiterte Suche nach Einheit. in: Süddeutsche Zeitung v. 19. 3. 1976. – Lothar Schmitt-Mühlisch: Er blieb immer der Herzog von Modrone. in: Die Welt v. 19. 3. 1976. – Wolfram Schütte: Lauter Abschiede. in: Frankfurter Rundschau v. 19. 3. 1976. – Wilfried Wiegand: Schönheit, die an sich selbst erstickt. in: FAZ v. 19. 3. 1976. – ms. (Martin Schlappner): Luchino Visconti – der letzte Romantiker. in: Neue Zürcher Zeitung v. 25. 3. 1976. – Hans Peter Kochenrath: Der Untergang als Sinnenfest. in: Die Zeit v. 26. 3. 1976. – Franz Ulrich: Aristokratischer

Ästhet und marxistischer Künstler. in: Zoom-Filmberater v. 7. 4. 1976, Nr. 7. – Fred Gehler: In memoriam Luchino Visconti. in: Sonntag (DDR) v. 18. 4. 1976. – Peter W. Jansen: Europa ist ärmer geworden. Nach Luchino Viscontis Tod. in: Kirche und Film, April 1976, Nr. 4. – Ulrich Gregor: Luchino Visconti. in: U. G.: Geschichte des Films ab 1960. München: C. Bertelsmann 1978, S. 70–75. – Georgi Bogemski: Nachkomme eines alten Herrschergeschlechts. Erinnerungen an Luchino Visconti 1–5. in: Film und Fernsehen (DDR) 1979, Nr. 10, 1979, Nr. 12, 1980, Nr. 1, 1980, Nr. 4, 1980, Nr. 6. – Frauke Hanck, Alfred Nemeczek, Pit Schröder: Romy Schneider und ihre Filme. München: Goldmann 1980 (S. 86–90: Luchino Visconti oder Die Metamorphose zur ernsthaften Schauspielerin; S. 92–93: Boccaccio '70; S. 165–167: Ludwig). – ms. (Martin Schlappner): Begegnung mit Luchino Visconti. in: Neue Zürcher Zeitung v. 30. 7. 1981 (über eine Ausstellung in Locarno). – Jerzy Toeplitz: Geschichte des Films. Band 4 1939–1945. Berlin DDR: Henschel 1983, S. 264–268, 273–274. – Luchino Visconti. in: Leo Phelix, Rolf Thissen: Pioniere und Prominente des modernen Sexfilms. München: Goldmann 1983, S. 347–349 (enthält außerdem Porträts der Darsteller Helmut Berger und Claudia Cardinale). – HPK (Hans Peter Kochenrath): Luchino Visconti. in: Der Spielfilm im ZDF 1985, Nr. 1 (mit Texten zu den im ZDF gezeigten Filmen). – Peter W. Jansen: Aufstieg im Untergang. in: Die Zeit v. 12. 4. 1985. – Peter Buchka: Der wunderliche Realist. in: Süddeutsche Zeitung v. 27.–28. 4. 1985.

Interviews

Lina Coletti: L'Europeo intervista Luchino Visconti. in: L'Europeo (Mailand) v. 21. 11. 1974, Nr. 47. – Amelio di Sovico: Io, Luchino Visconti. in: Il Mondo v. 8. 1. 1976, Nr. 1–2 (Auszüge aus verschiedenen Interviews); nachgedr. in: Pio Baldelli: Luchino Visconti. Mailand: Mazzotta 1982.

Jacques Doniol-Valcroze und Jean Domarchi: Entretien avec Luchino Visconti. in: Cahiers du Cinéma Nr. 93, März 1959. (engl., leicht gekürzt in: Sight and Sound Vol. 28, Nr. 3–4, Sommer-Herbst 1959. dt. in: Der Film. Manifeste, Gespräche, Dokumente, Bd. 2. Hrsg. von Theodor Kotulla. München 1964, S. 57–67). – Giuseppe Ferrara: Entretien avec Luchino Visconti. in: G. F.: Luchino Visconti. Paris: Seghers 1963, S. 94–108, in der 2. Auflage (1970) S. 117–133.

(Ausgewählte Interviews zu einzelnen Filmen sind jeweils dort notiert.)

Über Visconti als Theaterregisseur

Achille Fiocco: Shakespeare, Dali e Visconti. in: La fiera letteraria (Rom) Nr. 37, Dezember 1948. – Gerardo Guerrieri: Luchino Visconti regista teatrale. in: Panorama dell' arte italiana. Turin 1952. – Giulio

Cesare Castello: Incontri e scrontri fra cinema e teatro. in: Teatro Scenario 1953, Nr. 21 v. 1.11.1953. – Mario Ramous (Hrsg.): Venti spettacoli di Luchino Visconti con Rina Morelli-Paolo Stoppa. Bologna 1958. – Vito Pandolfi: Il mondo espressivo di L. Visconti. in: Il Dramma (Mailand) Nr. 299–300, August-September 1961. – Luciano Lucignani: Visconti regista principe del teatro italiano. in: Teatro Scenario 1962, Nr. 11 v. 1.6.1962. – Giulio Cesare Castello: Visconti. in: Enciclopedia dello spettacolo, Bd. IX. Rom: Casa editrice le maschere 1962. – Ugo Finetti: I pericoli della bontà nell 'Egmont di Visconti. in: Cinema Nuovo Nr. 193, Mai-Juni 1968. – Caterina d'Amico de Carvalho: Visconti: il teatro. Reggio Emilia: Teatro Municipale di Reggio Emilia 1977. – Caterina d'Amico de Carvalho, Renzo Renzi (Hrsg.): Luchino Visconti: Il mio teatro. Bologna: Cappelli 1979 (2 Bände).
Roland Barthes: Visconti et le réalisme au théâtre. in: Théâtre populaire (Paris) Nr. 20, September 1956.
Sinah Kessler: Die Wahrheit in vielen Formen. in: Theater heute 1961, Nr. 9 (September). – Sinah Kessler: Requiem für eine Epoche. in: FAZ v. 19. 3. 1976.

Zu einzelnen Filmen

OSSESSIONE. Ossessione ... von Liebe besessen

Literarische Vorlage: James M. Cain: The Postman Always Rings Twice (1934); dt. von Hilde Spiel und Peter de Mendelssohn: Die Rechnung ohne den Wirt (zuerst 1950), als TB: rororo thriller 2168, und unter dem Titel ›Wenn der Postmann zweimal klingelt ...‹: Heyne 1960.

Filmtext: Luchino Visconti: Ossessione. Trascrizione del film di Enzo Ungari con la collaborazione di G. B. Cavallaro. Nota introduttiva di Renzo Renzi. Bologna: Cappelli 1977. NUC Cinema 1.

Material: Mestolo (Massimo Mida und Gianni Puccini): A proposito di »Ossessione«. in: Cinema (Rom) Nr. 169 v. 10. 7. 1943 (über die Reaktion der Filmkritik. dt. auszugsweise in: Aspekte des italienischen Films, Bd. 1. Bad Ems 1969, S. 60–62). – Gianni Puccini: Il venticinque luglio del cinema italiano. in: Cinema Nuovo Nr. 24 v. 1. 12. 1952 (Produktionsbericht). – Film a soggetto Nr. 343 v. 26. 2. 1966. Informationsblatt, hrsg. v. Centro San Fedele dello Spettacolo, Mailand (mit Auszügen aus Kritiken und einer Bibliografie). – Album di »Ossessione«. in: Cinema Nuovo Nr. 273, Oktober 1981 (Film- und Arbeitsfotos). – Giuseppe De Santis: Quan-

do Visconti girava Ossessione tra Ferrara e Pontelagoscuro e io .... in: Bologna Incontri, April 1983, Nr. 4; engl. in: Film Criticism Vol. 10, Nr. 3, Frühjahr 1985.
Quatre témoignages sur Ossessione: Massimo Girotti, Clara Calamai, Aldo Tonti, Giuseppe de Santis. in: Cinématographe Nr. 70, September 1981.
Joel Kanoff: Ossessione. in: The Macmillan Dictionary of Films and Filmmakers. Vol. 1. London: Macmillan 1984, S. 347-348.
Internationales Forum des Jungen Films Berlin 1971. Informationsblatt 5, Red.: Ekkehard Pluta.

Kritiken: Giancarlo Tesi in: Cinema della realtà. Siena 1955, S. 68–71. – Giuseppe Turroni in: Filmcritica Nr. 72–73, Nov.–Dez. 1957.
Martine Monod in: Les Lettres Françaises v. 8. 10. 1959. – Jean Douchet in Arts v. 14. 10. 1959. – Jacques Doniol-Valcroze in: France-Observateur v. 15. 10. 1959. – Fereydoun Hoveyda in: Cahiers du Cinéma Nr. 101, November 1959. – René Gilson in: Cinéma (Paris) Nr. 41, November-Dezember 1959. - Vincent Amiel in: Positif Nr. 259, September 1982.
Vernon Jarratt in: Sight and Sound Nr. 65, Frühjahr 1948. – Vincent Canby in: The New York Times v. 2. 10. 1976. – Penelope Gilliatt in: The New Yorker v. 13. 6. 1977.
M: PL (Paula Linhart) in: (Kathol.) Filmdienst v. 20. 8. 1959 (FD-Nr. 8309). – Franziska Violet in: Süddeutsche Zeitung v. 28. 7. 1959. – E. P. (Enno Patalas) in: Filmkritik 1959, Nr. 9 (September). – Manfred Delling in: Die Welt v. 28. 2. 1961.

Aufsätze/Analysen: Guido Aristarco: Il postino di Cain divento' italiano. in: Cinema Nuovo Nr. 24 v. 1. 12. 1953. – Guido Gerosa: »Ossessione« e la critica. in: G. G.: Da Giarabub a Salò. Mailand: Ed. di Cinema Nuovo 1963. S. 75–83. – Mario Alicata: Testimonianze. in: Giorgio Tinazzi (Hrsg.): Il cinema italiano dal fascismo all' antifascismo. Padua; Marsilio 1966, S. 180–187 (dt. auszugsweise in: Aspekte des italienischen Films, Bd. 1. Bad Ems 1969, S. 66–69).
Jean George Auriol: Trois versions d'un roman de James Cain. in: La Revue du Cinéma (Paris) Nr. 10, Februar 1948 (über »Le dernier tournant« von Pierre Chenal, OSSESSIONE von Visconti und »The Postman Always Rings Twice« von Tay Garnett). – Marcel Martin: Ossessione. in: Image et Son Nr. 120, März 1959. – François Debreczeni: Ossessione: Une Synthèse du réel et du beau. in: Etudes Cinématographiques Nr. 26-27, Herbst 1963. - François Cuel: Il postino suona sempre due volte. in: Cinématographe Nr. 70, September 1981.
Allison Graham: The Phantom Self: James M. Cain's Haunted American in the Early Neorealism of Visconti and Antonioni. in: Film Criticism Vol. 9, Nr. 1, Herbst 1984.

GIORNI DI GLORIA. [Tage des Ruhms]

Kritiken: Carlo Lizzani in: Film d'oggi Nr. 25 v. 8. 12. 1945. – Giorgio Signorini in: Cinema Nuovo Nr. 57 v. 25. 4. 1955.

LA TERRA TREMA. Die Erde bebt

Literarische Vorlage: Giovanni Verga: I Malavoglia (1881); dt. von R. König: Die Malavoglia. Eine Geschichte von sizilianischen Fischern (zuerst 1945), als TB: Fischer Bücherei 368.

Filmtext: La terra trema. in: Bianco e Nero 1951, Nr. 2–3 (Februar-März), S. 9–110. Für die veröffentlichte Fassung wurde der Text von Fausto Montesanti aus dem sizilianischen Dialekt ins Italienische übertragen. (Französisch auszugsweise in: l'Avant-Scène Cinéma Nr. 32-33, Dezember 1963-Januar 1964). - E. Ungari, C. Battistini, G. B. Cavallaro (Hrsg.): La terra trema. Bologna: Cappelli 1977 (mit einem Vorwort v. Francesco Rosi; franz. in: Positif Nr. 215, Februar 1979).

Luchino Visconti: Two Screenplays. Übersetzt von Judith Green. New York: The Orion Press 1970 (La Terra Trema: S. 1–102).

Material/Produktionsberichte: Mario Serandrei: Lettere dalla Sicilia. in: Bianco e Nero 1948, Nr. 1 (März). – F. M. (Fausto Montesanti): Appendice. in: Bianco e Nero 1951, Nr. 2-3 (Februar-März). - Michele Mancini, Fiammetta Sciacca (Hrsg.): La citta'-set. La terra trema di L. Visconti: reperti per una archeologia del cinema. Rom 1981.

Mirella Affron: La terra trema. in: The Macmillan Dictionary of Films and Filmmakers. Vol. 1. London: Macmillan 1984, S. 467-468.

Internationales Forum des Jungen Films Berlin 1972, Informationsblatt 5.

Kritiken: Guido Aristarco in: La critica cinematografica (Parma) Nr. 12, November 1948. – Glauco Viazzi in: Cinema n. s. (Mailand) Nr. 15 v. 31. 5. 1949. – m. a. (Michelangelo Antonioni) in: Bianco e Nero 1949, Nr. 7 (Juli) (französisch in: Cinéma, Paris, Nr. 38, Juli 1959). – Guido Aristarco in: Cinema n. s. Nr. 32 v. 15. 2. 1950. – g. f. (Giuseppe Ferrara) in: Cinema e realtà. Siena 1955, S. 71–73.

André Bazin in: Esprit (Paris) Dezember 1948, nachgedruckt in: Qu'est-ce que le cinéma? Bd. 4, Paris 1962, S. 38–44. – Nino Frank in: Cahiers du Cinéma Nr. 9, Februar 1952. - Emmanuel Decaux in: Cinématographe Nr. 67, Mai 1981. - Dominique Paini in: Cinéma (Paris) Nr. 270, Juni 1981. - Jean A. Gili in: La Revue du Cinéma/Image et Son Nr. 334-335, hors serie 25, 1981.

Karel Reisz in: Sequence (London) Nr. 12, Herbst 1950. – Alain

Tanner in: Sight and Sound Vol. 26, Nr. 4, Frühjahr 1957. – Howard Thompson in: The New York Times v. 13. 10. 1965.
Wolfgang A. Peters in: Die Neue Zeitung (Frankfurt) v. 11. 8. 1953. – Frank Sandau in: Neues Deutschland (Berlin DDR) v. 9. 3. 1956. – P. Rova in: Deutsche Filmkunst (Berlin DDR) 1956, Nr. 3 (März). – J. D. in: Sonntag (Berlin DDR) v. 18. 3. 1956. – Bernhard Giger in: Zoom-Filmberater v. 16. 3. 1977, Nr. 6.

Aufsätze/Analysen: Mario Zangara: »I malavoglia« e »La terra trema«. in: Rivista del cinema italiano 1953, Nr. 3 (März). – Brunello Rondi: Un esempio dello stile di Visconti, »La terra trema«. in: B. R.: Cinema e realtà. Rom 1957, S. 215–222. – Pio Baldelli: Testo letterario e film: un episodio de ›I malavoglia‹. in: P. B.: Film e opera letteraria. Padua: Marsilio 1964, S. 142–151. – Adelio Ferrero: La terra trema. Padua: R.A.D.A.R. 1969. Invito al cinema, Serie 15, Nr. 15. – Rosaria Prudente: I proverbi di Verga nelle variazioni di Visconti. in: Cinema Nuovo Nr. 267, Oktober 1980.
Jean Bastaire: Le Réalisme lyrique de La Terra Trema. in: Etudes Cinématographiques Nr. 26–27, Herbst 1963. – Gabriel Vialle: La Terre tremble. in: Image et Son Nr. 186, Juli 1965.
Marsha Kinder, Beverle Houston: Three Cinema Movements. in: M. K., B. H.: Close-Up. A Critical Perspective on Film. New York etc.: Harcourt Brace Jovanovich 1972 (über LA TERRA TREMA S. 165–172).

BELLISSIMA. Bellissima

Filmtext: Luchino Visconti: Bellissima. Introduzione di Cesare Zavattini. Trascrizione del film di Enzo Ungari. Bologna: Cappelli 1978. NUC Cinema 5.

Material: Kleine Filmkunstreihe, Heft 5. Hrsg. v. Verleih Neue Filmkunst Walter Kirchner, Göttingen. Red.: Hans-Dieter Roos. Januar 1960.

Interview: Michele Gandin: Storia di una crisi in »Bellissima« di Visconti. in: Cinema n.s. (Mailand) Nr. 75 v. 1. 12. 1951.

Kritiken: Edoardo Bruno in: Bianco e Nero 1952, Nr. 1 (Januar). – Guido Aristarco in Cinema n.s. Nr. 78 v. 15. 1. 1952. – Alberto Moravia in: L'Europeo v. 9. 1. 1952, Nr. 2. – Giuseppe Cintioli in: Cinema della realtà. Siena 1955, S. 74–77.
Louis Marcorelles in: France-Observateur v. 13. 4. 1961. – Jean Douchet in: Arts v. 19. 4. 1961. – J. CH. (Jacques Chevallier) in: Image et Son Nr. 142, Juni 1961. – René Gilson in: Cinéma (Paris) Nr. 57, Juni 1961. – Jacques Joly in: Cahiers du Cinéma Nr. 120, Juni 1961. – Jean-Claude Bonnet in: Cinématographe Nr. 67, Mai 1981. – Dominique Paini in: Cinéma (Paris) Nr. 269, Mai 1981.
A. W. (A. H. Weiler) in: The New York Times v. 18. 5. 1953. – E. H.

L. (Ernest Lindgren) in: Monthly Film Bulletin Nr. 237, Oktober 1953. – Andrew Sarris in: The Village Voice v. 1.4. 1981.
F.G. in: Filmforum (Emsdetten) 1953, Nr. 6 (März). – O.U. in: (Kathol.) Filmdienst v. 18. 6. 1954 (FD-Nr. 3339). – ms. (Martin Schlappner) in: Neue Zürcher Zeitung v. 18.2.1955. – Hans-Dieter Roos in: Süddeutsche Zeitung v. 26. 1. 1960. – E.P. (Enno Patalas) in: Filmkritik 1960, Nr. 2 (Februar). – Hans-Dieter Roos in: Die Welt v. 6. 2. 1960. – MR (Martin Ruppert) in: FAZ v. 23. 2. 1960. – Heinz Ungureit in: Frankfurter Rundschau v. 24. 2. 1960. – Volker Baer in: Der Tagesspiegel v. 29. 5. 1960. – Urs Mühlemann in: Zoom-Filmberater v. 21. 1. 1981, Nr. 2. – Peter Buchka in: Süddeutsche Zeitung v. 11. 12. 1984. – lehr in: die tageszeitung v. 12. 1. 1985.
Aufsatz: Vincent Pinel: Du Néo-réalisme au »Melodramma«: Bellissima. in: Etudes Cinématographiques Nr. 26–27, Herbst 1963.

SIAMO DONNE. [Wir Frauen]

Kritiken: Fernaldo Di Giammateo in: Rassegna del film Nr. 19, November-Dezember 1953. – Giulio Cesare Castello in: Cinema n.s. (Mailand) Nr. 124 v. 30. 12. 1953.
P.H. (Penelope Houston) in: Monthly Film Bulletin Nr. 251, Dezember 1954. – Bosley Crowther in: The New York Times v. 7. 10. 1958.
ms. (Martin Schlappner) in: Neue Zürcher Zeitung v. 17. 6. 1954. – Ulrich Seelmann-Eggebert in: Stuttgarter Nachrichten v. 8. 10. 1954.

SENSO. Sehnsucht

Filmtext: Gian Battista Cavallaro (Hrsg.): Senso di Luchino Visconti. Bologna: Cappelli 1955. Dal soggetto al film 2; 2. Aufl. 1977. NUC Cinema 4.
Luchino Visconti: Two Screenplays. Übersetzt von Judith Green. New York: The Orion Press 1970 (Senso: S. 103–186).
Luchino Visconti: Senso. Übersetzt von Sylvia Hildesheimer. in: Spectaculum, Texte moderner Filme. Hrsg. v. Enno Patalas. Frankfurt a.M.: Suhrkamp 1961, S. 275–338.
Material: Livio Zanetti: Non ha abbandonato i suoi personaggi/Camillo Boito: Dallo scartafaccio segreto della contessa Livia/Gian Carlo Zagni: Sulla morte di Aldo. in: Cinema Nuovo Nr. 24. v. 1. 12. 1953. – Luchino Visconti: Questione di stile/Filippo M. De Sanctis: Sesso e coralità in una »storiella vana«/Domenico Meccoli: Mille lire per un colpo di cannone/Franco Zeffirelli: »Senso« e' nato alla Scala/ Gino Brosio: Non lasciar correre/Mario Serandrei: Lettera aperta a Luchino Visconti/Claudio Forges Davanzati: Un impegno incon-

sueto/Francesco Rosi: Una battaglia »cinematografica«. in: Cinema t.s. (Mailand) Nr. 136 v. 25.6.1954.

Interview: Fausto Montesanti: Un film d'amore. in: Cinema t.s. Nr. 136 v. 25. 6. 1954.

Kritiken: Nino Ghelli in: Bianco e Nero 1954, Nr. 8 (August). – Edoardo Bruno in: Filmcritica Nr. 39–40, August-September 1954. – Guido Aristarco in: Cinema Nuovo Nr. 43, September 1954, und Nr. 52, Februar 1955. – Giulio Cesare Castello in: Cinema t.s. Nr. 141, September 1954. – Umberto Barbaro in: Vie Nuove v. 6. 2. 1955. – Guido Gerosa in: Cinema della realtà. Siena 1955, S. 78–82.

Jacques Doniol-Valcroze in: Cahiers du Cinéma Nr. 56, Februar 1956 (in Nr. 57: Le Dossier de presse de »Senso«). – Jean Aurel in: Arts v. 1.2.1956. – Georges Sadoul in: Les Lettres Françaises v. 9. 2. 1956. – André Bazin in: France-Observateur v. 10. 2. 1956 (nachgedruckt in: Qu'est-ce que le cinéma? Bd. 4. Paris 1962, S. 117–121). – Marcel Martin in: Cinéma (Paris) Nr. 10, März-April 1956. – Jacques Siclier in: Le Monde v. 16.3. 1973 und 4.7. 1975. – Gilles Colpart in: La Revue du Cinéma/Image et Son Nr. 309-310, Oktober 1976. – J.G. (Jacques Goimard) in: L'Avant-Scène Cinéma Nr. 321-322, Februar 1984. – Yves Alix in: Positif Nr. 276, Februar 1984.

A.T. (Alain Tanner) in: Monthly Film Bulletin Nr. 285, Oktober 1957. – Alain Tanner in: Sight and Sound Vol. 27, Nr. 2, Herbst 1957. – A.H. Weiler in: The New York Times v. 9.7. 1968. – Jill Forbes in: Films and Filming Nr. 337, Oktober 1982.

Fritz Gordian in: Stuttgarter Zeitung v. 15.2.1955. – Sa. (Paul Sackarndt) in: (Kathol.) Filmdienst v. 1.3.1956 (FD-Nr. 4757). – Theodor Kotulla in: film 56 (Frankfurt a.M.) Nr. 3, März 1956. – Ulrich Gregor in: Filmforum (Emsdetten) 1956, Nr. 9 (Juni). – Edgar Wettstein in: Zoom-Filmberater v. 20.8. 1975, Nr. 16. – Peter Buchka in: Süddeutsche Zeitung v. 22.10. 1983. – Georg Schmidt in: tip v. 2.12.-15.12. 1983, Nr. 25. – Volker Baer in: Der Tagesspiegel v. 4.12. 1983. – Hans Gerhold in: Filmdienst v. 7.2. 1984 (FD-Nr. 24402). – Krischan Koch in: Die Zeit v. 17.2. 1984. – Harald Martenstein in: Stuttgarter Zeitung v. 22.2. 1984. – Wolfram Schütte in: Frankfurter Rundschau v. 24.4. 1984.

Analysen: Serge Ibert: Senso. in: Téléciné Nr. 55–56, März-April 1956. – Charles Chaboud: Senso. in: Image et Son Nr. 91, April 1956; nachgedruckt in: La Revue du Cinéma/Image et Son Nr. 244, 1970. – Maurice Failevic: Senso. Fiche Filmographique IDHEC (Paris) Nr. 132.

Aufsatz: Don Ranvaud: Senso: masterpiece as minefield. in: Monthly Film Bulletin Nr. 591, April 1983.

LE NOTTI BIANCHE. Weiße Nächte

Literarische Vorlage: F. M. Dostojewskij: Belye noci (1848); dt. von Johannes von Günther: Weiße Nächte, als TB: Reclam 2126.

Filmtext: Renzo Renzi (Hrsg.): Le notti bianche di Luchino Visconti. Bologna: Cappelli 1957. Dal soggetto al film 6 (enthält u. a. die Erzählung von Dostojewskij und das Drehbuch).
Luchino Visconti: Three Screenplays. Übersetzt von Judith Green. New York: The Orion Press 1970 (White Nights: S. 1–91).

Material: Renzo Renzi: Dostoevskij e Visconti/La riduzione cinematografica/Gli elementi plastici/La recitazione/L'organizzazione delle riprese/La regia e il montaggio/La colonna sonora/La formula produttiva. im italienischen Textbuch. – Film a soggetto Nr. 80 v. 25. 2. 1963. Informationsblatt, hrsg. v. Centro San Fedele dello Spettacolo, Mailand (mit Auszügen aus Kritiken).

Kritiken: Edoardo Bruno in: Filmcritica Nr. 70, September 1957. – Guido Aristarco in: Cinema Nuovo Nr. 114–115, 15. 9. 1957 und Nr. 119, 1. 12. 1957. – Ernesto G. Laura in: Bianco e Nero 1957, Nr. 10 (Oktober). – Alberto Moravia in: L'Espresso v. 24.11.1957.
E. R. (Eric Rohmer) in: Cahiers du Cinéma Nr. 75, Oktober 1957. – G. P. (Georges Poix) in: Image et Son Nr. 109, Februar 1958. – Etienne Chaumeton in: Positif Nr. 28, April 1958. – Marcel Martin in: Cinéma (Paris) Nr. 27, Mai 1958. – Eric Rohmer in: Arts v. 14. 5. 1958. – Philippe Demonsablon in: Cahiers du Cinéma Nr. 84, Juni 1958.
K. C. (Kenneth Cavander) in: Monthly Film Bulletin Nr. 293, Juni 1958. – John Francis Lane in: Films and Filming Vol. 4, Nr. 10, Juli 1958. – Peter John Dyer in: Sight and Sound Vol. 27, Nr. 5, Sommer 1958. – James Kerans in: Film Quarterly Vol. 12, Nr. 2, Winter 1958. – Bosley Crowther in: The New York Times v. 29. 5. 1961.
Ulrich Gregor in: Filmkritik 1958, Nr. 1 (Januar). – Rino Sanders in: Die Welt v. 25. 2. 1958. – Mg. (Wilhelm Mogge) in: (Kathol.) Filmdienst v. 27. 2. 1958 (FD-Nr. 6713). – Gunter Groll in: Süddeutsche Zeitung v. 22. 4. 1958. – Karena Niehoff in: Der Tagesspiegel v. 11. 11. 1958.

Analysen/Aufsätze: Pio Baldelli: Le notti bianche di Visconti: manierismo del »fantastico« e scorie neorealistiche. in: Bianco e Nero 1958, Nr. 8 (August).
Jean Bourdin: Les Nuits blanches. in: Téléciné Nr. 93, Januar–Februar 1961 (Fiche Nr. 375). – Michel Estève: Les Nuits blanches ou le jeu du réel et de l'irréel. in: Etudes Cinématographiques Nr. 26-27, Herbst 1963. - Mireille Latil Le Dantec: Visconti: le rêve et l'Histoire. in: Cinématographe Nr. 73, Dezember 1981.

ROCCO E I SUOI FRATELLI. Rocco und seine Brüder

Filmtext: Guido Aristarco und Gaetano Carancini (Hrsg.): Rocco e i suoi fratelli di Luchino Visconti. Bologna: Cappelli 1960. Dal soggetto al film 17, 2. Aufl. 1978. NUC Cinema 7. – Französisch: Rocco et ses fréres de Luchino Visconti. Übersetzt von Michèle Causse. Paris: Buchet/Chastel 1961.
Luchino Visconti: Three Screenplays. Übersetzt von Judith Green. New York: The Orion Press 1970 (Rocco and His Brothers: S. 93–271).
Luchino Visconti: Die Mutter. in: Filmkritik 1961, Nr. 7 (Text der ersten Drehbuchszenen, die von Visconti für den Film nicht realisiert wurden).

Material: Goffredo Lombardo: Dovevo farlo/o. V.: Dall' »idea« alla sceneggiatura »definitiva«/Gaetano Carancini: Cronace del film (enthält auch ein kleineres Interview mit Visconti)/Alfonso Madeo: La realtà dietro il film di Visconti. im italienischen und (übersetzt) im französischen Textbuch. – Film a soggetto Nr. 367 v. 27. 2. 1963.
Informationsblatt, hrsg. v. Centro San Fedele dello Spettacolo, Mailand (mit Auszügen aus Kritiken).
Sergio Segre: Der Fall »Rocco und seine Brüder«. in: Neues Deutschland (Berlin DDR) v. 1. 6. 1961 (über die italienische Reaktion auf Viscontis Film).

Interviews: Guido Aristarco: Ciro e i suoi fratelli. in: Cinema Nuovo Nr. 147, September–Oktober 1960.
Jean Slavik: Rencontre avec Visconti. in: Cahiers du Cinéma Nr. 106, April 1960.

Kritiken: Mario Verdone in: Bianco e Nero 1960, Nr. 8–9 (August-September). – Tommaso Chiaretti in: Cinema sessanta Nr. 3, September 1960. – Guido Fink in: Cinema Nuovo Nr. 147, September–Oktober 1960. – Vito Pandolfi/Edoardo Bruno in: Filmcritica Nr. 102, Oktober 1960.
Georges Sadoul in: Les Lettres Françaises v. 9. 3. 1961. – Marcel Martin in: Cinéma (Paris) Nr. 55, April 1961. – J. CH. (Jacques Chevallier) in: Image et Son Nr. 140–141, April-Mai 1961. – François Weyergans in: Cahiers du Cinéma Nr. 119, Mai 1961. – Robert Benayoun in: Positif Nr. 40, Juli 1961.
Derek Prouse in: Sight and Sound Vol. 30, Nr. 1, Winter 1960–61. – Bosley Crowther in: The New York Times v. 28. 6. 1961. – Roger Manvell in: Films and Filming Vol. 8, Nr. 1, Oktober 1961. – R. V. (Robert Vas) in: Monthly Film Bulletin Nr. 334, November 1961.
Josef Schmitz van Vorst in: FAZ v. 7. 11. 1960. – Hans-Dieter Roos in: Süddeutsche Zeitung v. 21. 4. 1961; nachgedr. in: Jahrbuch III der Filmkritik. Emsdetten 1962, S. 237–241. – Günter Seuren in: Deutsche Zeitung v. 21. 4. 1961. – Georg Ramseger in: Die Welt v.

22. 4. 1961. – MR (Martin Ruppert) in: FAZ v. 24. 4. 1961. – E. K. in: (Kathol.) Filmdienst v. 26. 4. 1961 (FD-Nr. 10.143). – Karena Niehoff in: Der Tagesspiegel v. 27. 4. 1961. – o. V. in: Der Spiegel v. 3. 5. 1961, Nr. 19. – Heinz Ungureit in: Frankfurter Rundschau v. 31. 5. 1961. – ktl (Theodor Kotulla) in: Filmkritik 1961, Nr. 6 (Juni). – ms. (Martin Schlappner) in: Neue Zürcher Zeitung v. 29. 6. 1961. – bgh (Wilfried Berghahn) in: Filmkritik 1961, Nr. 7 (Juli). – Hans Lohmann in: Sonntag (Berlin DDR) 1962, Nr. 12 (Dezember). – WoS (Wolfram Schütte) in: Frankfurter Rundschau v. 14. 1. 1983. – Peter Buchka in: Süddeutsche Zeitung v. 28. 1. 1983.

Analysen/Aufsätze: Guido Aristarco: Una storia italiana: Rocco e i suoi fratelli. in: Cinema Nuovo Nr. 148, November–Dezember 1960; nachgedruckt in: G. A.: Cinema italiano 1960. Mailand: Il Saggiatore 1961, S. 55–74 (dt. in: Deutsche Filmkunst 1961, Nr. 8).
Jean Bourdin: Rocco et ses frères. In: Télécine Nr. 97, Juni–Juli 1961 (Fiche Nr. 384). – Alain Marie: Un Réalisme ambigu/René Duloquin: Une Thématique musicale. in: Etudes Cinématographiques Nr. 26–27, Herbst 1963. – André Cornand: Rocco et ses frères. in: La Revue du Cinéma Nr. 244, 1970. – F. Guérif: Rocco et ses frères de Luchino Visconti. in: Lumière du cinéma Nr. 5, Juni 1977.
Madina Buschkowsky: Rocco und seine Brüder und der Neorealismus. in: Jahrbuch des Films 1962. Berlin DDR: Henschel 1964, S. 118–132.

BOCCACCIO '70. Boccaccio '70
(Visconti-Episode: IL LAVORO. Der Job)

Literarische Vorlage: Guy de Maupassant: Au Bord du lit; dt. von Ernst Sander: Auf der Bettkante, enthalten im TB: Goldmann 1387.

Filmtext: Carlo Di Carlo und Gaio Fratini (Hrsg.): Boccaccio '70 di De Sica, Fellini, Monicelli, Visconti. Bologna: Cappelli 1962. Dal soggetto al film 22.
Luchino Visconti: Three Screenplays. Übersetzt von Judith Green. New York: The Orion Press 1970 (The Job: S. 273–313).

Material: Verschiedene Materialien zu allen vier Episoden im italienischen Textbuch.

Kritiken: Mario Verdone in: Bianco e Nero 1962, Nr. 3 (März). – t. c. (Tommaso Chiaretti) in: Cinema sessanta Nr. 21–22, März–April 1962. – l. p. (Lorenzo Pellizzari) in Cinema Nuovo Nr. 157, Mai–Juni 1962. – Edoardo Bruno in: Filmcritica Nr. 124, August 1962.
Jean Douchet in: Cahiers du Cinéma Nr. 132, Juni 1962. – Michel Flacon in: Cinéma (Paris) Nr. 67, Juni 1962. – Michel Delahaye in: Cahiers du Cinéma Nr. 137, November 1962 (speziell über die Visconti-Episode).
Bosley Crowther in: The New York Times v. 27. 6. 1962. – John

Russell Taylor in: Sight and Sound Vol. 32, Nr. 2, Frühjahr 1963. – Ian Johnson in: Films and Filming Vol. 9, Nr. 7, April 1963. – E. S. (Elizabeth Sussex) in: Monthly Film Bulletin Nr. 352, Mai 1963.

ms. (Martin Schlappner) in: Neue Zürcher Zeitung v. 10. 3. 1962. – Georg Ramseger in: Die Welt v. 10. 5. 1962. – Hr. (Hans-Rudolf Haller) in: Neue Zürcher Zeitung v. 24. 5. 1962. – Heinz Ungureit in: Frankfurter Rundschau v. 4. 8. 1962. – Friedrich A. Wagner in: FAZ v. 7. 8. 1962. – USE. (Ulrich Seelmann-Eggebert) in: (Kathol.) Filmdienst v. 8. 8. 1962 (FD-Nr. 11.289). – ktl (Theodor Kotulla) in: Filmkritik 1962, Nr. 9 (September). – Günter Seuren in: Deutsche Zeitung v. 11. 9. 1962. – Karena Niehoff in: Der Tagesspiegel v. 11. 9. 1962. – lehr in: die tageszeitung v. 1. 7. 1985. – Andreas Kilb in: FAZ v. 1. 7. 1985.

Aufsatz: Michel Mesnil: Visconti, Maître de la nouvelle: Le travail. in: Etudes Cinématographiques Nr. 26–27, Herbst 1963.

IL GATTOPARDO. Der Leopard

Literarische Vorlage: Giuseppe Tomasi di Lampedusa: Il Gattopardo (1958); dt. von Charlotte Birnbaum: Der Leopard (zuerst 1959), als TB: rororo 1831.

Filmtext: Suso Cecchi D'Amico (Hrsg.): Il film »Il Gattopardo« e la regia di Luchino Visconti, Bologna: Cappelli 1963. Dal soggeto al film 29. – Französisch: Le film »le guépard« de Visconti. Paris: Julliard 1963.

Le Guépard. Decoupage – après montage definitif – et dialogue in extenso. in: l'Avant-Scène Cinéma Nr. 32–33, Dezember 1963 – Januar 1964.

Material/Produktionsberichte: Emilio Cecchi: Dal romanzo al film / Nota alla sceneggiatura / Tommaso M. Cima: La realizzazione. im italienischen und (übersetzt) im französischen Textbuch. – Film a soggetto Nr. 467 v. 28. 6. 1967, Informationsblatt, hrsg. v. Centro San Fedele dello Spettacolo, Mailand.

Archibold Colquhoun: . . . on safari with Visconti. in: Films and Filming Vol. 9, Nr. 1, Oktober 1962. – Robert Windeler: Burt Lancaster. New York: St. Martin's Press 1984 (S. 131–136: The Leopard). – Minty Clinch: Burt Lancaster. London: Arthur Baker 1984 (S. 113–120 über IL GATTOPARDO).

o. V.: Adel verpflichtet. in: Der Spiegel v. 9. 1. 1963, Nr. 1–2 (Produktionsbericht).

Interviews: Antonello Trombadori: Dialogo con Visconti. im italienischen Textbuch (dt. auszugsweise in: Filmkritik 1963, Nr. 12).

Georges Sadoul in: Les Lettres Françaises v. 23. 5. 1963 (dt. in: Filmstudio, Frankfurt, Nr. 41, November 1963).

Kritiken: Giovanni Grazzini in: Corriere della Sera v. 28. 3. 1963; nachgedr. in: G. G.: Gli anni sessanta in cento film. Rom: Laterza 1977, S. 46–50. – Guido Aristarco in: Cinema Nuovo Nr. 162, März–April 1963. – Edoardo Bruno in: Filmcritica Nr. 132, April 1963. – Giovanni Riccioli in: Cinema sessanta Nr. 34, April 1963. – Alberto Moravia in: L'Espresso v. 7. 4. 1963. – Giovanni Grazzini/ Mario Verdone in: Bianco e Nero 1963, Nr. 5 (Mai).

Marcel Martin in: Cinéma (Paris) Nr. 77, Juni 1963. – Jean-André Fieschi in: Cahiers du Cinéma Nr. 146, August 1963. – Jacques Chevallier in: Image et Son Nr. 167–168, November-Dezember 1963.

Mark Shivas in: Movie Nr. 11, Juli–August 1963. – Bosley Crowther in: The New York Times v. 13. 8. 1963. – Robert Conelly in: Film Comment Vol. 1, Nr. 6, Herbst 1963. – David Robinson in: Sight and Sound Vol. 33, Nr. 1, Winter 1963–64. – Tino Mendes Sargo in: Film Quarterly Vol. 17, Nr. 2, Winter 1963–64. – Peter Baker in: Films and Filming Vol. 10, Nr. 3, Dezember 1963. – J. G. (John Gillett) in: Monthly Film Bulletin Nr. 360, Januar 1964. – Brenda Davies in: Sight and Sound Vol. 33, Nr. 2, Frühjahr 1964. – Geoffrey Nowell-Smith in: Sight and Sound Vol. 52, Nr. 4, Herbst 1983. – Vincent Canby in: The New York Times v. 11.9. 1983. – Pauline Kael in: The New Yorker v. 19.9. 1983. – David Ehrenstein in: Film Comment Vol. 19, Nr. 5, September–Oktober 1983. – Don Ranvaud in: Monthly Film Bulletin Nr. 599, Dezember 1983 (mit Hinweisen auf die verschiedenen Fassungen).

Brigitte Jeremias in: FAZ v. 25.5.1963. – ms. (Martin Schlappner) in: Neue Zürcher Zeitung v. 26. 10. 1963 und 5. 11. 1963. – Volker Baer in: Der Tagesspiegel v. 6.11.1963. – Hans-Dieter Roos in: Süddeutsche Zeitung vom 12.11.1963. – USE. (Ulrich Seelmann-Eggebert) in: (Kathol.) Filmdienst v. 27.11.1963 (FD-Nr. 12.378). 1964; nachgedr. in: Jahrbuch V der Filmkritik. Emsdetten 1964/65, S. 255–258. – Fred Gehler in: Sonntag (Berlin DDR) v. 6. 3. 1966. – Erika Richter in: Film-Wissenschaftliche Mitteilungen (Berlin DDR) 1966, Nr. 2. – WoS (Wolfram Schütte) in: Frankfurter Rundschau v. 6.8. 1984. – Wolfram Schütte in: Frankfurter Rundschau v. 21.8. 1984. – Frieda Grafe in: Süddeutsche Zeitung v. 31.8. 1984; nachgedr. in: F. G.: Beschriebener Film 1974–1985. in: Die Republik Nr. 72–75, 25.1. 1985, S. 116–120. – gg in: FAZ-Magazin v. 31.8. 1984. – Friedrich Luft in: Die Welt v. 31.8. 1984. – Volker Baer in: Der Tagesspiegel v. 6.9. 1984. – Wilhelm Roth in: Volksblatt Berlin v. 7.9. 1984. – Norbert Grob in: epd Film 1984, Nr. 9 (September). – Peter W. Jansen in: Die Zeit v. 21.9. 1984.

Analysen/Aufsätze: Gian Piero Dell' Acqua: La »sospetta serenità« di »Il Gattopardo«. in: Cinema sessanta Nr. 36, Juni 1963.

Michel Mesnil: La Fascination du beau/Bernard Dort: Avarts du Réalisme Viscontien / René Briot: Une Construction exemplaire /

Christiane Blot und André Labarrère: Fonction symbolique du décor. in: Etudes Cinématographiques Nr. 26–27, Herbst 1963. – Claude Miller: Le Guépard. in: Téléciné Nr. 113–114, Dezember 1963–Januar 1964 (Fiche Nr. 427).

VAGHE STELLE DELL'ORSA... Sandra

Filmtext: Pietro Bianchi (Hrsg.): Vaghe stelle dell'Orsa di Luchino Visconti. Bologna: Cappelli 1965. Dal soggetto al film 34 (enthält u. a. den ersten Drehbuchentwurf und das endgültige Drehbuch).

Material: Pietro Bianchi: Un romantico dei nostri tempi / Luchino Visconti: Un dramma del non essere (franz: in: Cahiers du Cinéma Nr. 174, Januar 1966) / Franco Cristaldi: Storia di una riconsiliazione / Rinaldo Ricci: Giornale di bordo. im italienischen Textbuch, S. 11–40, 91–128.

Interviews: Sergio Antonielli, Guido Aristarco, Adelio Ferrero u. a.: Vaghe stelle dell'Orsa nell'itinerario di Visconti. in: Cinema Nuovo Nr. 180, März–April 1966.

Adriano Apra, Jean-André Fieschi, Maurizio Ponzi, André Téchiné: Luchino Visconti: Vaghe stelle dell Orsa. in: Cahiers du Cinéma Nr. 171, Oktober 1965.

Kritiken: Giovanni Grazzini in: Corriere della Sera v. 4. 9. 1965, nachgedr. in: G. G.: Gli anni sessanta in cento film. Rom: Laterza 1977, S. 139–142. – Alberto Moravia in: L'Espresso v. 26. 9. 1965. – Mario Verdone in: Bianco e Nero 1965, Nr. 10–11 (Oktober–November). – Guido Aristarco in: Cinema Nuovo Nr. 178, November–Dezember 1965.

Roger Tailleur in: Positif Nr. 72, Dezember 1965–Januar 1966. – Claire Clouzot in: Cinéma (Paris) Nr. 102, Januar 1966. – Jean Collet in: Cahiers du Cinéma Nr. 174, Januar 1966. – Gérard Legrand in: Positif Nr. 74, März 1966. – Vincent Nordon in: Cinématographe Nr. 70, September 1981.

Richard Roud in: Sight and Sound Vol. 35, Nr. 1, Winter 1965–66. – B. D. (Brenda Davies) in: Monthly Film Bulletin Nr. 383, Dezember 1965. – Gordon Gow in: Films and Filming Vol. 12, Nr. 3, Dezember 1965. – Bosley Crowther in: The New York Times v. 17. 1. 1966.

Ernst Wendt in: Film (Velber) 1965, Nr. 10 (Oktober). – USE. (Ulrich Seelmann-Eggebert) in (Kathol.) Filmdienst v. 29. 12. 1965 (FD-Nr. 13.761). – Urs Jenny in: Süddeutsche Zeitung v. 15./16. 1. 1966. – Klaus Eder in: Film 1966, Nr. 3 (März). – Theodor Kotulla in: Filmkritik 1966, Nr. 3 (März). – Hans C. Blumenberg in: Filmstudio (Frankfurt) Nr. 52, Januar 1967. – Hans Peter Kochenrath in: Filmstudio Nr. 53, April 1967. – Wolfgang Vogel in: Frankfurter Rundschau v. 3. 7. 1967.

Analysen/Aufsätze: Jean Bourdin: Sandra. in: Téléciné Nr. 127, Januar–Februar 1966 (Fiche Nr. 446).
Walter Korte: Vaghe stelle dell'orsa...: Recent Work of a Neglected Master. in: W.R. Robinson (Hrsg.): Man and the Movies. Lousiana State University Press 1967, S. 191–199.

LE STREGHE. Hexen von heute

(Visconti-Episode: LA STREGA BRUCIATA VIVA. Hexen verbrennt man lebendig)

Kritiken: g.c. (Giulio Cattivelli) in: Cinema Nuovo Nr. 186, März-April 1967. – Nuccio Lodato in: Filmcritica Nr. 176, April 1967. – Eduardo De Gregorio in: Cinema e Film Nr. 2, Frühjahr 1967.
Sylvie Pierre in: Cahiers du Cinéma Nr. 203, August 1968. – Guy Braucourt in: Cinéma (Paris) Nr. 131, Dezember 1968.
Vincent Canby in: The New York Times v. 9.8. 1979. – J. Hoberman in: The Village Voice v. 13.8. 1979.
Rüdiger Dilloo in: Die Welt v. 23.9.1967. – Martin Ripkens in: Filmkritik 1967, Nr. 10 (Oktober). – P.H. (Paul Halbe) in: (Kathol.) Filmdienst v. 1.11. 1967 (FD-Nr. 14.960). – Andreas Kilb in: FAZ v. 20.5. 1985.

LO STRANIERO. Der Fremde

Literarische Vorlage: Albert Camus: L'Etranger (1942); dt. von Georg Goyert und Hans Georg Brenner: Der Fremde (zuerst 1948), als TB: rororo 432.
Produktionsbericht: Florian Hopf: Extreme Verzweiflung – in Farbe. in: Filmreport (München) v. 23.12.1966, Nr. 24.
Interviews: F. B./M. S. (Farouk Beloufa/Marc Sator): La relecture viscontienne de »L'Etranger«. in: Cahiers du Cinéma Nr. 189, April 1967.
Albert Graf: Auf der Suche nach Mersault. in: Filmreport v. 10. 3. 1967, Nr. 5.
Kritiken: R. T. (Renato Tomasino) in: Filmcritica Nr. 181, September 1967. – Alberto Moravia in: L'Espresso v. 28. 9. 1967; nachgedr. in: A. M.: Al cinema. Mailand: Bompiani 1975, S. 83–85. – Mario Verdone in: Bianco e Nero 1968, Nr. 1–2 (Januar–Februar).
Roger Tailleur in: Positif Nr. 89, November 1967. – A. T. (André Téchiné) in: Cahiers du Cinéma Nr. 195, November 1967. – Michel-Ange Migliaccio in: Téléciné Nr. 137, Dezember 1967. – René Gardies in: Image et Son Nr. 211, Dezember 1967, nachgedruckt in: La Revue du Cinéma/Image et Son Nr. 237, März 1970.
Richard F. Sephard in: The New York Times v. 19. 12. 1967. – Stanley Kauffmann in: The New Republic v. 13. 1. 1968; nachgedr.

in: S. K.: Figures of Light. New York etc.: Harper & Row 1971, S. 46–48. – Max Kozloff in: Sight and Sound Vol. 37, Nr. 3, Sommer 1968. – Neal Oxenhandler in: Film Quarterly Vol. 21, Nr. 4, Sommer 1968. – Jan Dawson in: Monthly Film Bulletin Nr. 417, Oktober 1968. – Raymond Durgnat in: Films and Filming Vol. 15, Nr. 2, November 1968. – John Simon: Movies into Film. New York: Delta Book 1971, S. 35–38. – Richard Schickel: Second Sight. New York: Simon and Schuster (1972), S. 163–167.
EP (Enno Patalas) in: Filmkritik 1967, Nr. 10 (Oktober). – V. B. (Volker Baer) in: Der Tagesspiegel v. 10. 3. 1968. – Egon Netenjakob in: (Kathol.) Filmdienst v. 19. 3. 1968 (FD-Nr. 15.326). – Elke Kummer in: Film (Velber) 1968, Nr. 5 (Mai). – ms. (Martin Schlappner) in: Neue Zürcher Zeitung v. 30. 5. 1968.

LA CADUTA DEGLI DEI / THE DAMNED. Die Verdammten

Filmtext: Stefano Roncoroni (Hrsg.): La caduta degli dei (Götterdämmerung) di Luchino Visconti. Bologna: Cappelli 1969. Dal soggetto al film 39 (enthält u. a. Treatment, Drehbuch und endgültige Dialoge).
Material/Produktionsberichte: Dirk Bogarde: Snakes & Ladders. London: Chatto and Windus 1978, S. 248-300.
Hilmar Hoffmann: Zwei teure Minuten der Wahrheit. in: Christ und Welt v. 23. 8. 1968. - Fritz Rumler: »Wir hatten ein wenig Kummer in Deutschland«. in: Der Spiegel v. 26. 8. 1969, Nr. 35.
Interviews: Stefano Roncoroni: Dialogo con l'autore. im italienischen Textbuch, S. 13–34.
Gérard Langlois: Luchino Visconti: une famille, un microcosme, le reflet d' une société entière. in: Les Lettres Françaises v. 18. 2. 1970.
Kritiken: Sergio Arecco/Ciriaco Tiso in: Filmcritica Nr. 201, Oktober 1969. – Lino Micciché in: Avanti! v. 16. 10. 1969; nachgedr. in: L. M.: Cinema italiano degli anni '70. Venedig: Marsilio 1980, S. 42–47. – Guido Aristarco in: Cinema Nuovo Nr. 202, November–Dezember 1969, franz. in: Cinéma (Paris) Nr. 146, Mai 1970. – b.t. (Bruno Torri) in: Cinema sessanta Nr. 73–74, Dezember 1969–Februar 1970. – Reproduzierte Kritiken enthält: Critica Reprint (Mailand) Nr. 8, Oktober 1969.
Jean-Louis Bory in: Le Nouvel Observateur v. 16. 2. 1970. – Michel Capdenac in: Les Lettres Françaises v. 18. 2. 1970. – André Cornand in: La Revue du Cinéma/Image et Son Nr. 237, März 1970. – Marcel Martin in: Cinéma (Paris) Nr. 145, April 1970. – Michel Sineux in: Positif Nr. 116, Mai 1970.
David Wilson in: Sight and Sound Vol. 39, Nr. 1. Winter 1969–70. – Vincent Canby in: The New York Times v. 19. 12. 1969 +

21. 12. 1969. – Pauline Kael in: The New Yorker v. 3. 1. 1970; nachgedr. in: P. K.: Deeper into Movies. Boston, Toronto: Little, Brown and Comp. 1973, S. 86–88. – Rosalind Delmar in: Monthly Film Bulletin Nr. 436, Mai 1970. – Brenda Davies in: Films and Filming Vol. 16, Nr. 8, Mai 1970. – John Simon: Movies into Film. New York: Delta Book 1971, S. 190–196.
Hans Peter Kochenrath/Hans C. Blumenberg in: Film (Velber) 1969, Nr. 12 (Dezember). – Ivan Nagel in: Süddeutsche Zeitung v. 30.1.1970. – Frauke Hanck in: Die Welt v. 7.2.1970. – Erwin Schaar in: (Kathol.) Filmdienst v. 10.2.1970 (FD-Nr. 16.587), nachgedruckt in: Jugend Film Fernsehen (München) 1970, Nr. 2. – Br. (Karl Heinz Bohrer) in: FAZ v. 12.2.1970. – Wolfram Schütte in: Frankfurter Rundschau v. 12.2.1970. – Werner Kließ in: Die Zeit v. 20.2. 1970. – Hans Peter Kochenrath (Pro), Hans C. Blumenberg (Contra) in: Kölner Stadt-Anzeiger v. 28.2.–1.3. 1970; nachgedr. in: Blumenberg/Fründt (Hrsg.): Warten bis es dunkel wird. Ebersberg: Edition 8 1/2 1983, S. 167. – Werner Schroeter/ Klaus Bädekerl/Siegfried Schober/Urs Jenny in: Filmkritik 1970, Nr. 3 (März). – ms. (Martin Schlappner) in: Neue Zürcher Zeitung v. 21.3. 1970. – Gerd Fuchs in: Konkret v. 13.9. 1970, Nr. 10. – V. B. (Volker Baer) in: Der Tagesspiegel v. 13.9. 1970. – Andreas Kilb in: FAZ v. 3.9. 1985.

Aufsätze/Analysen: Stefano Roncoroni: Visconti dal Macbeth al Götterdämmerung. in: Bianco e Nero 1970, Nr. 1–4.
Jean Alzac: Les Damnés. in: Téléciné Nr. 163, Juni 1970.
Margaret Tarratt: The Damned: Visconti, Wagner and the Reinvention of Reality. in: Screen Vol. 11, Nr. 3, Sommer 1970. – Joan Mellen: Fascism in Contemporary Cinema. in: Film Quarterly Vol. 24, Nr. 4, Sommer 1971. – Marsha Kinder, Beverle Houston: Three Cinema Movements. in: M. K., B. H.: Close-Up. A Critical Perspective on Film. New York etc.: Harcourt Brace Jovanovich 1972 (über THE DAMNED S. 172–181). – Naomi Greene: Fascism in Recent Italian Films. in: Film Criticism Vol. 6, Nr. 1, Herbst 1981.

MORTE A VENEZIA / DEATH IN VENICE. Tod in Venedig

Literarische Vorlage: Thomas Mann: Der Tod in Venedig (1912), als TB: Fischer Bücherei 54.

Filmtext: Lino Micciché (Hrsg.): Morte a Venezia di Luchino Visconti. Bologna: Cappelli 1971. Dal soggetto al film 42 (enthält u. a. Treatment, ersten Drehbuchentwurf und endgültiges Drehbuch).

Material/Produktionsberichte: Lino Micciché: Visconti e le sue ragioni / Mann su »La morte a Venezia« / Qualche domanda a Nicola Madalucco (Drehbuchautor), Franco Mannino (Dirigent), Mario

Gallo (Produzent). im italienischen Textbuch, S. 9–107, 131–147.
Margaret Hinxman: Death in Venice. in: Sight and Sound Vol. 39, Nr. 4, Herbst 1970. - Dirk Bogarde: Snakes & Ladders. London: Chatto and Windus 1978, S. 304-322.
Jörg Peter Feurich: Nachtrag zu »Tod in Venedig«. in: Filmkritik 1971, Nr. 10 (Oktober) (über die deutsche Synchronisation).

Interview: Un incontro al magnetofono con Luchino Visconti. im italienischen Textbuch, S. 109–128.

Kritiken: Lino Micciché in: Avanti! v. 5. 3. 1971; nachgedr. in: L. M.: Cinema italiano degli anni '70. Venedig: Marsilio 1980, S. 86–91. – g. a. (Guido Aristarco) in: Cinema Nuovo Nr. 210, März–April 1971. – Alberto Moravia in: L'Espresso v. 14. 3. 1971; nachgedr. in: A. M.: Al cinema. Mailand: Bompiani 1975, S. 226–229. – g. d. a. (Gian Piero Dell'Acqua) in: Cinema sessanta Nr. 83–84, Mai–August 1971. – Reproduzierte Kritiken enthält: Critica Reprint (Mailand) Nr. 23, November 1971.
Jean de Baroncelli in: Le Monde v. 25. 5. 1971. – Max Tessier in: Cinéma (Paris) Nr. 157, Juni 1971. – Jean-Claude Guiguet in: La Revue du Cinéma/Image et Son Nr. 251, Juni–Juli 1971 und Nr. 257, Februar 1972. – Frédéric Vitoux in: Positif Nr. 130, September 1971. - Barthélemy Amengual in: Positif Nr. 295, September 1985.
Philip Strick in: Sight and Sound Vol. 40, Nr. 2, Frühjahr 1971. – David Wilson in: Monthly Film Bulletin Nr. 447, April 1971. – Gordon Gow in: Films and Filming Vol. 17, Nr. 8, Mai 1971. – Vincent Canby in: The New York Times v. 18. 6. und 27. 6. 1971. – Joan Mellen in: Film Quarterly Vol. 25, Nr. 1, Herbst 1971; nachgedruckt in: J. M.: Women and Their Sexuality in the New Film. New York: Horizon Press 1973, S. 203–215.
Alfred Starkmann in: Die Welt v. 8. 3. 1971. – Renate Schostack in: FAZ v. 13. 4. 1971. – Alf Brustellin in: Süddeutsche Zeitung v. 26. 5. 1971. – ms. (Martin Schlappner) in: Neue Zürcher Zeitung v. 5. 6. 1971 und 19. 6. 1971. – Hans-Klaus Jungheinrich in: Frankfurter Rundschau v. 10. 6. 1971. – Ulrich Seelmann-Eggebert in: (Kathol.) Filmdienst v. 15. 6. 1971 (FD-Nr. 17.358). – Klaus Eder in: Deutsche Zeitung (Christ und Welt) v. 25. 6. 1971. - Hans P. Kochenrath in: Kölner Stadt-Anzeiger v. 3.-4. 7. 1971; nachgedr. in: Blumenberg/Fründt (Hrsg.): Warten bis es dunkel wird. Ebersberg: Edition 8 1/2 1983, S. 168. - Urs Jenny in: Filmkritik 1971, Nr. 7 (Juli). - Wolfgang Limmer in: Fernsehen + Film 1971, Nr. 7 (Juli). - Volker Baer in: Der Tagesspiegel v. 14. 7. 1971. - Hans Peter Kochenrath in: Die Zeit v. 16. 7. 1971. - Jean Améry in: Merkur (München) 1971, Nr. 8 (August). - Klaus Geitel in: Die Welt v. 4. 8. 1971. - Ulrike Backofen in: Jugend Film Fernsehen

(München) 1971, Nr. 5-6 (September-Dezember). - Joachim Kaiser in: Süddeutsche Zeitung v. 1.10. 1971. - rrh (Rolf-Ruediger Hamacher) in: Medium (Frankfurt) 1971, Nr. 1 (November). - Michael Hanisch in: Neue Zeit (DDR) v. 2.1. 1972. - Hans-Dieter Tok in: Leipziger Volkszeitung v. 5.5. 1974. - Fred Gehler in: Sonntag (DDR) v. 19.5. 1974, Nr. 20. - Margit Voss in: Filmspiegel v. 5.6. 1974, Nr. 12. - Rolf Richter in: Neues Deutschland v. 24.6. 1974.

Aufsätze/Analysen: Bruno Torri: Luchino Visconti e Thomas Mann. in: Cinema sessanta Nr. 81–82, Januar–April 1971.

Jean Sémolué: Mort a Venise. in: Téléciné Nr. 174, Dezember 1971. – Serge Daney/Jean-Pierre Oudart: Le Nom-de-l'Auteur. in: Cahiers du Cinéma Nr. 234–235, Dezember 1971–Januar/Februar 1972.

Alexander Hutchinson: Luchino Visconti's Death in Venice. in: Literature/Film Quarterly (Salisburg, USA) Vol. 2, Nr. 1, Winter 1974. - Lawrence J. Quirk: The Great Romantic Films. Secaucus, N.J.: Citadel Press 1974, S. 204-209. - George P. Stein: »Death in Venice« from Literature to film. in: Journal of Aesthetic Education Vol. 16, Nr. 3, 1982. - Carolyn Galerstein: Images of Decadence in Visconti's »Death in Venice«. in: Literature/Film Quarterly Vol. 13, Nr. 1, Januar 1985.

Michael Mann: Der verfilmte Tod in Venedig. in: Süddeutsche Zeitung v. 20./21. 11. 1971. – Werner Faulstich, Ingeborg Faulstich: Luchino Visconti: ›Tod in Venedig‹ – ein Vergleich von Film und literarischer Vorlage. in: W. F., I. F.: Modelle der Filmanalyse. München: Wilhelm Fink 1977, S. 14–60. – Gabriele Seitz: Film als Rezeptionsform von Literatur. München: tuduv 1979. tuduv-Studien 12, S. 498–582.

LUDWIG. Ludwig II.

Filmtext: Giorgio Ferrara (Hrsg.): Ludwig di Luchino Visconti. Bologna: Cappelli 1973. Dal soggetto al film 47 (enthält u. a. das Drehbuch und die endgültigen Dialoge).

Material/Produktionsberichte: Pietro Bianchi: Trilogia germanica/Enrico Medioli: Ludwig o della solitudine/Giorgio Ferrara: Giornale delle riprese in Austria e in Germania. Textbuch, S. 9–65.

Dossier: Ludwig, Luchino Visconti. in: Cinématographe Nr. 91, Juli-August 1983 (mit Beiträgen von Jacques Fieschi, Alain Ménil, Jean-Claude Bonnet).

Klaus Geitel: Ein Condottiere in Bayern. in: Die Welt v. 30. 3. 1972. – o. V.: Norne Lola flucht dem König. in: Der Spiegel v. 24. 4. 1972, Nr. 18 (über die Ludwig-Filme von Syberberg, Käutner und Visconti).

Interview: F. H. (Florian Hopf): Visconti dreht in Bayern. in: Filmreport (München) v. 20. 3. 1972, Nr. 5.

Kritiken: Lino Micciché in: Avanti! v. 20. 3. 1973; nachgedr. in: L. M.: Cinema italiano degli anni '70. Venedig: Marsilio 1980, S. 150–155. – u. f. (Ugo Finetti) in: Cinema Nuovo Nr. 222, März–April 1973. – Giuseppe Turroni in: Filmcritica Nr. 233, April 1973. – Mino Argentieri in: Cinema sessanta Nr. 93, September–Oktober 1973. – Alberto Moravia in: L'Espresso vom 18. 3. 1973.

Jean-Louis Bory in: Le Nouvel Observateur v. 19. 3. 1973. – Claude Michel Cluny in: Cinéma (Paris) Nr. 175, April 1973. – Max Tessier in Ecran (Paris) Nr. 15, Mai 1973. – Jean-Claude Guiguet in: La Revue du Cinéma/Image et Son Nr. 272, Mai 1973. – Michel Sineux in: Positif Nr. 151, Juni 1973. - Lorenzo Codelli in: Positif Nr. 237, Dezember 1980. - Olivier Assayas, Michel Chion in: Cahiers du Cinéma Nr. 350, August 1983. - Claude Michel Cluny in: Cinéma (Paris) Nr. 297, September 1983.

Vincent Canby in: The New York Times v. 9. 3. 1973. – Pauline Kael in: The New Yorker v. 24. 3. 1973; nachgedr. in: P. K.: Reeling. Boston, Toronto: Little, Brown and Comp. 1976, S. 144–149. - Michael McKegney in: The Village Voice v. 29. 3. 1973. - John Simon in: New York (Magazine) v. 2. 4. 1973; nachgedr. in: J. S.: Something to Declare. New York: Clarkson N. Potter 1983, S. 140-142. - Donald Lyons in: Interview, April 1973. - Geoffrey Nowell-Smith in: Monthly Film Bulletin Nr. 537, Oktober 1978.

Brigitte Jeremias in: FAZ v. 22. 1. 1973. – Klaus Geitel in: Die Welt v. 22. 1. 1973. – o. V. in: Der Spiegel v. 22. 1. 1973, Nr. 4. – Heiko R. Blum in: Medium (Frankfurt) 1973, Nr. 3 (März). - Hans P. Kochenrath in: Kölner Stadt-Anzeiger v. 24.-25. 3. 1973; nachgedr. in: Blumenberg/Fründt (Hrsg.): Warten bis es dunkel wird. Ebersberg: Edition 8 1/2 1983, S. 169. - Siegfried Schober in: Süddeutsche Zeitung v. 24.-25. 3. 1973. - Hans C. Blumenberg in: Die Zeit v. 30. 3. 1973. - Werner Kließ in: Kino (Westberlin) Nr. 1, April-Mai 1973. - Karena Niehoff in: Der Tagesspiegel v. 14. 4. 1973. - Günther Pflaum in: (Kathol.) Filmdienst v. 1. 5. 1973 (FD-Nr. 18.274). - Gerhart Waeger in: Zoom-Filmberater v. 3. 5. 1973, Nr. 9. - Hans-Klaus Jungheinrich in: Frankfurter Rundschau v. 4. 5. 1973. - ms. (Martin Schlappner) in: Neue Zürcher Zeitung v. 19. 5. 1973. - Ulrike Czybulka in: Jugend Film Fernsehen (München) 1973, Nr. 2 (Juni). - (Zur integralen Fassung:) N. M. (Nikolaus Marggraf) in: Frankfurter Rundschau v. 2. 11. 1979. - Norbert Grob in: tip v. 9. 11.-22. 11. 1979, Nr. 23. - Peter Buchka in: Süddeutsche Zeitung v. 22.-23. 12. 1979. - Jochen Brunow, Norbert Grob, Norbert Jochum in: Medium 1980, Nr. 1 (Januar). - Gerhart Waeger in: Zoom-Filmberater v. 6. 5. 1981, Nr. 9. - ms. (Martin Schlappner) in: Neue Zürcher Zeitung v. 13. 5. 1981.

Analyse: Henri Béhar in: La Revue du Cinéma/Image et Son Nr. 308 bis, 1976–77.

Aufsatz: Helmut Schneider: Der Reisende ins Gestern. in: Die Zeit v. 21. 4. 1972 (über die »Welle der Wiederbelebungsversuche an Ludwig II.«).

GRUPPO DI FAMIGLIA IN UN INTERNO. Gewalt und Leidenschaft

Filmtext: Giorgio Treves (Hrsg.): Gruppo di famiglia in un interno. Bologna: Cappelli 1975. Dal soggetto al film 51 (enthält verschiedene Entwürfe und das endgültige Drehbuch).
Violence et Passion. Decoupage et dialogue in extenso. in: l'Avant-Scène Cinéma Nr. 159, Juni 1975.

Material: Verschiedene Materialien (u. a. ein Produktionstagebuch) im italienischen Textbuch.
H. L.: Die alte Intensität. in: Filmreport v. 15. 5. 1974, Nr. 9 (Produktionsbericht).

Interviews: Maria-Antonietta Macciocchi: »Aujourd'hui encore, je dénonce«. in: Le Monde v. 20. 3. 1975.
Robert Schär: Conversation Piece – Gewalt und Leidenschaft. in: Film-Korrespondenz 1975, Nr. 4 (April); nachgedr. in: Zoom-Filmberater v. 16. 4. 1975, Nr. 8 und in: Frankfurter Rundschau v. 3. 5. 1975.

Kritiken: Lino Miccichè/Gian Piero Dell'Acqua in: Cinema sessanta Nr. 100, November–Dezember 1974. – Pietro Bianchi in: Il Giorno v. 11. 12. 1974. – Giovanni Grazzini in: Corriere della Sera v. 11. 12. 1974. – Francesco Bolzoni in: Revista del Cinematografo 1975, Nr. 1 (Januar). – u. f. (Ugo Finetti) in: Cinema Nuovo Nr. 233, Januar–Februar 1975. – Lino Micciche in: Avanti! v. 6. 3. 1975; nachgedr. in: L. M.: Cinema italiano degli anni '70. Venedig: Marsilio 1980, S. 224–228. – Antonio Castaldi in: Filmcritica Nr. 253, April 1975. – Roberto Escobar in: Cineforum Nr. 143, April 1975. – A. Cattini in: Cinema e cinema Vol. 3, Nr. 3, April–Juni 1975.
Lorenzo Codelli in: Positif Nr. 167, März 1975. – Jean de Baroncelli in: Le Monde v. 20. 3. 1975. – Mireille Amiel in: Cinéma (Paris) Nr. 197, April 1975. – Ginette Gervais in: Jeune Cinéma Nr. 86, April 1975. – Max Tessier in: Ecran 75 (Paris) Nr. 35, April 1975. – Henri Béhar in: La Revue du Cinéma/Image et Son Nr. 296, Mai 1975. – Alain Ferrari in: Téléciné Nr. 199, Mai 1975. – L. Skorecki in: Cahiers du Cinéma Nr. 297, Februar 1979.
Vincent Canby in: The New York Times v. 27. 9. 1975 und 24. 6. 1977. – Pauline Kael in: The New Yorker v. 29. 9. 1975; nachgedr. in: P. K.: When the Lights Go Down. New York: Holt,

Rinehart and Winston 1980, S. 35–40. – Jay Cocks in: Time v. 13. 10. 1975. – Andrew Sarris in: The Village Voice v. 13. 10. 1975. – Gideon Bachmann in: Film Quarterly Vol. 29, Nr. 2, Winter 1975–76. – Douglas McVay in: Focus on Film Nr. 23, Winter 1975–76. – Sylvia Millar in: Monthly Film Bulletin Nr. 505, Februar 1976. – James Price in Sight and Sound Vol. 45, Nr. 2, Frühjahr 1976.

ms. (Martin Schlappner) in: Neue Zürcher Zeitung v. 14. 2. 1975. – Edgar Wettstein in: (Kathol.) Filmdienst v. 18. 2. 1975 (FD-Nr. 19.176) und in: Zoom-Filmberater v. 19. 2. 1975, Nr. 4. – Wolfram Schütte in: Frankfurter Rundschau v. 8. 3. 1975. – Wolf Donner in: Die Zeit v. 28. 3. 1975. – Peter Buchka in: Süddeutsche Zeitung v. 29./30./31. 3. 1975. – Karena Niehoff in: Der Tagesspiegel v. 30. 3. 1975. – Siegfried Schober in: Der Spiegel v. 31. 3. 1975, Nr. 14. – Peter W. Jansen in: Kirche und Film 1975, Nr. 4 (April). – Friedrich Luft in: Die Welt v. 23. 4. 1975. – Michael Schwarze in: FAZ v. 23. 4. 1975. – Klaus Eder in: Medium 1975, Nr. 5 (Mai). – D. Sch. (Dietmar Schmidt) in: Kirche und Film 1975, Nr. 6 (Juni). – Wolfram Knorr in: Jugend Film Fernsehen 1975, Nr. 2 (Juni). – Eckhart Herrmann in: Stuttgarter Zeitung v. 7. 8. 1975. – Günter Netzeband in: Film und Fernsehen (DDR) 1976, Nr. 10 (Oktober). – Horst Knietzsch in: Neues Deutschland v. 8. 11. 1979. – Fred Gehler in: Sonntag (DDR) v. 25. 11. 1979. – Ingeborg Pietzsch in: Film und Fernsehen (DDR) 1980, Nr. 4 (April).

Analyse: Odile Larere: De l'imaginaire au cinéma. Violence et passion de Luchino Visconti. Paris: Albatros 1980. Coll. Ca/Cinéma 29.

Aufsatz: Bion Steinborn: »Ideologien der Bilder«. Das Vor-Bild und das Nach-Bild am Beispiel der Filme: »Liebe und Anarchie«, »Je Vous Salue, Marie«, »Gewalt und Leidenschaft«, »Viridiana«, »Nazarin«. in: Filmfaust Nr. 45, April-Mai 1985.

L'INNOCENTE. L'Innocente – Die Unschuld

Material: Tom Buckley: Giannini talks of his guru, Visconti, and Italian madness. in: The New York Times v. 12. 1. 1979.

Kritiken: Ugo Casiraghi in: L'Unita v. 16. 5. 1976. – Giovanni Grazzini in: Corriere della Sera v. 16. 5. 1976. – Lino Micciché in: Avanti! v. 16. 5. 1976; nachgedr. in: L. M.: Cinema italiano degli anni '70. Venedig: Marsilio 1980, S. 262–266. – Morando Morandini in: Il Giorno v. 16. 5. 1976. – Gian Luigi Rondi in: Il Tempo v. 16. 5. 1976 und 10. 9. 1976. – Alberto Moravia in: L'Espresso v. 26. 9. 1976, Nr. 39. – Giorgio Rinaldi in: Cineforum Nr. 157, September 1976. – A. Enrile in: Cinema sessanta Nr. 111, September-Oktober 1976. – O. Caldiron in: Revista del Cinematografo 1976, Nr. 10 (Oktober). – Antonio Castaldi in: Filmcritica Nr. 268, Okto-

ber 1976. – Ugo Finetti in: Cinema Nuovo Nr. 245, Januar–Februar 1977.
Jean de Baroncelli in: Le Monde v. 18. 5. 1976 und 21. 9. 1976. – Jacques Fieschi in: Cinématographe Nr. 19, Juni 1976. – Jean Delmas in: Jeune Cinéma Nr. 96, Juli–August 1976. – M. P. (Michel Pérez) in: Positif Nr. 183–184, Juli–August 1976. – Paul Vecchiali in: La Revue du Cinéma/Image et Son Nr. 308, September 1976. – Max Tessier in: Ecran (Paris) Nr. 50, 15. 9. 1976. – Mireille Amiel in: Cinéma (Paris) Nr. 214, Oktober 1976. – Lucien Dahan in: Cinématographe Nr. 21, Oktober–November 1976.
Richard Combs in: Monthly Film Bulletin Nr. 528, Januar 1978. – James Fox in: Films and Filming Vol. 24, Nr. 4, Januar 1978. – Geoffrey Nowell-Smith in: Sight and Sound Vol. 47, Nr. 2, Frühjahr 1978. – Vincent Canby in: The New York Times v. 12. 1. 1979. – Jack Kroll in: Newsweek v. 22. 1. 1979. – Stanley Kauffman in: The New Republic v. 3. 2. 1979; nachgedr. in: S. K.: Before My Eyes. New York: Harper & Row 1980, S. 334–335. – Pauline Kael in: The New Yorker v. 12. 2. 1979; nachgedr. in: P. K.: When the Lights Go Down. New York: Holt, Rinehart and Winston 1980, S. 540–542. – Roger Greenspun in: Penthouse, März 1979. – Donald Lyons in: Interview, März 1979. – John Simon in: National Review v. 16. 3. 1979; nachgedr. in: J. S.: Something to Declare. New York: Clarkson N. Potter 1983, S. 379–380. – James McCourt in: Film Comment Vol. 15, Nr. 2, März–April 1979.
Peter Buchka in: Süddeutsche Zeitung v. 17. 5. 1976. – Wilfried Wiegand in: FAZ v. 19. 5. 1976. – Wolfram Schütte in: Frankfurter Rundschau v. 29. 5. 1976. – ms. (Martin Schlappner) in: Neue Zürcher Zeitung v. 16. 12. 1976. – Franz Ulrich in: Zoom-Filmberater v. 5. 1. 1977, Nr. 1, etwas variiert auch in: (Kathol.) Filmdienst v. 1. 3. 1977 (FD-Nr. 20179). – Peter Buchka in: Süddeutsche Zeitung v. 2. 3. 1977. – Hans C. Blumenberg in: Die Zeit v. 4. 3. 1977; nachgedr. in: H. C. B.: Kinozeit. Frankfurt: Fischer Taschenbuch Verlag 1980, S. 64–66 (FTB 3664). – Thomas Hesterberg in: Kölner Stadt-Anzeiger v. 4. 3. 1977. – Wilfried Wiegand in: FAZ v. 5. 3. 1977. – Wolfram Schütte in: Frankfurter Rundschau v. 8. 3. 1977. – Margarete v. Schwarzkopf in: Die Welt v. 9. 3. 1977. – Eckhart Schmidt in: Deutsche Zeitung v. 10. 3. 1977 (zus. mit Elia Kazans ›Der letzte Tycoon‹). – Volker Baer in: Der Tagesspiegel v. 11. 3. 1977. – Thomas Petz in: Stuttgarter Zeitung v. 12. 3. 1977. – Peter W. Jansen in: Kirche und Film 1977, Nr. 3 (März). – Martin Bogdahn in: Filmbeobachter 1977, Nr. 7 (April). – Klaus Eder in: Medium 1977, Nr. 4 (April). – Horst Knietzsch in: Neues Deutschland v. 16. 5. 1978. – Fred Gehler in: Sonntag (DDR) v. 4. 6. 1978, Nr. 23. – Ingeborg Pietzsch in: Film und Fernsehen (DDR) 1978, Nr. 8 (August).

Aufsatz: Adeline R. Tintner: Visconti's Interpretation of D'Annunzio's L'Innocente. in: Literature/Film Quarterly Vol. 11, Nr. 2, April 1983.

Für Bilder und Hilfeleistungen danken wir den in der Filmografie aufgeführten Produktionsfirmen, den Verleihen Neue Filmkunst Walter Kirchner und Constantin, dem Westdeutschen Fernsehen (WDR), Klaus Geitel und Robert Schär.
Die Mitarbeiter des Bandes sahen eine Retrospektive der Filme von Luchino Visconti vom 2. bis 5.5.1974 bei der Stiftung Deutsche Kinemathek Berlin. Im Staatlichen Filmarchiv der DDR (Berlin DDR) konnten zwei Filme besichtigt werden. Für die Retrospektive stellte die Cineteca Nazionale Rom mehrere Kopien zur Verfügung.